场景研究文库 | 主编 齐骥 [美]特里·N.克拉克

擦亮传统文化IP
如何激发文化场馆活力

Polish Traditional Culture IP
How to Stimulate the Vitality of Cultural Venues

宋朝丽 ◎ 著

知识产权出版社
全国百佳图书出版单位
—北京—

图书在版编目（CIP）数据

擦亮传统文化IP：如何激发文化场馆活力 / 宋朝丽著 . — 北京：知识产权出版社，2023.5
ISBN 978-7-5130-8741-4

Ⅰ.①擦… Ⅱ.①宋… Ⅲ.①文化馆—公共服务—研究—中国 Ⅳ.① G249.23

中国国家版本馆 CIP 数据核字（2023）第 072362 号

内容提要

本书以博物馆、图书馆、文化馆等国有文化文物场馆的文创授权体制机制为研究对象，探索传统文化场馆如何通过合法合理授权，激发社会力量参与传统文化资源开发的积极性，使古老的传统文化转变为现代的时尚 IP，实现中华优秀传统文化资源的创造性转化和创新性发展。

本书适合文化旅游、文化产业、文博管理、文化遗产等研究领域读者阅读。

责任编辑：李石华　　　　　　　　　　　责任印制：刘译文

场景研究文库 | 主编　齐骥　[美] 特里·N. 克拉克

擦亮传统文化 IP——如何激发文化场馆活力
CALIANG CHUANTONG WENHUA IP—— RUHE JIFA WENHUA CHANGGUAN HUOLI

宋朝丽　著

出版发行：知识产权出版社有限责任公司	网　　址：http://www.ipph.cn
			http://www.laichushu.com
电　　话：010-82004826	邮　　编：100081
社　　址：北京市海淀区气象路50号院	责编邮箱：lishihua@cnipr.com
责编电话：010-82000860转8072	发行传真：010-82000893
发行电话：010-82000860转8101	经　　销：各大网上书店、新华书店及相关书店
印　　刷：北京中献拓方科技发展有限公司	印　　张：17
开　　本：787mm×1092mm　1/16	印　　次：2023年5月第1次印刷
版　　次：2023年5月第1版	定　　价：85.00元
字　　数：280千字	
ISBN 978-5130-8741-4	

出版权专有　侵权必究
如有印装质量问题，本社负责调换。

前　言

作为四大文明古国中文明唯一未间断的东方古国，中国拥有丰富广袤的文化遗产，有万里长城、兵马俑、敦煌莫高窟、故宫等气势恢宏的文化景观，也有贾湖骨笛、曾侯乙编钟、金缕玉衣、后母戊大方鼎等精美绝伦的国宝文物，还有经史子集、琴棋书画、二十四节气等气韵独特的东方智慧。数不胜数的遗产瑰宝绵延上百万年，广袤分布在960万平方公里的国土上，从170万年前的元谋人遗址，到井冈山、西柏坡等近代红色革命遗址，从大兴安岭新石器岩画，到福建客家土楼，从齐鲁大地曲阜孔庙，到西藏圣地布达拉宫，展示着中华文明璀璨的文明成就和厚重的历史进程，诠释着何为中国、何为中华民族，代表着中华民族的根与魂。

这些珍贵的文化宝藏，目前大多数保存在博物馆、图书馆、大遗址等文化文物单位。在新时代，如何"让收藏在博物馆里的文物、陈列在广阔大地上的遗产、书写在古籍里的文字都活起来"，成为文明交流互鉴和文化传承延续的关键环节。对待文化遗产，仅将其放在橱窗里，把它们当作被膜拜、被参观的对象，是远远不够的，需要进一步挖掘研究和发扬文化遗产所蕴含的科学价值、历史价值和人文价值，让文化遗产能够走进人们日常生活，融入社区发展实践，成为城市文化的组成部分，为社会大众提供精神享受、智慧启迪和美学发现，让人们认识到保护和传承文化遗产就是保护我们民族的根基，知道我们从哪里来、要到哪里去。

文化创意为文化遗产融入现代生活插上了想象的翅膀。自2008年故宫博物院开发首批文创产品以来，文创以破竹之势迅速蔓延，让文化文物单位展现出前所未有的活力，涌现出了故宫"萌萌哒"系列、故宫猫系列、博物馆盲盒等一大批现象级文创产品，《国家宝藏》《上新了，故宫》《唐宫夜宴》等一批经典文化节目，带动全社会形成了"国风国潮"的时尚新潮流，让优秀传统文化在文化自信和文化认同中以具象化方式得以呈现。文创以积极的姿态吸纳、鼓励多元主体参与文化发展，推动政府、市场、社会、个人形成文化发展的合力，探索文化发展的新内容、新方式、新业态，最大限度地推动传统文化与年轻一代文化需求的代际间对话，让传统文化与新媒体、新技术相结合，形成新的文化业态、文化产品，创造新的文化价值，让年轻一代能够参与文化传承和文化创造，形成中国文化发展的新生力量。

这一宏大的时代命题，仅靠文化文物单位自身是难以完成的。文化文物单位的主要使命是文化文物的收集、保管、展示和研究，作为公益性事业单位，在文创大潮中处于两难的尴尬处境：一方面是公众日益增长的文创需求和文创热情，另一方面是体制内部不鼓励文化文物单位将商业运营和创收作为主营业务。走出这种困境，需要在全社会范围内培育文创生态，把文化文物单位文创开发的权力授予社会力量，让社会力量成为文创开发的主导力量。

国人授权意识的觉醒和中国授权产业的实践为文化文物单位授权开发文创提供了宏观环境。据《2022中国品牌授权行业发展白皮书》显示，2021年中国年度授权商品零售额达1374亿元，同比增长24.2%，年度授权金53.2亿元，同比增长28.2%，品牌授权企业总数632家，已开展授权业务的IP有2354项，其中艺术文化（含博物馆）IP占比达18.5%。在CLE等授权展会上，故宫博物院、苏州博物馆、陕西历史博物馆、大英博物馆、纽约大都会艺术博物馆等已经成为热门IP。但文化文物单位文创授权在中国仍处于起步阶段，理论界对文化文物单位授权的概念、规律和特点尚未探明，实践中也还存在很多授权不规范、无效授权、侵权等乱象，有待开展系统深入研究。

本书的研究对象是中国文化文物单位知识产权文创授权机制。在2017年文化部等四部委出台的《关于推动文化文物单位文化创意产品开发的若干意见》中，将文化文物单位界定为各级各类博物馆、美术馆、图书馆、文化馆、群众艺术馆、非物质文化遗产保护中心及其他文博单位等掌握各种形式文化资源的单位。本书从文化和旅游融合发展的视角，除上述场馆外，将各类大遗址、文化旅游景区、历史文化名城、传统村落的管理方也纳入研究范围。研究侧重点是文化和旅游部、国家文物局确定的154家文化文物文化创意产品开发试点单位。这类机构共同特点是掌握着国家核心文化遗产资源，但又属于公益类事业单位，需要授权社会力量将其文化资源转化成文创产品，以实现传统文化资源的创造性转化和创新性发展。课题主要对以下问题进行研究。

（1）文化文物单位文创知识产权概念界定。文化文物单位的文化资源属于公有文化资源，与知识产权法所保护的私有文化财产权有本质的不同，需要对文化文物单位在文创开发中涉及的知识产权属性、产权类别、产权保护范围进行界定，作为授权开发的起点、前提和依据。

（2）文化文物单位文创知识产权的授权依据。从法律层面厘清文化文物单位文创开发权的法律派生关系，梳理文创授权在不同法律法规层面的体现和表述，为文化文物单位文创授权行为寻找法律依据；从政策层面梳理国家近年来出台的支持文化文物单位文创授权相关政策，找出国家鼓励文化文物单位发展文创产业的初衷、宗旨、目标和措施；从学理上分析文化文物单位文创授权的理论依据，为文创授权行为提供理论指导。

（3）文化文物单位文创知识产权的价值评估。文化文物单位文创开发中涉及的知识产权属于特殊类型的无形资产，目前尚未有较为权威的价值评估方法，而价值评估是文化产权交易的价值依据，不能做出科学评估就会造成国有文化资产的价值流失或授权乱象。本书在比较国际社会较为成熟的三种价值评估方法——成本法、收益法、市场法的基础上，参考国际社会在无形资产评估中的经验做法，结合文化文物单位文化资源的特性，提出一套文化文物单位文创知识产权价值评估的指标体系。

（4）文化文物单位文创授权模式。结合文化文物单位文创授权现状，对国内外文化文物单位常用的几种授权模式：直接授权模式、委托授权模式、合作开发模式及其价值链进行分析，并分析其他领域可供借鉴的授权模式，如开放版权模式、版权集中管理模式等，找到不同授权模式的特点和适用范围。结合国有博物馆、公共图书馆、文化旅游景区等不同类型文化文物单位的特点，提出有针对性的文化授权模式选择路径。

（5）文化文物单位文创授权机制。文化文物单位体制机制是文创授权行为能否成功的制度保障。本书结合课题组的调研成果，分析文化文物单位在文创经营现状、资金管理、授权开发、收益分配、文化安全等方面的政策及管理方式，找出文化文物单位文创授权的关键制约环节，找出解决问题的关键所在，为文化文物单位进一步深化改革，转变体制机制，促进文创授权发展提供政策建议。

本书的研究思路是以文化文物领域的文化遗产能够被最大限度地开发利用为研究目标，从相关知识产权授权管理角度开展研究，运用产业链思维模式进行整体谋篇布局，沿着"权利产生—确权—价值评估—授权模式—授权管理—政策建议"的逻辑思路，首先分析文化文物单位馆藏资源在文创开发中权利的产生及初始产权分配，明确文化文物单位作为知识产权授权主体的正当性、合理性与合法性，进而确定文化文物单位拥有的知识产权类型和范畴等授权对象。在此基础上，分析文化文物单位知识产权作为无形资产的价值判断依据，作为授权交易的重要参考因素。接下来分析文化文物单位的知识产权授权模式，包括国内外实践中的常规模式及其价值链，研判模式创新的可能性。最后明确文化文物单位作为授权主体在授权管理中存在的体制机制障碍，为授权活动的开展提供制度保障。在理论分析基础上，重点对文化文物单位文创开发的典型领域进行有针对性的行业分析，选取国有博物馆、公共图书馆和文化旅游景区这三类在当前中国文创产业发展中走在前列的文化文物单位作为分析对象，做到理论与实践相结合。

在研究方法上，本书主要采用质性分析与案例研究结合的方法，重视通过案例研究、深度访谈和理论解读，得出具有普遍意义的研究结论。具体包括演绎分析法、案例分析法和实地调研法。

（1）演绎分析法。在系统梳理文创授权基本理论、文化文物单位文创开发模式及文创开发授权模式的基础上，分析文创授权的产业链和价值链结构，通过演绎分析法提出不同类型文化文物单位文创授权模式、授权机制和授权策略。

（2）案例分析法。选取国内外有典型代表意义的文化文物单位文创开发案例，尤其是文创开发中走在前列的文化文物单位，如故宫博物院、国家博物馆、敦煌研究院、国家图书馆等，作为重点研究对象。

（3）实地调研法。选取不同级别、不同地域、不同类型的文化文物单位，以深度访谈的形式与文创负责人进行交流。课题组先后走访了故宫博物院、国家图书馆、河南博物院、苏州博物院、湖南省博物馆、湖北省博物馆、三星堆博物馆等文创效益较好的文创开发试点单位，实地调研了中国民俗博物馆、二里头遗址、大河村遗址、开封博物馆、郑州博物馆等文创开发刚起步或正在起步的文化文物单位，掌握不同类型文化文物单位在文创开发中采取的举措和面临的问题，得到大量一手资料。

本书的创新之处表现在以下几方面。

（1）拓展了"文创"的概念领域。目前社会大众对"文创"概念的理解多停留在文化衍生品和旅游文创商品等有形的文创商品层面，本书提出"大文创"的概念，将传统文化的创意表达和现代转化统称为"文创"，包括影视综艺、旅游演艺、游戏动漫、研学旅游、数字文创、文创商品、空间运营、活动策划等。

（2）提出了文化文物单位知识产权确权依据。自2017年国家出台鼓励文化文物单位进行文创开发相关政策以来，多数文化文物单位并不清楚自身拥有的知识产权类型及范围，才会出现授权意愿不高、不当授权、无效授权等问题。本书从学术理论、法律依据、政策依据层面分析了文化文物单位享有的著作权、商标权和专利权等主要知识产权类型，文化文物单位可以据此列出自身知识产权清单，作为授权的前提。

（3）构建了文化文物单位知识产权价值评估模型。无形资产价值评估一直缺乏权威评价标准，尤其是文化文物单位的知识产权，更是缺乏专业的评价工具。本书在国际社会通用的成本法、市场法和收益法三种基本资产评估方法基础上，借鉴日本、韩国、美国等在无形资产评估中采取的做法，结合中国文化文物单位及文化遗产基本属性，构建起了文化文物单位知识产权价值评估三级指标体系和评估模型，以此作为基本模型，构建起国有博物馆、公共图书馆、文化旅游景区知识产权价值评估的具体模型。

（4）提出文化文物单位文创授权基本模式及创新模式。学界有学者总结出文化文物单位文创授权的基本模式，包括直接授权、委托授权和合作开发三种模式。本书对此进行了补充，提出未来文化文物单位文创授权可能的创新方向：开放版权模式，并认为在数字时代，文化文物单位授权有平台化、品牌化和专业化的倾向。在此基础上，细分不同类型文化文物单位在不同文创开发领域中授权模式的选择策略。

（5）提出文化文物单位文创授权体制机制改革建议。2021年国家出台《关于进一步推动文化文物单位文化创意产品开发的若干措施》，部分解决了文化文物单位在文创开发中存在的单位属性冲突、激励效应不明显、收入分配机制不健全等问题。本书在此基础上进一步深化研究，提出赋予文化文物单位更大经营自主权、社会力量市场准入机制、社会力量监督管理机制、文化文物单位文创开发的风险防范等问题及解决方案，为文化文物单位文创授权实践和相关政策制定提供参考。

目 录

第一章 IP 时代的文创理念与文创授权

第一节 文创理念的内涵与表征 ……………………………………… 3
一、文创理念的时代内涵 ………………………………………… 3
二、文创理念指导下的文创产品 ………………………………… 5

第二节 发展文创产业的战略意义 …………………………………… 7
一、文化转向是进入后工业社会的战略选择 …………………… 7
二、"创意城市"理念成为城市发展主流理念 ………………… 8
三、"新乡创"成为乡村振兴的重要助力 ……………………… 10
四、文创产业满足消费升级时代的文化需求 ………………… 11

第三节 国内外文创授权实践 ………………………………………… 13
一、国际授权产业发展 ………………………………………… 13
二、国内文创授权实践 ………………………………………… 15
三、文化文物单位文创授权问题的提出 ……………………… 17

第四节 学界相关研究成果综述 ……………………………………… 19
一、文化文物单位文创开发状况研究 ………………………… 19
二、文化文物单位知识产权研究 ……………………………… 21
三、文化文物单位授权实践研究 ……………………………… 23

第二章 文化文物单位文创授权依据

第一节 文化文物单位文创知识产权界定 ... 27
一、文化文物单位文创知识产权清单 ... 27
二、文化文物单位知识产权属性分析 ... 30

第二节 文化文物单位文创授权的学理依据 ... 32
一、文化文物单位文创产权的产生 ... 32
二、文化文物单位文创产权初始分配 ... 34

第三节 文化文物单位文创授权的法理依据 ... 37
一、文化文物单位文创授权的宪法依据 ... 37
二、文化文物单位文创授权的其他法律依据 ... 38
三、文化文物单位文创授权的内部法律依据 ... 39
四、文化文物单位相关知识产权确权依据 ... 40

第四节 文化文物单位文创授权的政策依据 ... 45
一、文化文物单位文创开发相关政策 ... 45
二、文化文物单位作为经营主体的正当性 ... 48

第三章 文化文物单位无形资产价值评估

第一节 文化产业无形资产的评估方法 ... 53
一、无形资产评估的内容 ... 53
二、文化产业无形资产常用评估方法 ... 54

第二节 文化产业无形资产评估的经验借鉴 ... 59
一、美国文化产业无形资产评估 ... 59
二、韩国文化产业无形资产评估 ... 60
三、中国台湾地区文化产业无形资产评估 ... 61

四、文化产业无形资产评估的主要启示 ·· 63

第三节　文化文物单位无形资产的评估方法 ·· 65

　　一、价值评估对象的选取 ·· 65

　　二、价值评估原则的确立 ·· 66

　　三、价值评估方法的选择 ·· 66

　　四、价值评估指标体系构建 ·· 67

第四章　文化文物单位文创授权模式

第一节　文化文物单位文创授权流程 ··· 79

　　一、文化资源授权的流程 ·· 79

　　二、文化资源授权的价值链形态 ·· 85

第二节　直接授权模式及价值链分析 ··· 87

　　一、直接授权模式概要 ··· 87

　　二、直接授权价值链分析 ·· 89

　　三、典型案例：大英博物馆 ·· 89

第三节　委托授权模式及其价值链分析 ·· 91

　　一、委托授权模式概要 ··· 91

　　二、委托授权价值链分析 ·· 96

　　三、典型案例：法国卢浮宫 ·· 96

第四节　合作开发模式及其价值链分析 ·· 98

　　一、合作开发模式概要 ··· 98

　　二、合作开发价值链分析 ·· 101

　　三、典型案例：杜甫草堂与肯德基的合作 ··································· 101

第五节　开放版权模式及其价值链分析 ·· 103

一、开放版权模式概要 ·················· 103
　　二、开放授权价值链分析 ················ 104
　　三、典型案例：台北"故宫博物院" ········ 105

第六节　授权模式的其他尝试 ·················· 107
　　一、著作权集体管理 ···················· 107
　　二、版权补偿金制度 ···················· 108

第五章　文化文物单位文创授权管理

第一节　文化文物单位文创经营现状 ············ 113
　　一、文创发展历程 ······················ 113
　　二、文创开发方式 ······················ 114
　　三、文创品牌塑造 ······················ 117
　　四、文创市场主体 ······················ 118
　　五、文创开发收益 ······················ 120

第二节　文化文物单位文创体制机制 ············ 122
　　一、文化文物单位自身体制障碍 ·········· 122
　　二、文创开发的市场准入机制 ············ 124
　　三、文创开发的合理监管机制 ············ 126
　　四、文创开发的收益分配机制 ············ 127

第三节　文创授权开发中的侵权问题 ············ 129
　　一、文创授权开发中的侵权类型 ·········· 129
　　二、文创侵权问题的解决方案 ············ 132

第四节　文创授权开发中的安全保障 ············ 134
　　一、品牌安全 ·························· 134
　　二、形象安全 ·························· 135
　　三、股权安全 ·························· 136

四、财务安全 136

第六章 国有博物馆文创授权开发

第一节 国有博物馆知识产权图谱 140
一、国有博物馆可供开发的文化资源 140
二、国有博物馆可供使用的知识产权 143

第二节 国有博物馆文创开发模式 147
一、国有博物馆文创产业链 147
二、文创商品开发模式 149
三、文化教育服务模式 152
四、文化空间运营模式 153
五、异业跨界融合模式 155

第三节 国有博物馆文创授权机制 157
一、国有博物馆知识产权价值评估 157
二、国有博物馆文创授权模式 162
三、国有博物馆授权收益分配 164

第四节 国有博物馆文创授权策略 167
一、大型综合类博物馆文创授权策略 168
二、国有专题类博物馆文创授权策略 170
三、地方中小型博物馆文创授权策略 173

第七章 公共图书馆文创授权开发

第一节 公共图书馆知识产权图谱 179
一、公共图书馆可供开发的文化资源 179
二、公共图书馆相关知识产权类型 180

第二节　公共图书馆文创开发模式 ································· 183

一、公共图书馆+文创产品模式 ································· 183
二、公共图书馆+社会教育模式 ································· 184
三、公共图书馆+文化旅游模式 ································· 185
四、公共图书馆+娱乐休闲模式 ································· 186

第三节　公共图书馆文创授权机制 ································· 188

一、公共图书馆知识产权价值评估 ······························· 188
二、公共图书馆文创授权模式 ··································· 190
三、公共图书馆授权收益分配 ··································· 194

第四节　公共图书馆文创授权策略 ································· 196

一、省级图书馆文创开发策略 ··································· 196
二、高校图书馆文创开发策略 ··································· 198
三、实体书店文创开发策略 ····································· 200

第八章　文化旅游景区文创授权开发

第一节　文化旅游景区知识产权图谱 ······························· 205

一、文化旅游景区可供开发的文化资源 ··························· 205
二、文化旅游景区可供使用的知识产权 ··························· 207

第二节　文化旅游景区文创开发模式 ······························· 210

一、观光游览模式 ··· 210
二、娱乐消费模式 ··· 211
三、场景体验模式 ··· 212

第三节　文化旅游景区文创授权机制 ······························· 214

一、文化旅游景区授权管理体制 ································· 214
二、文化旅游景区知识产权评估机制 ····························· 215

三、文化旅游景区授权交易模式 ……………………………………………… 218

　　四、文化旅游景区授权收益分配 ……………………………………………… 220

第四节　文化旅游景区文创授权策略 ……………………………………………… 223

　　一、古村古镇文创开发授权策略 ……………………………………………… 223

　　二、文化遗址文创开发授权策略 ……………………………………………… 226

　　三、红色旅游文创开发授权策略 ……………………………………………… 229

　　四、宗教文化文创开发授权策略 ……………………………………………… 230

第九章　结论、趋势及政策建议

第一节　本书研究结论 ……………………………………………………………… 235

第二节　文化文物单位文创授权未来趋势 ………………………………………… 238

第三节　文化文物单位文创授权政策建议 ………………………………………… 240

主要参考文献 ………………………………………………………………………… 242

附　录　部分文化文物单位访谈记录 ……………………………………………… 247

　　附录1　故宫博物院访谈记录 ………………………………………………… 247

　　附录2　河南省博物院访谈记录 ……………………………………………… 249

　　附录3　湖北省博物馆访谈记录 ……………………………………………… 251

　　附录4　湖南省博物馆访谈记录 ……………………………………………… 253

　　附录5　北京民俗博物馆访谈记录 …………………………………………… 254

第一章　IP 时代的文创理念与文创授权

　　IP（Intellectual Property）原意是"知识产权"，近年来随着知识经济的发展，IP 不断被注入商业和资本内涵，成了"可供多维开发的文化符号"的代名词。围绕 IP 所形成的产业链已经延伸到影视、游戏、动漫、音乐、文创产品、家居设计等多个领域，创造了巨大的社会效益和经济效益。在新文创时代，通过创意和科技将 IP 转化为文化产品，成为经济发展的重要特征之一。文化文物单位所掌握的大量文化资源，逐渐成为社会经济发展的文化动力和重要驱动力，受到全社会越来越多的关注。国内外文化文物单位作为"近水楼台"，在如火如荼的文创实践中逐步认识到，厘清文创领域相关知识产权，是文创市场繁荣发展的前提条件。

第一节 文创理念的内涵与表征

当人类社会进入 21 世纪，科技进步和时代发展颠覆了传统的生产生活方式，人们的生活习性和价值观念也发生了急剧的变化，这个时代被称为后工业时代、知识经济时代和智能时代。创意和创造成为时代发展主动力，社会大众对文化创造性和文化多样性的追求越来越凸显，"文创"成为代表时代潮流和新消费观念的热词。

一、文创理念的时代内涵

"文创"是文化产业与创意产业相互融合形成的新业态。"文化产业"的概念出现在 20 世纪 30 年代，随着古德堡印刷机的发明、电影技术的发展，出现了法兰克福学派提出的"文化工业"，即文化产品的工业化批量生产。本雅明在《机械复制时代的艺术品》一书中对"文化工业"进行了批判，认为大批量、流水线式的生产损害了文化产品的"灵韵"，不符合文化生产的本质特征。"创意产业"的理念出现在 20 世纪 90 年代，英国布莱尔政府成立"创意产业特别工作组"，将"创意产业"界定为"源于个人创意、技巧及才华，通过知识产权的开发和运用，具有创造财富和就业机会的产业"。英国学者约翰·霍金斯在《创意经济》一书中，将创意产业定义为产品在知识产权法保护范围内的产业体系，知识产权分为版权、专利、商标和设计四大类别，每个类别都有庞大的产业体系与之对应，这四大产业体系及其部门共同构建了创意产业和创意经济。[1]

创意产业的出现弥补了文化产业"灵韵"不足的问题，个性化生产自然有了"灵韵"，但一味强调创意没有文化底蕴，产品又会显得苍白单薄，只有文化和创意结合在一起，才能真正产生优秀的文化产品。2016 年，清华大学胡钰教授首次提出"文创理念"，认为"其核心特征是创新与跨界，以一个更广阔、更多维的视角推动文化发展，实现以文化人的时代任务"[2]。文创理念由此产生，核心是强调文化创意化、创意文化化，

---

[1] 尹宏. 现代城市创意经济发展研究［M］. 北京：中国经济出版社，2009：8.
[2] 胡钰. 文创理念与文创产业［N］. 中国文化报，2016-10-26（006）.

并成为当代文化发展的主流趋势。

文创理念的根基是文化，文化是人们在长期生活中形成的共同思维方式和生活观念，决定社会群体的价值观念和行为方式，是民族或地区共同的基因，是创新的根基和灵魂。中华民族在五千年历史长河中形成的价值观念、精神信仰、生活习惯、工艺技艺，以及体现民族精神智慧成果的文化文物遗产，都为文创发展提供源源不断的动力。从文创角度解读传统文化，就要不拘泥于传统的内容和形式，推动传统文化创造性转化和创新性发展。2014年，习近平总书记在文艺工作座谈会上指出："传承中华文化，绝不是简单复古，也不是盲目排外，而是古为今用、洋为中用、辩证取舍、推陈出新，摒弃消极因素，继承积极思想，'以古人之规矩，开自己之生面'，实现中华文化的创造性转化和创新性发展。"这就需要以文创理念对传统文化进行形式和内容的创新，推动传统文化走向现代化、时尚化、生活化。

文创理念的关键在创意，即个性化的文化生产。没有创意的文化是重复的，没有文化的创意是苍白的。当前中国社会正处于低附加值、批量生产的传统产业结构向高附加值、定制生产的现代产业结构转型，强调买方市场的"文化超市"越来越不被年轻人所接受，标准化、重复性的文化产品缺乏魅力，个性化、差异性的文创产品才能够引起社会关注。而创意阶层的出现和集聚是文创理念落实的人才保障。国际上，伦敦的苏荷区因吸引了大量作家、音乐家、艺术家和思想家，成为世界上最成熟、最典型的文化产业集聚区。苏荷区以中小型媒体企业为主，产业链相对完整，将电影制作产业链条上、中、下游的全球人才汇聚在一起，成为全球最具影响力的王牌产业群。苏荷区也因人才的聚集带来产业的兴旺，很多出色的酒吧、百货商店、餐厅酒店在此出现，成为世界知名的商业休闲区。

文创理念的本质是知识产权保护。文创理念强调个人创造性劳动和智慧成果，目的是运用知识和创造力来创造财富。只有经过知识产权保护的创造性成果才能够转化为产品，才能实现创作者的收益回馈。因此，知识产权保护是文创理念得以实现的法律保障。文创领域的知识产权尤其特殊，即文创理念的产品化、产业化发展过程，与文创知识产权规范化过程是同步的，文创知识产权保护与知识分享和技术创新也是同步的，文创产业发展的过程就是知识产权不断被创造、分享的过程。在美国，文创产业也被称为版权产业，欧洲和新加坡、马来西亚等国家和地区将对知识产权和信息技术的自主视作经济发展的基础。中国学者金元浦认为，创意产业与传统受赞助的艺术部门最大的区别在于前者通过知识产权的产生和开发而具有创造财富的能力。

二、文创理念指导下的文创产品

创意产品的概念是从创意市集得来的，创意市集（Fashion Market）最早出现在欧洲，是年轻人自发组织的以售卖原创、时尚、个性、手工的小商品为主的集市，参与门槛相对较低。在欧洲的许多城市，创意市集被认为是草根时尚的发源地，很多年轻的原创艺术家和设计师将创意市集作为事业的起点，是城市魅力和文化多元化的体现。在欧洲国家和日本，每年都有大大小小上百场的创意市集活动有组织地举行。创意产品是相对工业化生产而言的，以非量化生产为主，表现出以个性化创意表达为基础的产品差异性。凯夫斯在《创意产业经济学》中指出，创意产品更强调独立于产品质量之外的风格、特性与基调，人们根据自身对风格和个性的偏好程度决定购买意愿。创意产品的价值主要取决于产品的差异化程度，而非产品质量，创意附加值越高，产品的价值就越高。而随着社会发展水平的提高，极大丰富的物质产品表现出同质化的现象，容易引起人们的审美疲劳，而富有创意的产品，能够给人带来眼前一亮的感觉，成为消费的新宠。

在文创理念指导下，文创产品是指将文化思维与创意思维相结合，生产出兼具产品基本属性、文化附加值和创意附加值的产品，包括有形物质产品和无形精神产品。文创产品具有三个特征，一是创意属性，文创产品强调个性和创新，以新的创意增加产品的附加价值；二是文化属性，文创产品以文化为出发点，又以文化为目标，实现文化的创造性发展；三是市场属性，文创产品具有独立的知识产权，最终要推向市场并实现其商业价值。

目前文创市场上常见的文化创意产品，大致可以分为以下几类。

文化衍生品：将特定文化元素直接用于实物商品上，如使用卡通形象"怪兽甜心"的服饰、以故宫"千里江山图"的文化元素为原型开发的书签、笔记本、镇尺等。

产品外包装：仅将特定文化元素用于其他物品外包装、礼盒外包装等，实际使用商品上未出现该文化元素，如将故宫文化元素运用到月饼盒包装、端午节礼盒包装、可口可乐包装上等。

礼品赠品：将特定文化元素运用到"非卖品"上，用于赠品，如肯德基儿童套餐玩具、购物袋、小挂件等赠品。

数字虚拟产品：将特定文化元素运用到输入法皮肤、电脑/手机皮肤主题、开机画面、桌面壁纸、游戏皮肤上等，如将敦煌"飞天"形象运用到《王者荣耀》游戏中人物皮肤设计中。

知识产权改编：将某一文化元素改编成影视、动画、游戏等，如将花木兰的民间传说改编成电影或游戏。

线下实体店：文化元素主题酒店、文化元素主题餐厅、线下商场文化元素主题展、主题玩具店、主题乐园、主题文具店等，如根据卡通形象Hello Kitty授权开设的主题餐厅、主题酒店、主题乐园等。

从目前市场和大众理解角度来看，文创产品的概念是有分歧的，可分为"小文创"和"大文创"两种。上述对文创产品的总结都局限在有形产品层面，属于"小文创"的范畴。"大文创"包括三种类型业态：产品开发、文化服务和空间运营，其中产品开发可以分为文创衍生品开发、数字文创产品和沉浸式虚拟产品；文化服务包括展览展示、研学旅游、线上课程、出版业务等；空间运营包括文化场馆出租、文化场景营造、快闪展、创意数字展和快闪店等。再往外延伸，文化文物单位的文创包括技术指导、品牌合作、跨界运营等。凡运用创意和科技的力量，将文化文物单位的文化资源渗透到各行各业和各个门类，提升相关产品文化附加值的产品和服务，都属于文创的范畴。从长远发展趋势来看，"大文创"是文创未来发展的主流方向。

本书所研究的文创范畴是大文创，即文化的创新表达。例如，河南卫视的《唐宫夜宴》《龙门金刚》等"节日系列"文艺剧目，虽然没有实物产品，但通过现代舞美技术和全新的表达方式，诠释了传统节日文化和地方特色文化，也在"文创"范畴内。

第二节 发展文创产业的战略意义

中国正经历百年未有之大变局,面临两大问题:一是中国与世界的冲突,当中国越来越强大,如何处理与世界其他国家的关系,向国际社会展现一个美好而真实的中国;二是物质与精神的冲突,在人们温饱实现、衣食无忧的时代,如何减轻人们在快速发展社会中的精神焦虑,找到心灵归属,过上美好新生活。这两个问题都对当代中国提出了新的发展要求,文化不再是锦上添花的时代附属品,而是一个全局性的、战略性的时代命题。同时,对文化发展的思维也提出了新的挑战,文化发展不能再走传统性、重复性的老路,需要开辟一条颠覆性、创新性的新路。文创产业成为时代发展的必然选择。

一、文化转向是进入后工业社会的战略选择

自20世纪70年代起,全球化和工业发展带来的环境问题、社会问题、种族歧视问题不断出现,人们开始反思社会发展模式,相比于土地、资本等外部驱动因素,文化因素在经济发展中所起的作用越来越被重视,文化转向成了后工业时代经济发展的总体特征。"经济文化化"和"文化经济化"已经成为当今社会经济活动的显著特征,经济的社会文化根植性和"文化产业"的兴起充分体现了经济和文化的紧密结合。❶ 正如美国经济学家霍尔所说,文化不是生产世界的装饰品,不是物质世界这一蛋糕上的糖衣,通过设计、技术、样式,美学已经渗透到现代生活世界中。❷ 约瑟夫·奈在20世纪80年代提出"软实力"(Soft Power)概念,之后文化、价值观、意识形态等文化软实力成为综合国力竞争的关键。

国际上,美国、日本、德国、英国等发达国家在后工业社会初期,发展战略均出现了"文化转向"。英国是最早提出发展创意产业的国家,1997年英国政府成立"创意产业工作小组",统筹引导全国的文化创意产业发展。该小组在《创意产业地图1998》中

---

❶ 苗长虹,王兵.文化转向:经济地理学研究的一个新方向[J].经济地理,2003(9):577-581.

❷ HALL S. Brave new world[J]. Marxism Today, 1988(11):24-29.

明确提出文化创意产业的概念和规划。到2008年，英国在文化创意产业领域的投资超过5.7亿英镑，并且通过在中小学推广艺术、设计、音乐、文学等学科，为创意产业的发展打下人才基础。文博经济是英国国民经济的重要发展支柱，如大英博物馆利用文物进行文化创意产品开发，极大促进了英国创意产业的发展。2015年伦敦创意产业的总增加值约为420亿英镑，为伦敦经济贡献了11.1%的GDP，从业人数为623万人，占所有就业岗位的11.9%。❶

日本1996年制定《21世纪文化立国方案》，2003年将"观光产业"提升到国民经济支柱性产业地位。目前，日本的电影和音乐创收分别列世界第二位，电子游戏软件产值居世界第一，动漫产业2020年营业额2511亿日元（约148亿元人民币，是日本第二大支柱产业）。据世界经济论坛（WEF）发布的《旅行·观光竞争力报告书》显示，日本在140个国家地区中排名居第4位。

韩国在金大中政府时期制定《文化产业五年规划》，在卢武铉政府时期提出"文化强国"理念，李明博政府时期提出"内容产业"体系建设，朴槿惠政府时期提出"文化隆盛"国政理念，历届政府都致力于发展文创产业。2019年韩国设立23 544亿韩元旅游振兴发展基金，用于支持文创企业发展。设立专门的文创人才培养机构，实施"院校培养复合型专门人才""产学研联合办学"等人才培养计划。韩国文化体育观光部2019年围绕韩国10大主题精品旅游线路资助内容开发、本土IP开发、总策划师成长，扶持数智化旅游服务项目。近20年来，韩国文化体育观光部共资助优秀文化节庆活动936亿韩元，创造旅游收入200 257亿韩元。

除此之外，美国、法国和其他欧盟国家、新加坡纷纷出台文创政策，将文化创意上升到国家战略高度。中国将第三产业占GDP比重超过50%作为进入后工业社会的标志，北京、上海、深圳等一线城市在2000年左右GDP占比超过50%，成都、杭州等城市在2010年后GDP占比超过50%，很多二线城市在2020年也基本上达到后工业化发展阶段，在发展战略上出现了集体的"文化转向"，文化创意、文化旅游迎来快速增长，文化创意消费将成为拉动内需和高质量发展的重要引擎。

二、"创意城市"理念成为城市发展主流理念

随着城镇化进程加快，大量外来人口涌入城市，城市面临着大规模扩张和规划建设问题，老旧街区改造让城市的记忆不断消失，新城建设同质化严重，"千城一面"成为城市建设被批判最严重的问题。比建筑外观上"千城一面"更严重的是城市文化趋同造

---

❶ 耿鹏.国际文化创意产业不同发展模式对天津的启示[J].产业经济，2020（6）：67-69.

成的"千人一面"。基于以上情况，联合国教科文组织提出要保护文化多样性，创意城市的建设受到了全世界的关注。创意城市就是要让城市自身变得更加富有创造性、富有活力、富有文化再生的能力。联合国教科文组织创意城市网络，在全球范围内每年评选创意之都。例如，被评为民间艺术之都的美国圣达菲，有7万个团体从事文化事业，超过1/6的雇员在为创意产业工作，音乐、舞蹈、艺术博物馆、画廊、壁画和雕塑给这座城市带来非常高的利润。而科技支撑所带来的新兴创意产业，更是构成创意城市的关键因素。

文化创意成为城市产业结构升级、打造世界城市的重要策略。如德国鲁尔区，原本是世界上最大的工业区，但随着老工业区严重衰退，城市面临发展新道路选择的问题。鲁尔对工业厂房进行创意化改造，将冶炼厂改造成工业博物馆，炼钢厂车间改造成中央舞台，利用钢铁公司老厂房发展文创休闲业态，吸引文创商店、餐厅、电影院等业态入驻。如今，鲁尔区成为世界著名的工业遗产观光区，有欧洲最长的购物街、休闲公园、美术馆、博物馆、剧院和音乐会，还有室内滑雪、足球场及各类体育运动场地，吸引全球各地游客前来观光。英国伦敦、法国巴黎、美国纽约、日本东京，也都发起极富创意的"城市再造运动"，提升城市实力。近年来，中国很多城市也发起城市更新运动，很多城市将老旧厂房改造成创意产业园，对老旧街区进行更新再造等，都取得了不错的效果。

如果刻意呆板地使用历史文化资源，或者仅仅是以经济学的思维方式利用城市的文化，很多文化符号可能会对市民或游客形成障碍，不仅产生不了预期效果，而且还会影响人们对城市的印象。用一种文化激活城市的既有传统，并充分利用当地特有资源的成功案例有很多。法国南部小城戛纳，仅有7万人口，却因戛纳国际电影节成为很多人梦想实现的地方。新西兰首都惠灵顿，只有40万人口，却因著名导演彼得·杰克逊在此拍出电影《指环王》三部曲走红，成为国际知名城市。

在中国，对传统文化资源开发成功的城市也有很多，如作为十三朝古都的西安，一改厚重严肃的刻板形象，与抖音合作打造"抖音之城"，塑造了永兴坊的摔碗酒、回坊的美食、曲江灯光秀等网红打卡地，2018年春节发起"西安年，最中国"活动，成为举世瞩目的焦点，向世界展示了"新西安，新经济，新活力"的新形象。成都提出"场景营城"理念，遴选出100个2021"最成都·生活美学新场景"，围绕"新玩""新食""新宿""新游""新购"五大主题版块，强调微观文化氛围的营造和养成，增加城市魅力，加深居民和游客对城市的认同感。在2018年腾讯研究院、标准排名城市研究院推出的《2018中国城市新文创活力排行》中，以"抖音之城"出名的西安、因《王者荣耀》走红的成都、互联网之都杭州，文创活跃度超过北、上、广、深等一线城市，成为新晋网红。这也说明，在新文创时代，推动城市文化发展的动力和方式已经发生颠覆性变化，利用新文创推动城市文创发展，是城市发展的新路径。[1]

三、"新乡创"成为乡村振兴的重要助力

对于有着5亿多农村人口的农业大国而言，乡村振兴是国家整体发展和和谐社会构建的首要问题。文化是乡村振兴中不容忽视的重要因素，不同于西方文化发生在都市，中国文化植根在农村，乡村作为中国文化载体的功能需要被重新认识，乡村旅游和乡村文化振兴的重要性也就不言而喻。在新时代，乡村旅游的重点不是景区而是非景区，消费者在旅游中更多的不是观景而是参与和体验。这种需求生成了崭新的乡村旅游模式——"新乡创"模式。"新乡创"理念是2020年清华大学文化创意发展研究院提出的，开启了以创意振兴乡村的新理念和新机制。其核心理念是以文化创意为引擎，带动各种现代发展要素进入乡村，推动乡村实现整体性的创新发展。

"新乡创"提出乡村振兴的路径是"人才导入、文化焕新、产业兴旺、乡村治理"，将中国新乡村打造成田园生活理想地、田园教育承载地、田园艺术创作地。通过乡创特派员制度，遴选掌握乡村创新发展理念的公务员、企业家、社会工作者、艺术家、设计师等人才，作为乡村"首席运营官"，开展"一村一员"特派服务，引导支持本地产业发展和文化发展，与村书记、主任形成"双轮驱动"，共建人文乡村。例如，建筑设计师马清运在北京平谷打造的多慢桃花坞项目，依托本地绿水青山、田园风光、乡土文化等资源，创造了一个有美酒、美宿，逃离喧嚣的美丽乡村桃花坞，成功吸引了腾讯视频与其共创网络综艺节目《五十公里桃花坞》，节目邀请了包括知名艺人等各行各业的15位居民朝夕相处，共同探寻心中理想生活，由此带动了本地文化旅游的发展，实现了脱贫致富。

江西省浮梁县也提供了"新乡创"的范本。浮梁县16个乡镇、143个村庄实施乡创特派员制度，在全国选出第一批26个乡创特派员，开展丰富多彩的乡创实践。2021年春节，浮梁县携手清华大学联合策划发起"浮梁红·守千年"焕新中国节春节活动：与央视合作打造"云村晚"，探秘浮梁县千年之貌，实现特色文化的全面立体呈现；与网易逆水寒合作，数字化保护与传承中华传统文化，复刻"浮梁红·守千年"过大年场景；与国内最大填色二次元社区"漫芽糖"合作，发起万人手绘"浮梁红·守千年"；在浮梁县沧溪村策划实施"沧溪秘境"汉服秀；邀请3D街画艺术家齐兴华在沧溪村创作4幅国潮街画；打造一套共41种"浮梁红·守千年"IP伴手礼；制作一部乡村短剧"浮梁梦的N次方"；组织开展"新生活、新风尚、新年画"乡村云特展等。系列活动真正实现了千年古村落的文化复兴，也带动了本地经济的发展。

---

[1] 宋朝丽. 新文创时代城市文化发展新模式[J]. 出版广角，2019（12）：14-18.

四、文创产业满足消费升级时代的文化需求

根据国际经验，当恩格尔系数❶低于30%以后，会出现消费领域的"文化跃迁"，文化（含旅游）消费支出占居民消费总支出的比例大幅攀升，高质量的文化消费成为居民生活必需品。20世纪80年代美国的恩格尔系数已经降到20%以下，欧洲国家、日本、加拿大等国的恩格尔系数也在20%~30%，中国的恩格尔系数2019年为28.2%，2020年受新冠肺炎疫情影响略升至30.2%，说明中国已经进入文化消费需求大幅增长时期。

从人均GDP与居民消费增长的国际规律来看，人均GDP与居民文化消费之间成正相关关系，当人均GDP达到5000美元，居民的精神消费需求开始爆发式增加，社会进入休闲娱乐时代，文化创意开始被重视。当人均GDP增至8000美元，居民文化消费水平全面提升，全社会的文化遗产保护意识得到普及，艺术收藏市场走向繁荣。1983—1994年，日本、德国、英国、法国、新加坡、韩国等国的人均GDP陆续超过1万美元（见图1-1）。所以20世纪八九十年代，随着恩格尔系数下降和人均GDP达到1万美元，欧洲发达国家的文化消费呈现较大幅度增长，旅游游客接待量保持7%~15%的持续增长。2019年中国人均GDP达到1万美元，与30%以下的恩格尔系数叠加，说明我国社会整体发展已经进入文化消费需求高速增长期，文创行业即将步入快速发展轨道。

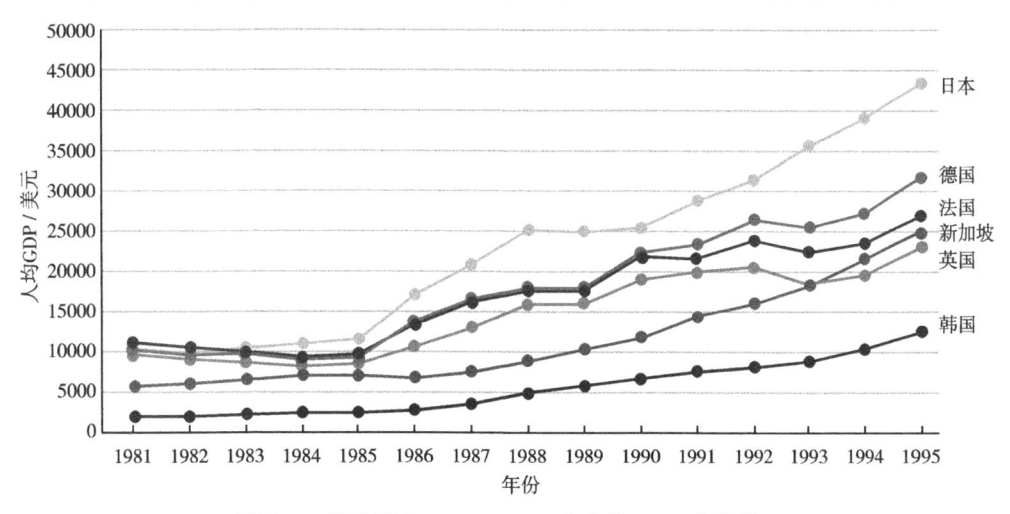

图1-1 发达国家1981—1995年人均GDP变化情况

从消费主体来看，文创的消费主体以年轻群体为主。传统消费理念已经不适应现代社会，尤其不能引起消费升级时代新消费群体的兴趣。日本社会学家三浦展把日本的消

---

❶ 恩格尔系数指居民家庭中食物支出占消费总支出的比重。国际上通常用恩格尔系数衡量一个国家和地区人民生活水平状况。根据联合国粮农组织提出的标准，恩格尔系数大于60%为贫穷，50%~60%为温饱，40%~50%为小康，30%~40%属于相对富裕，20%~30%为富足，20%以下为极其富裕。

费社会总结为四个发展阶段[1]：第一消费社会是第二次世界大战前，战争和通货膨胀使日本本土经济萧条，消费呈现出西洋化、大都市化倾向，消费主题是西方日用品。第二消费社会是大众消费时代，随着经济恢复和城市化进程加快，围绕家庭建设进行大量消费，消费主题是私家车、住宅和大家电。第三消费社会是个性消费时代，在物质基础丰厚的基础上，新生代群体开始追求个性化、品质化、体验化消费。第四消费社会是理性消费时代，随着老龄化社会的到来，人们更重视休闲、精神体验、人际和谐，关注本土文化。中国改革开放40多年的发展历程，经历了从温饱消费、家庭消费到品质化消费的转变，目前处于第三消费社会和第四消费社会过渡阶段。

消费社会的演变规律与马斯洛的需求层次理论相互验证，即人类在基本生存需求满足后，开始关注情感需求和社交需求的满足。在这一过程中，新消费主体逐渐形成，主要包括三类人群[2]：一是Z世代[3]学生群体，乐于尝试新事物，引领新潮流；二是都市白领群体，工作繁忙，注重时尚品位，是"宅经济""夜经济"等新消费模式的基础客群；三是中等收入群体，有一定的知识和财富积累，追求生活品质和休闲放松，是较高端消费客群。新消费主体的共同特征是，相对于物理价值，更愿意为产品的情感溢价付费；相对于实用价值，更愿意为产品的设计理念和颜值付费；相对于实物消费，更愿意在自我成长、自我愉悦、自我实现方面付费。于是可以看到几十元的网红奶茶、几千元的设计师签名款T恤、明星签名照等成为"刚需"。文创市场也由此形成并逐步发展繁荣。

DT财经对2021年Z世代群体的消费特征进行问卷调查，发现Z世代年轻人通过消费和学习获得"风格"，是建构同好部落集体情感最主要的互动形式。通过购买周边产品标榜自己的身份和所属群体，消费物品的目的不是为了其实用价值，而是为了占有某种文化符号。例如，综艺节目中说唱选手的典型特征是运动潮服、棒球服、墨镜、牛仔裤和滑板，不消费这些物品，意味着不具备说唱风格。"00后"的文创偏好特征表现得尤为明显，更喜欢用占有和消费的物品来获取文化和品位符号，取得身边及互联网上社会群体的认同。这种消费不局限于服饰，当某种风格成为青年推崇的"亚文化资本"的时候，便会催生出一系列与之相关的文化产业链和场景，包括衣、食、住、行、用各个方面，有资格消费亚文化的人群通过这种文化符号的占有，形成共通的品位感和群体归属感。这也是近年来国潮国风、二次元文化、盲盒文化流行起来的原因。

---

[1] 三浦展.第四消费时代[M].马奈，译.北京：东方出版社，2014.

[2] 毛中根，谢迟，叶胥.新时代中国新消费：理论内涵、发展特点与政策取向[J].经济学家，2020（9）：64-75.

[3] 根据青山资本2021年中消费报告，将Z世代定义为1998—2014年出生的人，又称为网络世代、互联网世代。

第三节　国内外文创授权实践

在文创理念的指导下发展文博事业，核心在于让文化文物资源"活起来"，让千百年躺在仓库中的历史文物转化成为当代人喜爱的文化产品和文化体验。授权给社会力量经营，是其中的关键环节。授权产业是时代发展的产物，最早的文创授权开始于20世纪30年代，真正形成授权产业则是在20世纪80年代之后，虽然文创授权仅有40年的发展历程，却成为全球发展势头最快、最不容忽视的经济板块，在全球经济结构和产业链条中拥有举足轻重的地位。国际上文创授权已经形成了成熟完善的商业模式，而中国的文创授权尚处于初级阶段，虽然发展势头迅猛，但在授权模式和经营理念等方面还有很大进步的空间。

一、国际授权产业发展

授权产业肇始于20世纪30年代迪士尼的卡通授权事业，迪士尼将根据动漫电影创建起的"米奇老鼠""唐老鸭""白雪公主"等经典动漫形象授权给推广零售业，打开了最早的衍生产品著作权经营。随着第三次产业革命带来的信息技术的发展，全球授权产业自20世纪80年代逐渐进入高速发展期。1980年开始举办的纽约国际授权展成为世界范围内授权产业的重要盛事。此后，国际授权展览会又陆续落地伦敦、法兰克福等城市，为授权产业的持续发展提供了平台。进入21世纪，授权产业在全球范围内引起关注，开辟了巨大的国际市场，授权产业不断走向成熟和完善，一些国际授权规则也逐步成型。

授权行业中最有影响力的国际规则是TRIPS协议。1994年，为了减少国际贸易中的扭曲和障碍，有效地保护知识产权，100多个国家政府在摩洛哥签署《与贸易有关的知识产权协议》（*Trade-Related Intellectual Property Rights*，TRIPS协议）。协议涉及的知识产权包括著作权及相关权利、商标、专利、地理标志、工业设计外观、集成电路布图设计、商业秘密等，并对上述知识产权的可获得性、范围、实施标准、维护程序、纠纷预防及解决机制等进行了详细规定，是世界上第一份把知识产权作为贸易主要议题的国际协议。在此之前，有关知识产权的纠纷和争议多是通过私下谈判或法庭解决，政府起不到实质性作用。自从签署了 TRIPS 协议后，政府就可以通过 WTO 要求实施相关规定。而知识产权方面的不当行为，也可能导致其他贸易项目被制裁，最后甚至会被 WTO 除名。

TRIPS 协议的签署为国际授权产业带来了法律和规则层面的保障，之后国际授权产业取得了突飞猛进的发展。在国际授权产业中，艺术授权和品牌商标授权是授权产业的两大分支领域，在国际授权产业中占据了较大的比例，同时也是文创授权的重要组成部分。国际授权协会（Intenational Licensing Industry Merchandisers' Association，简称 LIMA）每年发布年度授权报告，对上一年度的授权产业发展状况进行分析。年度授权报告包括对艺术授权、品牌授权等专项授权产业状况的分析与评论。据 LIMA2022 年发布的《2021 年全球授权业市场调查报告》显示，2021 年，全球授权商品零售额共计 3155 亿美元，授权商品的授权金达到 174 亿美元，授权产业平均维持 2% 的高成长率，授权已经是目前最有效的品牌宣传和推广模式。以英国为例，英国政府估计每年"艺术及创造性产业"的总营业额约 50 万亿英镑，直接贡献 4% 的 GDP。

相对于近年来关注较多的艺术授权和品牌授权，文创授权是一个相对较新的概念，用来特指授权产业中用于开发文化创意产品的部分。由于授权行为的性质决定了，授权者是从授权行为本身产生的收益决定是否授权，而不是授权标的物的用途，所以从授权终端——文创产品的角度去衡量授权产业发展有一定的难度，可以说文创授权蕴藏在授权产业所有类别中，因此本书从授权产业全景来分析文创授权的整体发展现状。

从 2021 年全球授权市场的 IP 分布来看，目前占全球市场份额最高的类别是娱乐/角色，价值 1299 亿美元（占 41%），包括传统电影电视授权、动漫角色授权、视频游戏授权等。其次是企业品牌授权，价值 769 亿美元（占全球市场份额的 21%），越来越多的企业将其品牌作为无形资产，利用品牌授权的方式与其他企业合作，将自身的品牌扩展到其他新的产品类别中，借助增加曝光率来吸引消费者，进而提升品牌价值和创造收入。体育是第三大授权类型，价值 312 亿美元，占比 10%。时尚类授权价值 284 亿美元，继续成为最大的产品类别，表现出强劲的市场增长趋势。一些时尚品牌正在借助授权实现跨界融合，提高自身的品牌价值，如被称为"联名狂魔"的优衣库，在 2019 年上半年与 KAWS 联名推出 12 款成人 T 恤、6 款童装和 4 款帆布包，综合销售额 1.27 万亿日元（折合人民币 763 亿元），毛利率 47.9%。[1]

从授权商品类别来看，2021 年服装（14.3%）、玩具（13.3%）和时尚配饰（10.3%）

---

[1] 数据来源：国际授权协会（LIMA）.2022 年全球授权业市场调查报告［EB/OL］.（2022-08-06）［2023-02-03］.https：//licensinginternational.org/get-survey/.

是全球授权业务中最大的产品类别。从区域来看，欧美国家在授权产业中占据了绝大部分份额，其中美国和加拿大的授权产品和服务消费占全球消费的59%，为1872亿美元（比2019年增长9.7%）。亚洲的授权产业呈快速增长趋势，北亚在市场份额中占比9.8%，增幅为5.6%，亚洲地区中，中国增长最为强劲，同比增长6%，也是目前仅次于日本的亚洲第二大市场。在南亚/太平洋、北亚和拉丁美洲，授权业务增长强劲，其中印度、澳大利亚、新西兰、中国、智利、巴西和阿根廷的授权业务增长尤为迅猛。❶

二、国内文创授权实践

在中国，授权产业的出现是在20世纪90年代，当时的授权市场主要在上海、广州一带，几乎所有的授权业务都是从中国香港引入，授权内容是迪士尼的经典形象，如米老鼠、唐老鸭等，人们对授权的认知停留在浅层，认为支付一笔费用就可以用这些角色做任何事情。2004年，迪士尼将中国的区域总部由香港搬到上海，自此许多国外的大品牌都开始在中国设立办公室，如孩之宝、尼克频道等，并把变形金刚、海绵宝宝等形象带入中国，很多享誉全国的授权商都将上海作为入驻中国的重要城市。本土品牌授权最早是从《蓝猫淘气三千问》开始的，当时在全国设立了1000多家专卖店，卖得最好的是VCD。中国卡通形象授权首次走向世界是在2010年，《喜羊羊与灰太狼》将版权授权给迪士尼，成为迪士尼品牌的一部分。

2010年，文化部公布《2010中国艺术品市场年度报告》首度提到"艺术授权"概念；2014年，上海自贸区举办首届文化授权交易会，将艺术品、影视娱乐、卡通动漫、网络游戏、文化演出、原创非遗艺术的授权经营列入文化授权的产业类型。2018年，国际授权业协会（LIMA）发布的《2018年全球授权业市场调查报告》显示，中国授权市场规模可以进入全球前五，成为世界上授权产业中最有发展潜力的国家。

目前，中国授权产业已经初步形成了一套完整的产业链，但总体上仍处于初级阶段。据中国玩具和婴童用品协会发布的《2022年中国品牌授权行业发展白皮书》显示，2021年中国年度被授权商品零售额达1374亿元人民币，同比增长24.2%。2021年中国年度授权金为53.2%，同比增长28.2%。截至2021年12月，按照企业实际开展授权业务的口径统计，活跃在中国的品牌授权企业总数为632家，已经开展授权业务的IP为2354项。

在2021年的授权产业中，授权占比排名前三的品类：一是娱乐类IP（包括卡通动漫、电子游戏、影视综艺、肖像形象、网络文学、音像图书）授权占比57.5%；二是艺

---

❶ 国际授权协会（LIMA）.2022年全球授权业市场调查报告［EB/OL］.（2022-08-06）［2023-01-15］. https://licensinginternational.org/get-survey/.

术文化（含博物馆）IP，授权占比18.5%；三是潮流时尚类IP，授权占比11.0%（见图1-2）。

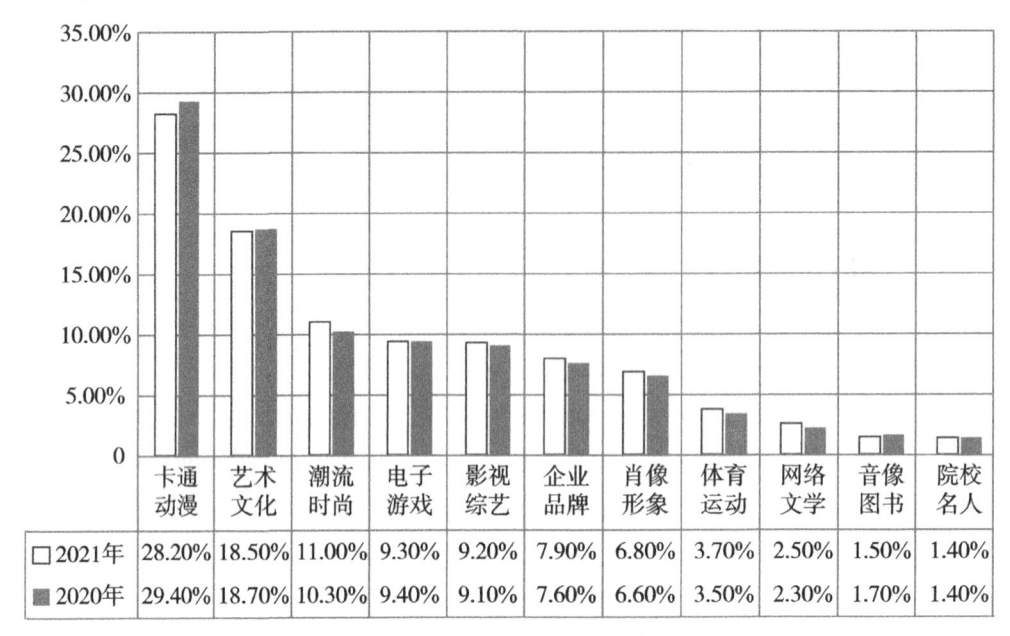

	卡通动漫	艺术文化	潮流时尚	电子游戏	影视综艺	企业品牌	肖像形象	体育运动	网络文学	音像图书	院校名人
2021年	28.20%	18.50%	11.00%	9.30%	9.20%	7.90%	6.80%	3.70%	2.50%	1.50%	1.40%
2020年	29.40%	18.70%	10.30%	9.40%	9.10%	7.60%	6.60%	3.50%	2.30%	1.70%	1.40%

图1-2 中国品牌授权市场的IP类型分布

2021年活跃在中国授权市场的IP涉及9个区域，主要国家是中国（33.1%）、美国（30.2%）、欧美其他国家（10.9%）、日本（9.9%）、韩国（4.1%）。对国内市场而言，授权产业仍是新兴事物，"保底授权金＋溢缴授权金"是最主要的授权金收取方式，占比48.3%。其次是无保底金，按销售额一定比例收取的方式，占比26.6%。年度一次性定额授权金（11.4%）和资源互换、联合推广（13.7%）也是授权金缴纳的方式。[1]

目前国内文创授权市场规模巨大，且处于成长期，大型的互联网平台正积极布局文化IP市场。阿里、京东均以大数据为基础，为文化资源方、品牌方提供在线授权交易服务、联合营销服务，通过连接内容和电商，致力于引进包括影视剧、动漫、游戏、艺术等在内的优势文化资源，搭建IP经济生态圈。腾讯则借助自身用户流量的优势，以旗下腾讯游戏、腾讯文学、腾讯电影等为主体，实行"新文创"策略，与旅游城市、博物馆、文旅景区开展合作，对其文化IP进行产业化运营，持续在文化遗产数字化保护和文创开发领域发力，打造传统文化IP帝国。

2021年被授权商选择IP进行授权合作的影响因素，主要是考虑IP的知名度和影响力（86.3%）、IP当下的活跃度和热度（58.3%）、IP与产品的受众和调性匹配（39.1%）。依靠IP的影响力使自身实现"增品种、促销售、提利润、创品牌"是被授权商的主要

---

[1] 国际授权协会（LIMA）.2022年全球授权业市场调查报告［EB/OL］.（2022-08-06）［2023-02-03］. https：//licensinginternational.org/get-survey/.

诉求（见图1-3）。

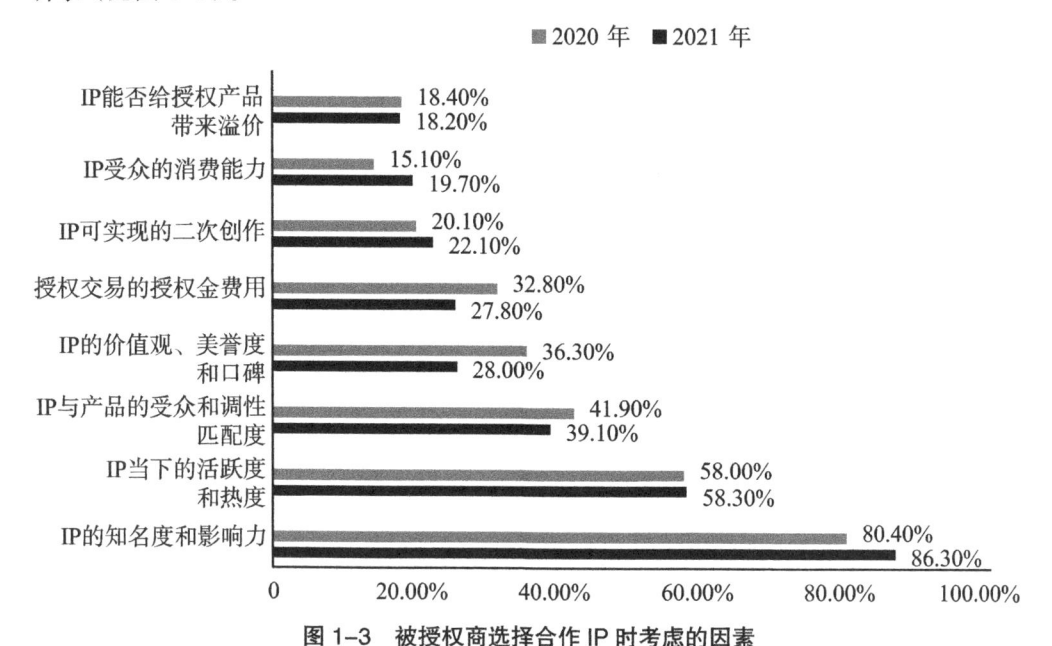

■ 2020年　■ 2021年

因素	2020年	2021年
IP能否给授权产品带来溢价	18.40%	18.20%
IP受众的消费能力	15.10%	19.70%
IP可实现的二次创作	20.10%	22.10%
授权交易的授权金费用	32.80%	27.80%
IP的价值观、美誉度和口碑	36.30%	28.00%
IP与产品的受众和调性匹配度	41.90%	39.10%
IP当下的活跃度和热度	58.00%	58.30%
IP的知名度和影响力	80.40%	86.30%

图1-3　被授权商选择合作IP时考虑的因素

数据来源：国际授权协会（LIMA）.2022年全球授权业市场调查报告［EB/OL］.（2022-08-06）［2023-02-03］. https://licensinginternational.org/get-survey/.

三、文化文物单位文创授权问题的提出

文化文物单位文创产品开发最早始于20世纪70年代的西方博物馆，当时西方国家普遍面临经济衰退和财政紧张，国家财政对博物馆的资助减少，博物馆自身经营压力增加，新博物馆学开始兴起。加上博物馆的观众已经不满足于从柜台购买明信片和导览册，开发文创产品、开设博物馆商店成为大多数博物馆的必然选择。1973年，大英博物馆成立股份有限公司，主要负责文物复制品或纪念商品的批发及零售、出版、制造及授权业务。如今在很多博物馆，文创开发已经形成了一套成熟的开发和授权模式，开始在全球范围内开展合作，拓展业务。比如，自2007年起，大都会博物馆委托Art Resource公司代理其在南非的授权业务，委托法国国家博物馆联合会（RMN）代理其在北美以外的业务。2018年7月，大英博物馆天猫旗舰店上线，在中国市场开展独立授权及经营业务，截至2023年2月，已有253.4万粉丝。

国内文化文物单位的文创实践最早由博物馆发起。1996年上海博物馆成立独立核算的艺术品公司，主要业务是设计生产高端外宾礼品，并要求公司85%以上的产品是本馆原创设计产品。2008年金融危机后，上海博物馆的艺术品公司开始关注国内市场，

研发设计抱枕、耳机等亲民平价的日用品，是中国文博领域文创的雏形。文化文物单位文创开发走在最前列的是博物馆系统，中国台北"故宫博物院"在20世纪80年代提出"艺术与生活结合，在传统中创新"，简单印制文物明信片和复制品，让历史文物变得更加亲民；2006年提出"old is new"概念，授权厂商开发文创产品、与外界品牌合作；2013年中国台北"故宫博物院"的"朕知道了"胶带、"翠玉白菜"系列文创产品等，让文创的概念传遍海峡两岸。北京故宫博物院于2010年后进入文化创意的自觉阶段，在全国范围内举办文创大赛，公开征集创意，进行文创开发。2015年《博物馆条例》修订后，全国其他博物馆也都开始进行文创产品开发，掀起了全民文创的热潮。

截至2021年，故宫博物院已经开发生产出13 098种文创产品，国内已有数十家博物馆、美术馆、艺术机构甚至科研机构，纷纷加入文创开发大军，创新力十足。2017年前，文化文物单位文创开发以自营开发为主，多依靠文化场馆自身人员进行开发，2017年后，随着本土经典传统IP的商业化发展，具有本国文化特征和文化价值的文博类IP逐渐成为品牌合作的趋势和潮流，与其他品牌联合成为文化文物单位文创开发的新趋势。2019年清华大学文化经济研究院发布的《新文创消费趋势报告》显示，跨界衍生品在整体文创产品市场份额高达72%，跨界衍生品的规模已经是博物馆自营产品的3倍。2019年被称为品牌商同博物馆跨界合作爆发年，在"故宫口红"的强势引领下，美妆个护行业博物馆跨界产品成交规模扩大23倍，成为文创IP跨界第一大行业。2020年，《博物馆馆藏资源著作权、商标权和品牌授权操作指引（试行）》出台，明确规定了博物馆馆藏资源的授权主体、授权内容、授权流程，越来越多的文博单位向社会有序开放文物资源，并与各类市场主体积极互动，推出一批授权文创精品。文创授权开始走向规范化运营阶段。

面对轰轰烈烈的文创市场，目前文化文物单位的授权机制方面还处于探索阶段。从理论上看，文化文物单位文创授权的初衷与目标尚不清晰，文创授权的法理和现实依据尚不明确，如何平衡文创授权中的公益与商业属性，如何把握文创开发中资源开放与文化安全的关系，如何把握文创开发的原则和底线等问题尚未明确解决。从实践层面来看，文化文物单位文化资源在文创开发中的知识产权范畴尚未明确界定，不同类型文化资源的开发模式尚未清晰，文化文物单位与被授权主体之间的合作机制、激励机制和授权机制尚未厘清，文化文物单位鼓励文创产品开发的管理制度尚未建立，文创开发中的知识产权保护机制和侵权鉴定机制尚未清晰。从学术和实践两个层面对文化文物单位的文创授权机制进行全面系统的研究，是当前文化文物单位文化资源开发利用、传统文化资源创造性转化和创新性发展、文化强国建设的重要命题，也是本书研究的出发点和立足点。

第四节　学界相关研究成果综述

学界对文化文物单位文化创意产业开发的研究，是伴随着文化创意产业相关实践而出现的。2016年5月，国务院办公厅转发文化部等部门《关于推动文化文物单位文化创意产品开发的若干意见》，鼓励文化文物单位发展文化创意产业，开发文化创意产品，相关领域的研究也开始受到关注。2017年形成了博物馆文创研究的小高峰，中国知网"博物馆文创"相关论文从2016年的45篇增加到2017年的126篇，之后一直保持持续增长趋势，到2022年年底相关研究已经增加到2315篇。从研究内容来看，文化文物场馆中，对博物馆文创的研究最多，从设计学角度讨论文创开发具体方式的研究较多，讨论文创授权的文章相对较少。具体可以从以下几个方面进行概述。

一、文化文物单位文创开发状况研究

文化文物单位的文创开发实践最早出现在博物馆领域，被称为"博物馆艺术授权"，学者从不同角度进行了概念界定。国外对艺术授权的研究始于20世纪80年代新博物馆学的兴起，早期多关注艺术授权产业的发展状况。在经营博物馆理念的支配下，逐渐转向艺术授权的产业链、授权产业的现状与未来发展趋势、博物馆的授权机制和授权策略、博物馆授权中的法律关系等领域。美国学者丽萨·芬迪认为，博物馆艺术授权是博物馆与被授权者就艺术作品的著作权使用签订合约，允许被授权者在特定区域和时间内将其用于特定商品上、并收取一定权利金的过程。[1] 艾米丽·哈德森和安德鲁·凯尼恩探讨了著作权授权对澳大利亚的博物馆、美术馆、图书馆等文化机构的影响。[2]

国内对艺术授权的研究起步较晚，系统研究较为匮乏。台湾地区相关研究相对较早，台湾学者周欣娴将艺术授权定义为"博物馆将资产予以被授权者租用，或出售生产

---

[1] 卢恩慈.艺术授权产业之营销策略研究[D].台北：台北政治大学，2005.

[2] HUDSON E, KENYON A T. Digital Access: The Impact of Copyright on Digitisation Practices in Australian Museum, Galleries, Libraries and Archives.UNSW Law Journal. 2007（30）：207.

商品的权利，并以契约规范涉及其资产再制的相关权限"❶。郭弈承对国际艺术授权的现状及发展趋势、商业模式进行了研究。❷ 郭汝彦以台北"故宫博物院"为例，分析了博物馆艺术授权的定义与类型、授权流程和合同制定、艺术授权产业的模式与效益。❸ 龙瑛探索博物馆与企业合作的异业结盟模式的可行性、具体方案及实际成效。❹ 黎致君分析在数字化时代博物馆艺术授权现状及未来发展趋势。❺

文化文物单位文创开发的研究意义，大致可总结为以下几个方面：从国家战略层面来看，文化文物单位文创开发，有助于促进传统文化资源的创造性转化，文化文物单位是中华优质文化资源的集中保存地，是传统文化研究人才的集聚储存地，应该利用馆藏优势，把中国的优秀文化精髓创意设计到文化创意产品当中，并且让它融入人们的生活，让我们的生活"越中国，越高贵"。❻ 从文化文物单位角度考虑，文创开发可以增强文化文物单位自我发展能力，深化文化文物单位体制机制改革，符合国际非营利文化机构发展趋势。❼ 通过文化文物单位文创授权，从宏观上看，可以挖掘博物馆藏品的深层文化价值，打通博物馆与现代文创市场的合作通道，提升博物馆文化传播的影响力，增强博物馆的品牌意识；从实践上看，博物馆通过文创授权，可以在较短时间内盘活文创运营资金，丰富文创产品类型，拓宽文创销售的途径与渠道，扩大社会影响力。❽

博物馆文化创意产业是近年来相关研究中的热点。博物馆文化创意产业是在国家重视文化建设、博物馆社会服务功能凸显和民众消费需求升级的时代背景下兴起的新事物。❾ 博物馆文化产业结构至少包含博物馆内部展陈项目、外延型文化产品和服务、产业链上下游文化产品及服务等。❿ 博物馆文化创意产业的发展经历博物馆文创产品、博物馆体验产业、博物馆生态产业三个阶段，尤其是在第三个阶段，知识产权成为整个产

---

❶ 周欣娴.台湾文化创意产业智慧财产之法律保护与艺术授权：以台北"故宫博物院"为例[D].台北：政治大学，2007.

❷ 郭弈承.国际艺术授权及其发展趋势[M]//张晓明，胡惠林，章建刚.2004年中国文化产业发展报告.北京：社会科学文献出版社，2004.

❸ 郭汝彦.博物馆艺术授权及产业价值链：以台北"故宫博物院"为例[D].台北：台湾世新大学，2007.

❹ 龙瑛.博物馆创新经营研究：以故宫与Alessi异业结盟为例[D].台北：台湾师范大学，2007.

❺ 黎致君.数位典藏授权价值产业之发展现状与趋势分析[D].台北：台湾大学，2008.

❻ 龚良.正确理解博物馆文化创意产品开发[N].中国文物报，2017-09-26（005）.

❼ 祁述裕，赵一萌，杨传张.文化文物单位发掘文化资源、开发文化创意产品的理念与思路[J].浙江工业大学学报（社会科学版），2016（6）：128-135.

❽ 钟梅.对博物馆文创授权的几点认识与思考[J].中国博物馆文化产业研究，2015（12）：148-155.

❾ 宋朝丽.博物馆文化创意产业的溯源、机理及现实思考[J].服装设计师，2021（8）：79-86.

❿ 杨晓琳.博物馆、文化产业与博物馆文化产业刍议：理论框架及发展建议[J].中国博物馆，2020（4）：61-67.

业的核心，博物馆与其他产业合作不再以输出产品和服务为主，而是将创意和内容通过知识产权形式服务于社会各行各业。[1]但在博物馆开展试点工作中也暴露出来一些需要解决的问题，一是文化文物单位要不要办经营性企业的问题；二是经营收入归谁的问题；三是激励机制的问题；四是体制问题，如可否允许单位和个人以知识产权、商标、科研成果、创造性劳动等作为要素或相应资本入股。[2]

这些研究从不同侧面绘制了文化文物单位文创开发的全景图，描述了文化文物单位文创开发的战略意义、概念界定、相关产业发展规律、实践中出现的问题等，为文化文物单位文创产业的发展奠定了理论基础。文化文物单位涵盖面很广，博物馆是其中的一部分，由于其在文化创意产业中走在时代前列，也就成为学界关注的焦点。目前，图书馆、美术馆、非遗馆等文化文物单位的文创开发也在轰轰烈烈开展，但学界关注相对较少，相关研究成果相对薄弱，在未来研究中需要有所侧重。

二、文化文物单位知识产权研究

在文化文物单位文创发展中，加强知识产权保护是非常重要的环节。世界知识产权组织（WIPO）在2007年出台《博物馆知识产权管理指南》，旨在帮助博物馆及文化遗产管理机构建立规范的知识产权利用体系，在数字时代，如果不能对知识产权进行良好的管理，博物馆就无法将互联网作为教育和交流的工具进行利用。[3]《博物馆知识产权管理指南》认为博物馆知识产权管理包括资产清查、知识产权政策制定、许可使用政策制定、数字手段管理等。[4]

传统意义上对文物的保护一般是通过《中华人民共和国文物保护法》《博物馆条例》等法律法规来实现的，属于公权力的保护范围。[5]但对文化文物单位文创产品的保护，则属于私法的范畴，即建立在公权基础上的对个人财产权的保护。很多学者从法律角度对这一问题进行了探讨，首先是关于文创开发中涉及的知识产权类型，主流观点认为主要包括著作权、商标权、专利权，有人在此基础上补充了域名权、商业秘密、工业设计权等。公共图书馆的授权开发类型主要是图像授权、出版品授权和品牌授权。[6]对于文

---

[1] 宋朝丽.博物馆文化创意产业的溯源、机理及现实思考[J].服装设计师，2021（8）：79-86.

[2] 龚良.正确理解博物馆文化创意产品开发[N].中国文物报，2017-09-26（005）.

[3] 莉娜·埃尔斯特·潘陀洛尼.博物馆知识产权管理指南[M].栾文静，陈绍玲，译.北京：中国政法大学出版社，2019.

[4] 韩缨.信息时代博物馆的知识产权保护和利用[J].江苏社会科学，2007（1）：67-68.

[5] 孙昊亮.博物馆知识产权法律问题探析[J].科技与法律，2014（6）：934-952.

[6] 鲁巍伟.我国公共图书馆文化创意产品开发模式研究[D].大连：辽宁师范大学，2018.

化文物单位文创开发中所涉及的知识产权，一种观点认为应该在现有《中华人民共和国著作权法》（以下简称《著作权法》）、《中华人民共和国商标法》（以下简称《商标法》）、《中华人民共和国专利法》（以下简称《专利法》）、《中华人民共和国反不正当竞争法》（以下简称《反不正当竞争法》）等法律框架内寻求知识产权保护方案❶，另一种观点认为可以通过修订现有法律，单设文化文物单位知识产权保护相关法律条例。

其次是文化文物单位文创产品的产权归属界定。胡卫萍认为中国的文化资源产权长期居于全民所有、国家产权主体这一层次，系"所有者虚位"，缺乏文化资源的产权认定。❷ 为了方便对文化资源进行利用，可以确立多样化的文化资源权利主体，可以是某个民族、某个国家、某个群体，也可以是某个个人或创意拥有者。❸ 按照国际惯例，博物馆的数字文化资源在产权归属上应该归数字化版权所有方，即如果国家财政拨款进行的数字化工程项目，数字化版权归国家所有，如果社会力量对公有文化资源进行数字化，数字化版权则由文化文物单位与社会力量依合同协商。❹ 博物馆衍生品的著作权归属大多基于合同约定，职务作品的著作权原则上归属于作者，博物馆在业务范围内可以优先使用，法人作品的著作权归属于博物馆。❺ 但实际上，公有文化资源的产业化开发利用是在文化创意产业兴起后出现的新事物，其在开发利用中的产权归属问题目前在学界尚未形成一致的观点。

综上，关于文化文物单位文创开发中的知识产权问题，学界研究尚处于初级阶段，很多学者意识到了知识产权问题在文化文物单位文创开发中的重要价值，对文化文物单位在文创开发中享有的知识产权类型、产权归属界定、侵权问题进行了研究。下一步需要进一步扩大研究的深度和广度，从跨学科角度进行问题导向的研究。目前大多数相关研究者是法学界学者，从现有法律制度层面寻求为文化文物单位从事文创开发和授权寻求法律依据，但文化文物单位文创开发领域的特殊性在于，利用公共文化资源进行经营性活动，是公有资源与私人财产权的新型组合，超出了传统知识产权法的保护范围，尤其是在文创开发取得收益后，如何进行收益的分配，如何分担经济损失和经济风险，如何进行激励奖励，都缺乏明确的法律依据，需要法律领域和文创领域进行结合，提出更明确的解决方案。

---

❶ 湖南省文化厅重大课题课题组.文化文物单位文创产品开发中的知识产权保护论纲[J].邵阳学院学报（社会科学版），2017（6）：1-7.

❷ 胡卫萍.罗马法视角的文化资源的产权归属[J].重庆大学学报（社会科学版），2015（6）：145-152.

❸ 费安玲.非物质文化遗产法律保护的基本思考[J].江西社会科学，2006（5）：12-16.

❹ 宋朝丽.博物馆资源开发：初始产权管理[M].北京：知识产权出版社，2021：184.

❺ 张萌哲.博物馆资源著作权保护相关问题研究[D].西安：西北大学，2019.

三、文化文物单位授权实践研究

文化文物单位的授权研究，以博物馆相关研究成果最多，主要集中在授权理论、授权类型和授权模式三方面。其中，文创授权理论研究成果最为丰富。文化授权是指授权者将自己所拥有或者代理的文化资源的相关知识产权按合同规定授予被授权者使用，并且收取权利金的过程。❶ 博物馆文化授权是博物馆将馆内特定文化资源及与之相关标的物的权利，以授权合同的形式授予被授权者使用，被授权者按照合同约定支付报酬的活动。❷ 博物馆文化资源开发，要求创意设计者既要尊重和传承文物资源的文化内涵、筛选适合的文物元素进行极好的创意设计，也要求其在设计时尊重文物本身的产权利益，注意藏品原件所有权、藏品原件版权、数字藏品版权、博物馆商标标识、博物馆地理标志权益等相关权益的维护。❸ 博物馆文化资源授权的实质在于文化资源产权交易，通过藏品的产权确认、物权处置、版权授权等交易流程呈现出来。❹ 而授权的动因则是法律上知识产权在多个权利主体间转移的权利和义务关系、经济上的文化生产和文化市场交易、文化内涵和创意设计助力产业结构优化提升共同作用的结果。❺

文化文物单位可通过三种途径与社会力量合作开发文创产品：一是授权；二是与专业社会组织合作经营；三是加强与各类基金、资金的合作。❻ 授权作为文化文物单位与社会力量合作的方式之一，国际通行的有图像授权、品牌授权和合作开发三种。图像授权是博物馆文创授权最常见的类型，而异业结盟是博物馆艺术授权的本质，即博物馆整合社会资源，通过异业结盟，形成资源、市场、品牌等多方面的合作与共享，共同开发博物馆文化创意产业。❼ 目前多家博物馆尝试了图像授权、品牌授权、合作开发、设计大赛授权等多种合作模式，形成了博物馆 IP 授权的雏形。文创授权的模式目前公认的有三种：直接授权模式，以博物馆为授权方，直接将本馆所拥有的或通过授权取得知识产权的标的物授权给被授权方；委托授权模式，博物馆委托授权经纪（代理授权、中介

---

❶ 管理.艺术授权产业发展战略研究［J］.美术大观，2012（6）：86.

❷ 吴明来，李碧珍，张菊伟.制造业和文化产业的融合：我国制造业升级的路径选择［J］.福建农林大学学报（哲学社会科学版），2013（4）：67-72.

❸ 胡卫萍，刘靓夏，赵志刚.博物馆文化资源开发的产权确认与授权思考［J］.重庆大学学报（社会科学版），2017（4）：103-111.

❹ 胡绪雯.博物馆 IP 授权的理论与实践：以上海博物馆为例［J］.中国博物馆，2019（8）：72-74.

❺ 杨毅，谌骁，张琳.博物馆文化授权：理论内涵、生成逻辑与实施路径［J］.东南文化，2018（2）：112-119.

❻ 祁述裕，赵一萌，杨传张.文化文物单位发掘文化资源、开发文化创意产品的理念与思路［J］.浙江工业大学学报（社会科学版），2016（6）：128-135.

❼ 李乘.博物馆艺术授权模式剖析：以台北"故宫博物院"为例［J］.美术研究，2014（4）：85-91.

授权、平台授权）代表博物馆作为授权方，将拥有知识产权的授权标的物直接或经过一定的创意设计后，授权给被授权方；综合授权模式，即博物馆综合采用直接授权和委托授权进行授权的模式。❶

数字出版领域，包括电子书、网络期刊、在线音乐、移动出版、网络游戏、数字报纸、网络动漫、网络广告等，数字技术对版权授权带来的难题包括版权人海量难寻觅，权利人的权利范围难以确定，使用者海量且侵权成本低，交易成本高等，为此需要构建以集体管理为主、以默示许可为辅的混合授权模式。❷数字出版领域的授权模式目前有直接授权模式、代理授权模式、版权要约模式、版权集体管理组织、默示许可与开放式模式，而最适合的授权模式是完善授权要约，推进集体管理发展。❸

部分学者还对文化文物单位文创授权的流程、授权机制问题进行了研究。随着国家文物局发布《博物馆馆藏资源著作权、商标权和品牌授权操作指引（试行）》，文化文物单位文创授权类型、授权方式、授权流程等基本问题已经解决，但目前国内各省级博物馆基本没有成熟的授权机制，程辉提出可以从建立授权的数字文物库、文物衍生设计图库、博物馆产品设计评价标准、商业授权收费体系等方面去完善授权机制。❹刘栋分析了文化文物单位文创开发中遇到的制度性障碍，提出创新体制机制、给予税收优惠、培育第三方知识产权评估机构等解决方案。❺

文化文物单位文创授权研究有着几个不约而同的假设。一是文化文物单位是文创授权的必然主体，对文化资源开发利用必须经过文化文物单位授权；二是文化文物单位的文创开发仅局限在有形的文化创意产品层面；三是文化文物单位的文创开发必然会产生收益。但实际上，文化文物单位是否必然是授权主体，授权范围如何界定；除了有形的文化创意产品，如何界定无形的文化产品和文化服务；文化文物单位文创开发中的市场风险和法律风险如何规避，这些问题尚未进入讨论的范畴。对这些问题关注不够，文化文物单位的文创授权研究将停留在授权流程、授权类型、授权模式等表面事务上，无法解释为什么在国家大力鼓励文创产业发展的政策背景下和文化需求快速增长的时代背景下，文化文物单位文创开发的积极性不高的问题，更找不到解决这一问题的根本路径。

---

❶ 王秀伟.试论博物馆艺术授权的结构模式与价值链［J］.东南文化，2018（2）：105-112.
❷ 宋伟，孙文成，王金金.数字出版时代混合授权模式的构建［J］.电子知识产权，2016（3）：62-69.
❸ 黄怡.数字环境下版权授权模式比较研究与完善分析［J］.法制博览，2015（3）：81-82.
❹ 程辉.博物馆文创产业研究的现状、问题与方向［J］.包装工程，2019（12）：65-72.
❺ 刘栋.博物馆文创产品开发经营体制机制问题研究［J］.中国博物馆，2020（3）：57-63.

第二章　文化文物单位文创授权依据

知识产权保护是社会文明进步的前提。"版权保护首先是一种促进、丰富和传播国家文化遗产的方式。一个国家的发展很大程度上取决于国民的创造性，对个人创造和传播的鼓励是发展进步的重要因素。"❶ 国家文化艺术的繁荣，主要取决于其创作者的正当权益能不能被足够重视和保护，智力成果和创意成果能不能得到合理的社会回报。文化文物单位文创市场能否繁荣，取决于相关知识产权能否得到有效保护。作为新兴知识产权，需要界定文化文物单位在文创开发中享有的知识产权的范围，同时为文创授权寻找学理依据、法理依据和政策依据，保证文创授权的正当性。

---

❶ World Intellectual Property Organization.WIPO Intellectual Property Handbook：Policy, Law and Use［EB/OL］.（2014-09-24）［2023-01-15］. https：//www.doc88.com/p-6088161731655.html.

第一节　文化文物单位文创知识产权界定

文化文物单位作为公益性事业单位，长期以来对知识产权概念没有太深的体会，无论是文物、书籍、档案还是文化遗址，都不在现有著作权的保护范围内，而是属于公有文化资源。随着社会发展，在文化遗产逐渐成为文化资源，被开发成文创产品并产生经济收益后，新的问题呈现出来，即作为文化资源的文化遗产，在文创开发中形成了一系列新的知识产权，这些知识产权如何界定，作为其保管单位的文化文物单位又享有什么样的权利，如何合理利用这些权利与社会力量进行合作。厘清文化文物单位知识产权的范畴，并建立一套规范性的统一的判断标准，知识产权将成为文化遗产可持续开发的重要助力。

一、文化文物单位文创知识产权清单

世界知识产权组织将知识产权分为六类：专利权、版权及相关权、商标权、服务标记、工业品外观设计和商业秘密。[1] 结合学界相关研究、业界实践及我国知识产权相关法律，我们对文化文物单位在文创产品开发中，享有知识产权相关法律保护，并能够用于授权的知识产权类型梳理为著作权、商标权、专利权、商业秘密、商品化权、其他知识产权6种。

（一）馆藏资源著作权

指文化文物单位馆藏资源构成作品而依法产生的专有权利，包括：

属于馆藏资源的作品，处于著作权保护期内，且文化文物单位通过著作权人授权或者法定许可而获得的著作权；

馆藏资源作品的高清数字图像、3D模型，且资源数字化所用经费由国家支付或文

---

[1] World Intellectual Property Organization.WIPO Intellectual Property Handbook：Policy, Law and Use［EB/OL］.（2014-09-24）［2023-01-15］. https：//www.doc88.com/p-6088161731655.html.

化文物单位自筹；

文化文物单位依据馆藏资源整理的文字材料、档案资料、出版物、多媒体产品等；

文化文物单位依据馆藏资源进行二次创作的文化创意产品；

有关藏品信息的数据库。[1]

在这里需要就有争议的两个问题进行说明。一是馆藏资源复制品和仿制品是否享有著作权。著作权法对文物复制品明确规定不享有著作权，但文物仿制确有较大的随意性，在尺寸大小、材料形制、制作工艺方面与原件有较大差异，能不能构成独立的著作权目前尚无明确的法律规定。比如，2017年的"山寨兵马俑"事件，安徽省安庆市太湖县的"五千年文博园"，为了让游客感受秦朝文化风情，按照西安临潼兵马俑一号坑仿制了上千个兵马俑，但没有经过秦始皇帝陵博物院授权，对这一事件是否构成侵权，以及后人对仿制兵马俑的模仿是否构成侵权，一直都没有明确的处理方案。二是馆藏资源数字化版权能否构成独立著作权。美国版权法认为对馆藏资源的数字化只是对原作品的精确复制，并不存在创造性活动，因此不构成新的著作权。中国著作权法则认为在数字化拍摄中因机位、光线、角度、后期颜色、形态修复等不同，会形成不同的数字化作品，因此数字化作品享有独立的著作权。对于数字版权的归属，国际通用规则是依出资方与委托方的合同约定，即馆藏资源的数字版权并不必然归属于藏品所在的文化文物单位。

（二）馆藏资源商标权

馆藏资源商标权是指文化文物单位用单位名称及其标志图形、代表性馆藏资源的名称及其他具备商标构成要素的元素等，通过商标申请注册而获得的专有使用权利。清单包括：

文化文物单位的名称和任何具有识别性的标识，或者作为商号或商标使用的图形作品；

作为商标使用的艺术家的名字或签名，许多杰出的艺术家或者艺术家的基金会将其名字注册为商标并保护其使用；

文化文物单位所在的建筑外形，特别是广为人知的特色建筑，如故宫博物院；

文化文物单位馆藏经典文物或体现馆藏品内涵的文化元素；

与文化文物单位相关的历史名人等人物形象；

文化文物单位举办的展览和项目的名称；

文化文物单位举办的系列学术活动名称。

---

[1] 关于文化文物单位著作权的界定参照加拿大遗产信息网在1999年对北美地区博物馆进行的调研成果。

文化文物单位进行文创产品开发，对于适合进行商标注册的馆藏珍贵文物、重要展会活动、重要项目品牌、特色文化元素等，应当进行商标注册。为防止商标侵权，需要对某些具有潜在市场价值的商标进行预防性注册，以此作为授权开发或侵权申诉的依据。

（三）专利权

依据《专利法》对专利类型的规定，专利包括发明专利、实用新型专利和外观设计专利三种类型。文化文物单位在进行文化创意产品开发时，可能涉及对以往技术进行新的改进或者形成新的发现，需要利用成果专利对其进行保护。清单包括：

文化文物单位在藏品保存、展览展示、商业模式开发中的技术创新；

文化文物单位在文物修复、复制仿制、数字化等过程中产生的技术；

文化文物单位掌握的藏品制作技艺、古法工艺等方面的技术；

文化文物单位自身开发文创产品的外观设计及包装等。

专利作为一种无形资产，其估值相对较高，可以有效进行量化，对其授权要进行严格的法律控制，以防止专利不当授权造成的国有资产流失。

（四）商业秘密

商业秘密是指不为公众所知晓，能够给权利人带来经济利益，具有实用性并经权利人采取保密措施的技术信息和经营信息。文化文物单位在文创开发中涉及大量的商业秘密，具体包括：

文化文物复仿制品制作的专业测量及研究成果；

文化文物数字化过程中的三维影像、数字技术及相关数据；

文化文物单位经营过程中的展品资料、布展方式等展陈信息；

文化文物单位日常管理中产生的各类信息、融资信息、组织结构设计等经营信息。

（五）商品化权

世界知识产权组织将其角色商品化权定义为："为了满足特定顾客的需求，使顾客基于与角色的亲和力而购进这类商品或要求这类服务，通过虚构角色的创造者或者自然人及一个或多个合法的第三人在不同的商品或服务上加工或次要利用该角色的实质人格特征。"[1] 在文化文物单位的文创产品开发中，形象权主要表现方式分为三类：

以馆藏著名人物形象为基础进行文创产品开发所形成的商品化权，如湖南博物馆的

---

[1] 姚曙明，王星星.论影视作品的商品化及其法律保护[J].山东行政学院学报，2017（1）：71-76.

辛追夫人、安阳殷墟的妇好、鲁迅博物馆的鲁迅等形象；

以馆藏特色等非人物形象为基础进行文创产品开发所形成的商品化权，如故宫博物院的"故宫猫"形象；

以文化文物单位自身开发的文创虚拟人物和虚拟形象为基础形成的商品化权，如故宫"萌萌哒"系列文创产品中雍正皇帝的形象、故宫格格形象等。

（六）其他权利

域名权，在互联网时代，文化文物单位的网络域名具有同商标相等的价值功能，尤其是对知名的博物馆等文化场馆，域名的申请和保护是博物馆重要工作内容之一。

传统知识和文化表达权，地方文化机构保存了与本地区有关的生活、文化习俗和知识体系等资料，这些资料作为非物质文化遗产在文创开发中占有越来越重要的比例，但相关知识产权仍处于不明确状态，具体情形将在后文中阐述。

隐私权，这是目前国际社会较为重视的基本权利，在互联网和个人档案数字化时代，在文创开发中运用相关档案资料，可能涉及某些人及其后代的隐私，需要征得相关人员或其委托的文化机构同意授权。

本书就著作权、商标权和专利权这三项文化文物单位文创开发的主要知识产权展开集中论述。

二、文化文物单位知识产权属性分析

文化文物单位知识产权不同于一般知识产权，其目的不是为了版权保护，而是为了文化能够被更多人传承与传播。从我国馆藏资源开发利用的初衷来看，开发馆藏资源，是为了增强中华优秀传统文化的生命力、影响力。在2016年国务院办公厅发布的《关于推动文化文物单位文化创意产品开发若干意见的通知》中，对开发文化创意产品的宗旨解释如下："依托文化文物单位馆藏文化资源，开发各类文化创意产品，是推动中华文化创造性转化和创新性发展、使社会主义核心价值观更加深入人心的重要途径，是推动中华文化走向世界、提升国家文化软实力的重要渠道，是丰富人民群众精神文化生活、满足多样化消费需求的重要手段，对推动优秀传统文化与当代文化相适应、与现代社会相协调，推陈出新、以文化人，具有重要意义。"2018年中办、国办印发《关于加强文物保护利用改革的若干意见》中，提到文物保护利用的重要意义在于"文物是弘扬中华优秀传统文化的珍贵财富，是促进经济社会发展的优势资源，是培育社会主义核心价值观、凝聚共筑中国梦磅礴力量的深厚滋养"。可见，中国博物馆馆藏资源开发的初衷，是为了激发传统文化资源的生命力和影响力，让传统文化更多地融入现代民众生活，实现文化的传承与创新。实现的路径有两个：一是深入贯彻社会主义核心价值观，实现文化的普及与传承；二是将馆藏文化资源转化为文化资本，通过产业化方式让文化"活"起来。由此，文化文物单位和各类市场主体在馆藏资源开发中都起着不可或缺的作用。但文化文物单位作为公益类事业单位，在商业化运营方面存在制度障碍，侧重点是公共文化服务和公益传播，市场主体才是文化资本运营开发的主力军，如何通过更有效的产权制度安排，让市场主体参与馆藏文化资源开发利用，成为当前博物馆馆藏资源开发利用的瓶颈问题。所以，文化文物单位保护知识产权的目的，就是为了明确文化文物单位的知识产权权限范围，建立明确的授权规则，让更多的社会力量有机会接触馆藏资源，让馆藏资源所蕴含的文化价值在更大范围内得到推广。

不同类型的文化文物单位，在文创开发中所偏重的知识产权类型是不同的。博物馆以馆藏文物的高清图片、相关资料及博物馆自身品牌为授权对象，授权偏向著作权。图书馆以馆藏图书为主要授权对象，偏重史料和典籍的内容和价值挖掘，授权类型多为对馆藏图书进行二次加工形成的文字材料、视听资料等，仍属于著作权范畴。文化旅游景区的文创开发多是基于景区的建筑外形、历史文化、档案史料，以及景区所在周边的非物质文化遗产等，授权类型较为复杂，主要以文旅景区整体品牌权为主。

第二节　文化文物单位文创授权的学理依据

文创授权需要具备一定的理论支撑和理论品质,才能保证自身的稳定性和持续性,以及具体实践指导中的科学性与合理性。从理论上对文化文物单位文创开发中涉及的知识产权进行梳理分析,明确文创知识产权的归属,是授权开发的前提依据。尤其是藏品数字版权的归属,是业界争议的焦点,本节将对其进行分析。

一、文化文物单位文创产权的产生

根据巴泽尔的产权经济学理论,每一件物品都拥有多重属性,这些属性不可能被完全认识到,所以产权是一个相对的概念,随着新信息的获得,资产的各种潜在价值被不同行业的人们发现,并通过交换来实现其有用性。所以,产权是一个不断变化的过程,同一件物品,随着社会的发展,一些不能创造价值的权利不断被放弃,新的权利不断产生。从文化遗产资源的角度来看,其产权也是不断发展变化的。以青铜器后母戊鼎为例,最初是用于祭祀,物质属性占主导地位。随着社会的发展,后母戊鼎作为人类文明进程的见证进入博物馆,不再发挥祭祀的作用,物质属性被放弃,精神属性成为主导属性。近年来,以后母戊鼎为原型开发的复制品、文化创意产品不断出现并进入市场,作为商品创造出物质财富,其资产属性开始出现。

资产属性的出现意味着产生了新的财产所有权,即新的产权。目前我国的法律体系还没有对这种新型产权进行明确规定。《中华人民共和国文物保护法》(以下简称《文物保护法》)规定所有文物资源归国家所有[1],也就意味着文物的所有权归全体人民,境内的任何人都可以对文物资源进行开发利用。但是在公共文化资源的开发运营中,如果没有产权限制,任何人都可以对文化遗产进行开发使用并获得收益,容易陷入两重困境,

---

[1] 《文物保护法》(2017年修订版)第五条规定:"中华人民共和国境内地下、内水和领海中遗存的一切文物,归国家所有。"

一是"公地悲剧"[1]，如对历史文化街区和文化遗址的过度商业化开发，破坏了原有的历史文脉，给文化资源带来不可逆转的损失；二是"反公地悲剧"[2]，即文化资源有很多权利所有者，大家都有权设置障碍阻止他人使用，导致文化资源的闲置和使用不足。更为现实的问题是，由文化遗产向文化资产转化过程中有很高的市场风险，前期需要投入大量资金，如果没有产权机制作为保障，很难调动文化企业的参与积极性。因此，公有文化资源的开发使用，有必要建立起明确的规则，对相关权利人各自的权限范围和利益分配进行规范，即对公共文化资源的产权进行界定。

巴泽尔从产权的相对性角度把产权分为法定权利和经济权利，法定权利是政府承认和执行的那部分权利，经济权利是所有者从物所有而获得经济收益的权利，法定权利和经济权利并不完全重合。从法定权利来看，公共文化资源的所有权归国家，在《文物保护法》中已有明确的规定，但归国家所有在经济生活中则表现为公有文化资源所有者处于虚位，实际上没有个体有权力对文物资源进行开发利用，即文化遗产作为资产的经济权利尚没有进行产权界定，这是造成中国当前文化资源开发利用不足的瓶颈问题。

从经济权利的角度来看，公有文化资源产权是利用公有文化资源进行开发并获取收益的权利，实际上是用益物权的一种。公有文化资源产权存在的前提条件是公共文化资源所有权和财产权的分离，即法定权利和经济权利的分离。公有文化资源所有权是法律意义上资源所有者对资源的排他性归属关系，体现的是人与资源之间的关系。公有文化资源产权是指社会再生产过程中投资主体将资本金投入后产生的经营行为，即经营中的权利关系，体现的是人与人之间的关系。公有文化资源所有权归国家，而公有文化资源产权则归投资者。

从产权结构来看，文化文物产权包括占有权、使用权、收益权。占有权是对公共文化资源的占有，即版权所有，按照著作权自动生成的原则，文化资源的版权自动归作者所有，在著作权保护期满之后，文化资源进入公有领域，归全社会所有。进入文化文物单位进行保管的文化资源，尤其是大多数过了著作权保护期的遗产资源，所有权归国家，国家委托文化文物单位进行保管。使用权是对公有文化资源的使用，使用方不一定是占有方，占有方可以通过授权、出让、交易等方式将使用权让渡给第三方。收益权是基于公有文化资源开发利用所产生的收益，收益权归产权所有者享有支配，是产权私有的基本要求。基于这样的产权结构，假定故宫藏品《千里江山图》，从法定意义上看，

---

[1] 公地悲剧是1968年英国哈丁教授在 *The tragedy of the commons* 一文中首先提出的理论模型，公地作为一项资源有许多拥有者，每个拥有者都有使用权并且无法限制他人使用，会造成资源过度使用和枯竭。

[2] 反公地悲剧是1998年美国黑勒教授在 *The tragedy of the anticommons: Property in the transition from Marx to markets* 一文中提出的理论模型，他提出，尽管哈丁教授的"公地悲剧"说明了人们过度利用（Overuse）公共资源的恶果，但他却忽视了资源未被充分利用（Underuse）的可能性。

所有权归国家，但如果对其进行文创开发，国家可以将使用权和收益权剥离出来，由故宫进行开发，或者委托给第三方社会机构进行开发。

综上，文化文物单位在文创开发中所涉及的知识产权，是在社会发展中伴随着文化遗产的资产属性凸显而形成的一种新权利，这种新权利是区别于原始所有权的经济权利，包括占有权、使用权和收益权。对于文化文物单位中的文化遗产而言，占有权是明确归国家的，国家委托文化文物单位对文化遗产进行保管，使用权和收益权则是可以通过授权进行转移的，因此授权的对象是文化遗产作为资源的使用权和收益权。而谁有资格成为授权主体，则需要通过文化遗产资源的产权初始分配来确定。

二、文化文物单位文创产权初始分配

产权的本质是将生产要素在不同相关主体之间进行分配，通过分配达到资源配置最优状态。而产权初始分配，就是对生产要素在进入市场前的第一次分配，一般由国家以法律形式进行明确。

关于产权初始分配，研究脉络可以追溯到1920年英国福利经济学家庇古的《福利经济学》，庇古从边际社会净产品和边际私人净产品的概念出发，提出当边际社会净产品和边际私人净产品相等时，才能实现社会资源的最优配置。在此理论基础上发展出福利经济学的第一定律和第二定律。第一定律认为，在完全市场条件下，不管初始产权如何分配，每个人追求自己的效益最大化，自由竞争自然可以使得整个社会达到帕累托最优状态，实现全社会最优的资源配置。第二定律认为，在完全竞争的条件下，政府只需要改变个人资源禀赋（如给农民提供直接补贴）的初始配置状态，其他一切交给市场解决，就能够实现帕累托最优资源配置。

在《社会成本问题》（1960年）一文中，科斯对庇古的观点进行了批判。他认为庇古将矛头唯一地指向损害制造方，谁制造损害，国家就限制谁，谁就必须给受害方做出赔偿，这种做法是片面的。制造外部损害和制止外部损害都是权利的一种，允许外部损害的制造，就会给受害方带来损失，而如果制止外部损害，也会给制造外部损害方带来伤害，如因为排污问题不允许造纸厂从事生产，就是对造纸厂的伤害。"如果将生产要素视为权利，做产生有害效果的事的权利（如排放烟尘、噪声、气味等）也是生产要素。"[1] 简单地制止或惩罚外部损害制造方的办法并不一定合适，而是要充分考虑问题的相互性，"关键在避免较严重的损害"[2]，才符合资源配置的效率原则。

---

[1] COASE R H.The Problem of Social Cost [J].Law Econ, 1967（10）: 66.

[2] 罗纳德·哈里·科斯.企业、市场与法律（中译本）[M].盛娜, 陈郁, 译.上海：上海三联书店, 1990: 76.

科斯发现，一旦假定交易费用为零，而对产权（指财产使用权，即运行和操作中的财产权利）界定是清晰的，那么法律规定并不影响合约行为的结果，即最优化结果保持不变。换言之，只要交易成本为零，那么无论产权归谁，都可以通过市场自由交易达到资源的最佳配置。但在现实中，交易成本不可能为零，人们的交易欲望和方式不同，讨价还价缔结契约，以及督促契约条款的严格履行，都是有很高成本的。人们应该研究存在正交易成本的现实世界，在这个世界中，权利的初始界定至关重要。由于市场中交易的东西不是传统经济学中所认为的实物，而是采取的行动和个人拥有的、由法律设置的权利，所以在交易费用为正的现实世界，权力的初始界定（法律制度）将对经济体系的运行产生深远的影响。权利应该配置给那些能最富有生产性地使用它们的人，应该探索这样一种有效的产权制度。

美国法学家波斯纳在20世纪70年代开始，出版《法理学问题》《法律的经济学分析》等著作，将科斯的交易成本分析法运用到法律领域。但在波斯纳的分析中，交易成本不是核心的关键词，效率才是。[1] 波斯纳对科斯定理在法律层面进行推论，第一推论是，法律在注重经济效率的意义上应该尽量考虑交易成本，如通过清晰地界定产权，并允许产权交易，使社会财富最大化。第二个推论是，在法律做了最大的努力但交易成本仍很高的情况下，法律应该将产权配置给能带来最大价值的使用者，来模拟市场对于资源的支配。[2] 在此基础上，波斯纳更进一步形成"波斯纳定理"，即"如果市场交易成本过高而抑制交易，那么，权利应赋予那些最珍视它们的人"[3]。如果交易成本过高又无法降低，而其他人比现在的权利主体更需要这些权利，说明现在的产权初始配置（法律制度）是有问题的，缺乏效率的，资源的配置没有实现最优化，立法者应该修改现有法律或者制定更有效率的法律取而代之，通过权利的重新配置将权利赋予最珍视它的人。

结合产权初始分配理论，馆藏资源文创开发权作为一种新生权利，在进行初始分配时，首先要考虑如何通过法律制定，将资源分配到最能够发挥其效率的人手中。对于文化文物单位而言，资源的最优配置意味着通过法律制定，将藏品资源分配到能够将其社会效益和经济效益发挥到最大程度的人手中，即谁拥有文创开发权利，可以将交易成本降到最低。在文创开发的产权初始分配方面，目前有两种方案，第一种方案是将初始产权赋予国家，由国有文化文物单位代表国家行使文创权，意味着所有人要利用馆藏资源，必须经过馆藏资源所在的文化场馆授权；第二种方案是将初始产权赋予市场，意味着任何人都可以利用馆藏资源进行文创开发，不需要经过藏品所在文化场馆的授权，但

---

[1] 理查德·波斯纳. 法律的经济分析（中文第七版）[M]. 蒋兆康, 译. 北京: 法律出版社, 2007.
[2] 理查德·波斯纳. 法律理论的前沿 [M]. 武欣, 凌斌, 译. 北京: 中国政法大学出版社, 2003: 6.
[3] 理查德·波斯纳. 法律理论的前沿 [M]. 武欣, 凌斌, 译. 北京: 中国政法大学出版社, 2003: 20.

前提条件是文化文物单位将馆藏资源向全社会免费开放。从馆藏资源开发效率、公平两个国际通用标准分析，第二种方案更能够降低交易成本，也更有利于馆藏资源的开发利用。

从效率角度来分析，将馆藏资源开发的初始产权赋予其所在场馆，其他主体经场馆授权后可以使用，存在三个制度障碍：一是文化文物场馆长期以来作为公益类事业单位，缺乏市场意识和专门的经营类人才，不善于文创开发与市场运营，根据社会分工越来越专业化的趋势，将文创开发运营委托给专业市场机构是必然导向；二是市场力量利用馆藏资源进行文创开发，需要经过所在场馆的授权许可，增加了市场力量的开发成本，即科斯所说的交易成本，会造成市场上同品质的商品，有文创元素的商品比普通商品造价高，未必有利于文创产品的市场推广；三是对馆藏资源自身而言，通过产业化运营的思路进行宣传推广，会更加灵活便捷，更容易为社会大众尤其是青少年所接受，更有利于传统文化的传承传播。

从公平角度来分析，馆藏资源作为进入公共领域的文化资源，已经过了著作权保护期限，属于全社会共有的精神财产。虽说文化文物单位代表国家拥有藏品的所有权，但根据所有权和经营权可以分开的原则，在不损害藏品本身的前提下，可以将经营权分离出来给社会力量，允许社会力量利用馆藏元素进行文创产品开发并获得收益，这样更有利于藏品价值的实现和传统文化的弘扬。

因此，本书认为，馆藏资源文创开发的初始产权应该归市场[1]，由全体民众共同享有，并以此作为本书研究的逻辑起点。具体而言，文化文物单位在文创开发中，授权的范围包括文化文物单位自身享有的著作权、商标权、专利权等，但馆藏资源的数字版权并不在授权范围内。

---

[1] 宋朝丽.博物馆资源开发：初始产权管理[M].北京：知识产权出版社，2021.

第三节　文化文物单位文创授权的法理依据

授权的前提是权利的正当性。从法律层面厘清文化文物单位文创授权的法理依据，是保证文化文物单位文创授权顺利开展的首要前提，也是对文创侵权等相关乱象进行整治的必然路径。

一、文化文物单位文创授权的宪法依据

中国《中华人民共和国宪法》（以下简称《宪法》）序言中提出"中国是世界上历史最悠久的国家之一。中国各族人民共同创造了光辉灿烂的文化，具有光荣的革命传统"和"推动物质文明、政治文明、精神文明、社会文明、生态文明协调发展，把我国建设成为富强民主文明和谐美丽的社会主义现代化强国，实现中华民族伟大复兴"，而对文化文物单位文化资源的授权开发，正是为了传承发展历史悠久、光辉灿烂的中华文化，推动社会主义精神文明建设，为中华民族伟大复兴提供精神动力。同时，文化文物单位文创开发顺应了我国文化遗产保护和传承的需求，是对《宪法》第二十二条规定"国家保护名胜古迹、珍贵文物和其他重要历史文化遗产"的具体实践。此外，《宪法》第四十七条规定，"中华人民共和国公民有进行科学研究、文学艺术创作和其他文化活动的自由。国家对于从事教育、科学、技术、文学、艺术和其他文化事业的公民的有益于人民的创造性工作，给予鼓励和帮助"。这一条款正是公民享有基本文化权利的宪法依据，也就是说公民不仅享有自由开展文化活动的权利，国家还必须为此承担帮助义务。我国进行传统文化资源的传承创新，最终目的是保障公民应当享有的文化权利，既包括公民使用公共文化资源的权利，也包括公民利用公共文化资源进行创作和研究的权利。因此，对文化文物单位馆藏资源进行授权开放，不仅是保障公民基本文化权益的重要举措，也是促进文化遗产保护和合理利用、推进文化强国建设的重要途径。

二、文化文物单位文创授权的其他法律依据

《著作权法》将著作权的保护范围界定为"文学、艺术和科学领域内具有独创性并能以一定形式表现的智力成果,包括文字作品,口述作品,音乐、戏剧、曲艺、舞蹈、杂技艺术作品,美术、建筑作品;摄影作品,视听作品;工程设计图、产品设计图、地图、示意图等图形作品和模型作品,计算机软件,符合作品特征的其他智力成果等"。由此可见,文化文物单位用于文创开发的摄影高清图片、文字及视听材料、3D模型等都在著作权保护范围内,同时,基于文化文物资源开发的文创产品,包括各种音乐、戏剧、舞蹈、视听作品、文字作品、产品设计图等,也都在著作权的保护范围。同时,《著作权法》第八条规定:"著作权人和与著作权有关的权利人可以授权著作权集体管理组织行使著作权或者与著作权有关的权利。依法设立的著作权集体管理组织是非营利法人,被授权后可以自己的名义为著作权和与著作权有关的权利人主张权利,并可以作为当事人进行涉及著作权或者著作权有关的权利的诉讼、仲裁、调解活动。著作权集体管理组织根据授权向使用者授权使用费。"由此,文化文物单位作为非营利性质的著作权集体管理组织,在取得著作权人许可的情况下,可以代表著作权人进行授权并收取授权使用费。

《商标法》第八条规定:"任何能够将自然人、法人或者其他组织的商品与他人的商品区别开的标志,包括文字、图形、字母、数字、三维标志、颜色组合和声音等,以及上述要素的组合,均可以作为商标申请注册。"文化文物单位作为法人代表,有权将体现自身特色的文字、图形等通过注册变成自己的商标。同时,第四十三条规定:"商标注册人可以通过签订商标使用许可合同,许可他人使用其注册商标。许可人应当监督被许可人使用其注册商标的商品质量。被许可人应当保证使用该注册商标的商品质量。"并对使用商标的具体要求作出规定:"经许可使用他人注册商标的,必须在使用该注册商标的商品上标明被许可人的名称和商品产地。许可他人使用其注册商标的,许可人应当将其商标使用许可报商标局备案,由商标局公告。"

《专利法》中的发明创造包括发明、实用新型和外观设计三项,在文化文物单位文创授权开发中,这三项权利类型都有涉及。《专利法》第六条对专利权的归属进行了界定,"职务发明创造申请专利的权利属于该单位,申请被批准后,该单位为专利权人","非职务发明创造,申请专利的权利属于发明人或者设计人,申请被批准后,该发明人或者设计人为专利权人","利用本单位的物质技术条件所完成的发明创造,单位与发明人或者设计人订有合同,对申请专利的权利和专利权的归属作出约定的,从其约定"。这就为文化文物单位自身员工利用本单位文化资源进行文创开发提供了法律依据。同时,第十条规定,"专利申请权和专利权可以转让",第十二条规定,"任何单位或者个

人实施他人专利的,应当与专利权人订立实施许可合同,向专利权人支付专利使用费"。这些条款为专利权的授权转让提供了法律依据。

《中华人民共和国民法典》(以下简称《民法典》)第一百一十三条"财产权利平等保护",规定民事主体的财产权利受法律平等保护,并将代理的类型分为委托代理和法定代理(第一百六十三条),委托代理授权采用书面形式,授权委托书应当载明代理人的姓名或者代理名称、代理事项、权限和期限,并由代理人签名或者盖章(第一百六十五条)。

《反不正当竞争法》第五条将不正当手段从事市场交易的行为概括为:"假冒他人的注册商标;擅自使用知名商品特有的名称、包装、装潢,或者使用与知名商品近似的名称、包装、装潢,造成和他人的知名商品相混淆,使购买者误认为是他人的商品;擅自使用他人的企业名称或者姓名,引人误认为是他人的商品;在商品上伪造或者冒用认证标志、名优标志等质量标志,伪造产地,对商品质量作引人误解的虚假表示。"

三、文化文物单位文创授权的内部法律依据

关于文物所有权,《文物保护法》第五条规定:"中华人民共和国境内地下、内水和领海中遗存的一切文物,属于国家所有。"并对具体文物类型作了界定,"古文化遗址、古墓葬、石窟寺属于国家所有。国家指定保护的纪念建筑物、古建筑、石刻、壁画、近代现代代表性建筑等不可移动文物,除国家另有规定的以外,属于国家所有",可移动文物中,属于国家所有的包括"中国境内出土的文物,国家另有规定的除外;国有文物收藏单位及其他国家机关、部队和国有企业、事业组织等收藏、保管的文物;国家征集、购买的文物;公民、法人和其他组织捐赠给国家的文物;法律规定属于国家所有的其他文物"。

2015年发布的《博物馆条例》第三十四条规定,"博物馆应当根据自身特点、条件,运用现代信息技术,开展形式多样、生动活泼的社会教育和服务活动,参与社区文化建设和对外文化交流与合作。国家鼓励博物馆挖掘藏品内涵,与文化创意、旅游等产业相结合,开发衍生产品,增强博物馆发展能力",首次为博物馆从事文化创意开发提供了法律依据。

《中华人民共和国公共图书馆法》第四十一条规定,"政府设立的公共图书馆应当加强馆内古籍的保护,根据自身条件采用数字化、影印或者缩微技术等推进古籍的整理、出版和研究利用,并通过巡回展览、公益性讲座、善本再造、创意产品开发等方式,加强古籍宣传,传承发展中华优秀传统文化",为利用公共图书馆馆藏资源开发文化创意产品提供了法律依据。

《中华人民共和国非物质文化遗产保护法》第三十七条规定，"国家鼓励和支持发挥非物质文化遗产资源的特殊优势，在有效保护的基础上，合理利用非物质文化遗产代表性项目开发具有地方、民族特色和市场潜力的文化产品和文化服务"，为利用非物质文化遗产进行文化创意产品开发提供了法律依据。

以上法律法规都为文化文物单位从事文创开发提供了法律支持，但现有法律中仍有部分条款对文创开发有所限制，如《民法典》对文化文物单位等事业单位的性质界定为非营利法人，即以公益为目的或者其他非营利目的成立，不向出资人、设立人或者会员分配所取得利润的法人。文化文物单位非营利法人的性质界定，对其从事文创开发和经营进行了限制，即文化文物单位没有资格成立公司或以知识产权入股参与公司运营。《文物保护法》第十条规定，"国有博物馆、纪念馆、文物保护单位等的事业性收入，专门用于文物保护，任何单位或者个人不得侵占、挪用"，本条规定从收入上对文化文物场馆的文创开发运营进行了限制，不利于调动文化文物单位文创开发人员的工作积极性。

从开发资源的开放程度来看，《文物拍摄管理暂行办法》第三条规定，"因制作出版物、音像制品及其他各种需要而拍摄文物的活动必须履行报批手续。各级政府文物行政管理部门负责审批各级文物保护单位和馆藏文物的拍摄申请。文物收藏、研究单位为研究和保管工作需要所进行的拍摄活动，普通观众在对社会开放的文物单位所进行的纪念拍照活动，不在报批范围内"，本条对文物拍摄进行了规定，但对用于商业开发的文物拍摄没有进行明确规定，文化文物单位是否具备文创开发图像授权的资格成为法律未解决的悬置问题。

从相关立法总体情况来看，2015年之后出台的相关法律，都将文化创意产品开发作为文化文物单位社会服务的组成部分，采取积极鼓励的态度。但在具体实施环节，关于文化文物单位文创开发资质、文创开发资源开放、文创经营收益分配等关键性问题，目前法律仍处于空白状态，还需要进一步补充明确。

四、文化文物单位相关知识产权确权依据

（一）文化文物单位著作权确权依据

文化文物单位拥有自主知识产权的资源，包括馆藏研究资料、展陈资料、职务作品等，按照《著作权法》相关规定，自作品生成之日起就自动生成著作权。争议的焦点在于超过著作权保护期的馆藏资源版权及馆藏资源数字版权的归属判定。

馆藏资源著作权（版权）的取得，国际通用做法是经过著作权所有者的授权，一旦

作品过了著作权保护期限进入公有领域，则任何人都可以使用。对于有明确著作权且在保护期内的藏品，如果要对其进行开发利用，需要经过著作权人或其继承者的授权。文化文物单位要想取得有著作权保护期内馆藏资源的授权资格，需要与著作权人签订著作权转移合同，著作权人将授权资格委托给博物馆。而馆藏大部分资源属于文物资源，早已过了著作权的保护期，进入公有领域。❶比如，北宋画家王希孟的名作《千里江山图》，著作权归王希孟所有，博物馆要取得著作权，必须与王希孟签订授权协议，但显然这样做的可能性是没有的，在《千里江山图》过了著作权保护期进入公有领域后，任何人都可以对其进行开发利用，博物馆从来就没有以后也不享有《千里江山图》的著作权。所引发的争议在于，《千里江山图》归故宫博物院保管，故宫博物院在对其进行维护、修复、宣传过程中付出了大量的时间、精力和资金，而且如果故宫博物院不对外公开《千里江山图》，任何人都没有机会对其开发利用。但根据所有权、著作权、使用权分离的原理，故宫博物院作为《千里江山图》的保管单位，享有所有权和使用权，国家将其列入公益类事业单位，每年利用财政经费对其进行维护和管理，对《千里江山图》进行维护、修复和展览，是故宫博物院应尽的职责，与其版权使用是两回事。

争议的另一个因素是，馆藏资源的开发，是基于馆藏资源的数字图像，那么数字图像是否生成新的著作权。在数码相机出现之初，法学界曾就此进行讨论，一种观点认为，根据数字图像生成过程中，摄影师的光线、机位、拍摄角度等体现了其创意设计和智力付出，应该享有独立著作权❷；另一种观点则认为，数字图像是对馆藏文物的高清再现，并不构成新的著作权。❸本书认为，关于藏品的数字化版权，最早还得从复制品有没有著作权这一问题说起。比如，临摹作品，即使模仿得和原作一模一样，临摹作者也不享有著作权，这类临摹在英美法律话语中被称为 slavish copy，即毫无主见的仿作，不具备申请知识产权的资格。在我国同样如此，大芬村的画师即使把凡·高的《向日葵》临摹到以假乱真的程度，也不享有《向日葵》的著作权。在数码相机出现后，数字化版权问题开始出现，任何人只要对着文博场馆藏品拍照，就可以产生自己所有的数字化图像，这比临摹要轻松容易得多，区别仅仅在于文博场馆拍摄的照片像素更高、效果更好，而且《文物拍摄管理暂行办法》第四条规定，全国重点文物保护单位和馆藏一级文

---

❶ 公有领域的概念最早出现在1709年英国颁布的《安娜法令》中设定的"文学艺术的公共领域"，"public domain"作为一个版权法的术语，始于19世纪中期的法国，后来被用到《伯尔尼公约中》，并传播到英国和美国，1908年美国版权法第6、第7条开始使用这一概念，随后，在汉德法官的倡导下，"公有领域"这一术语就成了美国知识产权法中的重要概念并进入国际通用领域。

❷ 张建梅，苏吉吉.景区景点的著作权保护不容忽视：评摄影师状告龙门石窟管理局侵权案[J].旅游论坛，2009（2）：864-867.

❸ 沈辛成.数码时代"敞开大门"的博物馆[EB/OL].（2019-05-17）[2023-01-15].https://wenhui.whb.cn/third/baidu/201905/17/263360.html.

物的拍摄，由国家文物局审批，在审批同意后向拍摄单位颁发《文物拍摄许可证》，然后才能拍摄。这就限制了很多国宝级文物被普通民众拍摄的可能性。

在数码相机刚出现的十多年，为了维护自身对藏品资源拍摄权的垄断性，很多文化文物场馆对参观者拍照持排斥态度，很多博物馆规定禁止拍照，或者不允许使用闪光灯和三脚架，以免拍出质量可以与博物馆档案比肩的优质照片。然而随着社交媒体的发展和手机拍照功能的完善，人人都可以随时拍照片并上传社交媒体，文化文物单位逐渐意识到，禁止拍照并不能防止藏品被偷拍，而且文博场馆自身为了增加客流量，举办各种特展，也不得不将图片放在网上进行宣传，与其防着所有参观者，倒不如放开禁止拍照的规定，让参观者拍照并将作品上传到各种社交媒体上，不仅方便了参观者，也起到了对自身的宣传作用。于是文化文物场馆转变了对公众拍照的态度，很多博物馆甚至还为参观者划出最佳拍照角度。

于是文化文物场馆对藏品版权的控制就不得不削弱，以前很多人使用藏品的高清图像，不得不向文化文物场馆购买图像版权，但现在任何人都可以通过自己拍摄，或者从网上下载网友上传的高清图像，不需要经过文化文物场馆授权，文化文物场馆因图像授权产生的收益呈逐年减少的趋势。那么文化文物场馆是否可以将在网上散布藏品高清图像的行为视为侵权，并请求法律救援呢？针对这个问题可以参考美国曾发生的一起诉讼案件。1998年，美国布里吉曼艺术图书馆将众多博物馆拥有的、已经进入公有领域的画作制成幻灯片出售，而科瑞尔公司未经其许可，使用了其中的120张欧洲大师画作，布里吉曼将科瑞尔告上法庭，认为其侵犯了自己的版权。在审理中，法官路易斯·凯普兰驳回布里吉曼艺术图书馆的诉求，理由是进入公有领域的画作并不受著作权保护，而利用公有领域画作制作的幻灯片在内容上没有创新，不包含原创性，没有获取新的著作权的资格。凯普兰法官的理由是，如果布里吉曼艺术图书馆不能陈述清楚复制品与原作之间真正的差别，那么以后任何个人都可以此作为借鉴，通过这种手段占有垄断公有领域艺术作品的版权，这将极不利于艺术传播。

布里吉曼诉科瑞尔侵权案对文化文物单位图像授权领域影响很深，之后任何文博场馆要想通过垄断获取公有领域藏品的数字化版权都得不到美国法律的支持。文博场馆与其他公司一样，在文创产品开发方面是处于同一起跑线的，不存在授权给其他公司的问题。很多博物馆商店中出售的基于馆藏资源开发的文创产品，只是博物馆近水楼台先得月，但实际上，博物馆并不能对藏品的数字版权进行垄断。也因此，很多国家放开了进入公有领域藏品的数字化版权，很多博物馆加入"CCO无权利保留协议"，在网站上增加下载版块，供网民随意下载，而且一般不要求使用者注明图像来源。

从数字版权的国际发展趋势来看，文化文物单位对数字版权的垄断是不合理的，也不利于藏品资源社会价值和经济价值的实现，不利于文化的传承与传播。因此，文化文物单位作为授权主体，从理论上不享有公有领域藏品的数字版权，但我国现有《著作权法》中规定照片及高清图像受到著作权法保护，二者之间是存在矛盾的。根据本书的研究，需要从法律（初始产权）层面进行调整，即对《文物保护法》《博物馆法》《著作权法》相关条款进行修正，规定文化文物单位有义务将藏品数字图像向全社会免费开放，包括用于商业用途。

（二）文化文物单位商标权确权依据

国际上，不同国家在商标确权方面采用不同的准则。美国商标权的取得程序是典型的使用主义，法律依据是1946年制定的《兰汉姆法》，在程序的审查中采用使用优先的原则，在市场上使用商标的申请人在申请时应当提交申请商标的首次使用时间，使用商标的商品或者服务，关于适用方的说明等。1988年修订的《兰汉姆法》在坚持使用主义的基础上增加了"真实使用意图"的规定，即申请人在提出商标注册申请时，需同时提供该商标的使用证据，若不能提供三年内的使用证据，则该商标注册申请失败。此举目的是防止商标囤积，避免商标资源的浪费。法国在商标确权中采用注册登记的方式，1964年颁布的《关于以注册原则为内容的商标和服务标记的法律》明确规定，商标权利的取得必须经过注册，使用商标不产生任何权利，同时，在保证注册主义的前提下，为避免注册主义带来的弊端，法国商标确权制度采用五年不使用撤销制度，即如果商标在注册后连续五年未使用，则自动被撤销。德国商标确权也是采用注册主义，只要经过注册，商标权利即形成，虽然使用但未注册，则该权利未形成，但德国也部分借鉴了使用主义，商标连续五年没有使用将面临被撤销的风险，同时在商标诉讼中，如果利害关系人在注册商标5年内未使用，也不享有被保护的权利。英国的商标确权采用使用主义与注册主义混合制度，注册和公开使用均可获得商标权利，即使商标在先申请人注册了商标，也不能阻止在先使用商标的人继续对该商标的使用，这就营造了宽松的市场氛围，商标的注册无法构成绝对的权利，商标回归市场，商标的所有人可以自由选择是否注册，如果商标市场好，则该商标所有人可以申请注册，这就大大减轻了行政机关对企业的限制，让商标的质量更高，减少垃圾商标的不正当囤积。

在中国，《商标法》采用注册在先的原则，商标注册是商标得到法律保护的前提，是确定商标专用权的法律依据。一个企业即使使用某商标很多年，如果没有将商标注册登记，也仍然不在法律保护的范围内，一旦他人将该商标抢先注册，该商标的最先使用人不但不能使用该商标，还构成侵权。文化文物单位作为非营利机构，在商标注册方面往往意识比较差，近年来随着文化文物单位在文化经营领域的参与越来越多，很多文化文物单位遭遇了商标被抢注或被侵权的问题。例如，2021年3月20日，位于四川省德阳市广汉市的三星堆遗址祭祀区新一轮考古发掘阶段性成果揭晓，三星堆"超级IP"迅速走红，很多商家发现了其中的商机，纷纷申请"三星堆"商标，被抢注的"三星堆"商标有几百个，除了"三星堆"之外，还有"三星堆文明使者""三星堆火锅"等商标，涵盖范围包括布料床单、皮革皮具、科学仪器、金属材料、运输工具、教育娱乐等，注册公司包括餐饮住宿、电线电缆、电子商务等各行各业。这些抢注的商标给三星堆带来很多负面影响，亟须博物馆进行商标保护，并提早布局注册自身品牌。

（三）文化文物单位专利权确权依据

获得专利权的必须程序是专利人提出申请。申请人需要向国家专利机关提出申请，由国家专利机关批准并颁发证书后才能生效。在中国，发明创造包括三种类型：发明专利、实用新型专利和外观设计专利。其中，发明专利是针对产品、方法或其改进所提出的新技术方案；实用新型专利是针对产品的形状、构造或者其结合所提出的适用于实用的新技术方案；外观设计专利是针对产品的形状、图案或者其结合及色彩与形状、图案的结合所作出的富有美感并适用于工业应用的新设计。专利作为一种无形资产，具有巨大的商业价值。

按照专利法的原则，对于同样的发明创造只能授予一项专利权。当出现两个或多个申请人就同一专利提出申请时，通常有两种处理原则：一是先发明原则，即将专利权授予最先做出发明的人，最先发明者需要拿出证据，但取证较难，目前只有少数国家如加拿大、美国等采用这种原则；二是先申请原则，即不问其作出该项发明的先后时间，而按提出申请的先后时间为准，将专利权授予先提出申请的人，中国和世界上大多数国家都采用这一原则。

在审查程序上，各国对专利申请的审查有不同的要求，基本上实行两种不同的制度：形式审查制和实质审查制。前者是指只审查专利申请书的形式是否符合法律的要求，而不审查该项发明是否符合新颖性等实质性条件，后者是指不仅审查申请书的形式，还对发明是否具备新颖性、创造性和实用性等条件进行实质审查，只有具备上述条件的发明，才授予专利权。中国和世界上大多数国家采用实质审查制。

文化文物单位在进行文创开发时，以现有的文化资源和文物资源为基础，可能涉及对以往技术进行新的改进或渐渐形成新的发现，则需要对其成果进行保护，如文物修复技术。而对以往文化或者文物资源的形状、构造进行新的组合，则需要通过实用新型专利权对其进行保护；若需要将图案、色彩进行新的组合，使其富有美感、现代感等，则可以通过外观设计专利权进行保护。

第四节　文化文物单位文创授权的政策依据

一、文化文物单位文创开发相关政策

自 2000 年以来，国家对文化及相关产业的重视程度越来越高，出台了系列文件对文化强国、文化产业、公共文化、文化旅游进行支持，从文化文物单位文创开发的视角出发，对相关政策进行梳理，可以总结出相关管理部门对文化文物单位文创授权开发理念与措施的演变历程。

2011 年 10 月，《中共中央关于深化文化体制改革、推动社会主义文化大发展大繁荣若干重大问题的决定》中首次提出建设"文化强国"长远战略，提出发展面向现代化、面向世界、面向未来的，民族的科学的大众的社会主义文化，培养高度的文化自觉和文化自信，提高全民族文明素质，增强国家文化软实力弘扬中华文化，努力建设社会主义文化强国。并提到要创新商业模式，拓展大众文化消费市场，开发特色文化消费，扩大文化服务消费，提供个性化、分众化的文化产品和服务，培育新的文化消费增长点。

2014 年，国务院印发《关于推进文化创意和设计服务与相关产业融合发展的若干意见》，提出推进文化创意和设计服务等新型、高端服务业发展，促进与实体经济深度融合，是培育国民经济新的增长点、提升国家文化软实力和产业竞争力的重大举措，是发展创新型经济、促进经济结构调整和发展方式转变、加快实现由"中国制造"向"中国创造"转变的内在要求，是促进产品和服务创新、催生新兴业态、带动就业、满足多样化消费需求、提高人民生活质量的重要途径。该意见鼓励文化创意和设计服务与工业设计、消费品工业等制造业，游戏动漫、新闻出版等数字内容产业相结合，建立全方位、深层次、宽领域的融合发展格局，培育一批具有核心竞争力的企业，形成一批拥有自主知识产权的产品，打造一批具有国际影响力的品牌。

2015 年，国务院办公厅出台《关于加快发展生活性服务业促进消费结构升级的指导意见》，提出要以游客需求为导向，丰富旅游产品，改善市场环境，推动旅游服务向观光、休闲、度假并重转变，提升旅游文化内涵和附加值。并提到加强旅游纪念品在体现民俗、历史、区位等文化内涵方面的创意设计,推动中国旅游商品品牌建设。

2016年5月,文化部、国家发改委、财政部、国家文物局等部门联合发布《关于推动文化文物单位文化创意产品开发的若干意见》,对文化文物单位进行文化创意产品开发做了明确部署。提出充分调动文化文物单位积极性、发挥各类市场主体作用、加强文化资源梳理与共享、提升文化创意产品开发水平、完善文化创意产品营销体系、加强文化创意品牌建设和保护、促进文化创意产品开发的跨界融合七大具体任务。在此基础上,文化部、国家文物局确定或备案了154家试点单位,并作出一系列工作部署。

2016年11月,国家文物局、国家发改委、科技部、工信部、财政部联合印发《"互联网+中华文明"三年行动计划》,鼓励把互联网的创新成果与中华传统文化的传承、创新与发展融合,深入挖掘和拓展文物蕴含的历史、艺术、科学价值和时代精神,彰显中华文明的独特魅力,到2019年初步构建文物信息资源开放共享体系,基本形成授权经营、知识产权保护等规则规范,树立一批具有示范性、带动性和影响力的融合型文化产品和品牌。并提出推进文物信息资源开放共享、调动文物博物馆单位用活文物资源的积极性、激发企业创新主体活力、完善业态发展支撑体系等任务。

2018年10月,中共中央办公厅、国务院办公厅印发《关于加强文物保护利用改革的若干意见》提出要坚持创造性转化、创新性发展。强化国家站位、主动服务大局,加强文物价值的挖掘阐释和传播利用,让文物活起来。文物博物馆单位强化基本公共文化服务功能,盘活用好国有文物资源。支持社会力量依法依规合理利用文物资源,提供多样化多层次的文化产品与服务。鼓励文物博物馆单位开发文化创意产品,其所得收入按规定纳入本单位预算统一管理,可用于公共服务、藏品征集、对符合规定的人员予以绩效奖励等。

2018年3月,国务院办公厅发布《关于促进全域旅游的指导意见》指出,要开发具有自主知识产权和鲜明地方特色的时尚性、实用性、便携性旅游商品,增加旅游购物收入。

2019年5月8日,国家文物局公布《博物馆馆藏资源著作权、商标权和品牌授权操作指引》,提出为激发博物馆创新活力,盘活用好馆藏文物资源,推动博物馆逐步开放共享文物资源信息,规范博物馆文化创意产品开发相关授权工作,要有序开放文物资源信息,从授权内容、授权模式、授权流程、权利义务方面明确了博物馆馆藏资源著作权、商标权和品牌授权的操作路线图。

2020年12月,国家发改委发布《关于实施旅游休闲重大工程的通知》,要求加快旅游产品开发,培育新兴旅游业态,提升旅游产业质量,满足消费升级带来的个性化、休闲性、文化性的体验需求。

2020年10月,国家发改委联合14部门出台《近期扩内需促消费的工作方案》,提出推动线上博物馆发展带动文创产品销售。鼓励具备条件的各级文博单位开发线上博物馆，结合 5G、虚拟现实等技术，增加立体式展品展示。允许文创产品开发收益按规定用于文博单位日常支出、征集藏品、提供公共服务。

2020 年 11 月，文化和旅游部《关于推动数字文化产业高质量发展的意见》提出对优秀文化资源进行数字化转化和开发，让优秀文化资源借助数字技术"活起来"。支持文化场馆、文娱场所、景区景点、街区园区开发数字化产品和服务，将创作、生产和传播等向云上拓展。支持文物、非物质文化遗产通过新媒体传播推广，鼓励线下文艺资源、文娱模式数字化，创新表现形式，深化文化内涵。鼓励依托地方特色文化资源，开发具有鲜明区域特点和民族特色的数字文化产品，助力扶贫开发。

2021 年 3 月，文化和旅游部出台《关于推动公共文化服务高质量发展的意见》，提出促进公共文化服务提质增效，鼓励有条件的公共图书馆、文化馆提炼开发文化 IP，加强文创产品体系建设。鼓励有条件的文化馆将说唱、街舞、小剧场话剧等文化形式纳入服务范围。鼓励公共文化机构打造有影响力的公众号，培养具有高黏性的"粉丝"文化社群。

2021 年 7 月，文化和旅游部出台《关于推进旅游商品创意提升工作的通知》，提出旅游商品是旅游业的重要组成部分，是延伸旅游产业链、扩大旅游消费、推动旅游业提质增效的有效途径。要持续推进文化文物单位文化创意产品开发工作，深入推进创意产品开发信息名录建设，探索创新多种开发经营模式，着力丰富旅游商品主题种类。围绕长城、长征、大运河、黄河等国家文化公园，以及红色旅游、乡村旅游、工业旅游、休闲度假、非遗传承等主题，推动开发一批如长城主题文创产品、乡村创意产品、特色非遗产品、工业旅游纪念品等多种类型的系列旅游商品。

2021 年 9 月，文化和旅游部、中央宣传部、国家发改委等 8 部门联合印发《关于进一步推动文化文物单位文化创意产品开发的若干措施》，解决文化文物单位文化创意产品开发中的难题，鼓励试点单位结合自身情况，创新开发方式，吸引社会力量参与文化创意产品开发，健全收入分配机制，合理确定绩效工资总量，试点单位上一年度文化创意产品开发的评估结果将作为核定绩效工资总量的重要依据。针对文化文物单位相关人员激励机制难以落实等问题，明确要按照规定对符合奖励条件的文化创意产品开发、经营管理人员进行奖励，调动相关人员的积极性。

从政策演变历程来看，文化文物单位文创开发的初衷是基于文化强国的理念，为实现文化强国，文化文物单位作为文化资源集中地，承担着传统文化资源传承创新的使命。将馆藏文化文物资源转化为现代人能够接受的文化产品，被事实证明是行之有效的路径之一。文化创意产品的开发也因此引起了文化和旅游部及其他相关部门的重视，并积极鼓励文化文物单位进行试点尝试。但在 2016 年相关鼓励政策出台后，文化文物单位文创开发虽然取得了一定的成效，也暴露出来一定的问题，如文化文物单位的文创开发收益分配、文创授权范围与流程、现有体制机制制约、现有部分法律条款不适用等。尤其是在2020年新冠肺炎疫情暴发后，国家提出国内循环为主、国内国际相结合的新发展格局理念，促进国内消费成为国家重点关注举措。文化文物单位在新发展格局中如何丰富文化产品、刺激文化消费，成为新发展格局的突出环节。为此，国家发改委、文化文物部门针对文创开发中的问题，提出了更为细致、更有针对性的政策举措，旨在促进文化文物单位文创开发市场的繁荣，激发文化文物单位自身活力，同时吸引更多社会力量参与文博市场。总体来看，文化文物单位文创授权开发相关政策正在逐步走向成熟完善。

二、文化文物单位作为经营主体的正当性

文化文物单位能否作为经营主体进行文创产品开发，也是业界存疑的焦点。质疑集中在两个问题上，一是文化文物单位是否具有文创开发的商业经营资质，二是文化文物单位所开发的文创产品是否享受著作权的保护。

第一个问题是从文化文物单位的属性出发进行考虑的。文化文物单位作为公益类事业单位，本身是非营利性质的，所有的文化活动应该是公益活动，藏品也通过免门票的方式向全社会开放。但文化文物单位成立经营类的公司，或以知识产权入股加入社会企业，在很多人看来是违背其公益属性的。而且国家事业单位改革明确将博物馆、文化馆等文化文物单位列为公益一类事业单位，不允许其开设公司，进行商业运营。但事实上，商业和公益并非完全冲突的概念，营利机构可以从事公益事业，非营利机构通过商业经营为自身造血，从而更好地服务于公益，在当前社会是普遍存在的趋势。对于营利机构而言，并非将迎合市场需求作为唯一的行为准则。ThinkImpact的创始人兼CEO索尔·加里克认为："人们在区分'为营利'和'为金钱'时会出错。用产品使世界变得更美好的有操守的、经营良好的企业在提高大众生活方面特别引人注目。"❶营利机构越来越多地从事非营利事业，秉着"社会企业家精神"将金钱成功转化为创造更多、更好公益的途径。非营利机构为了能够提供更具可持续性的服务，也往往通过投资让自身获得更多的资金，二者的边界并非黑白分明的。营利与非营利性质相结合的混合型法律实体在履行社会服务功能、承担文化传承方面发挥的作用越来越大。这也意味着政府、营利和非营利组织之间的传统职责划分正在发生根本性转变，如果文化文物单位通过商业运营或者委托企业进行商业运营，能够为自身公益事业发展提供更长远、更可持续的资

---

❶ 杨瑾.博物馆研究入门[M].北京：科学出版社，2019：239.

本支持，文化文物场馆完全可以为了公益而营利，没必要固守非营利的观念拒绝社会合作。

第二个问题是文化文物单位自身所开发的文化创意产品，是否享有独立知识产权。有部分学者认为文化文物单位藏品的所有权归国家，而文化创意产品是在藏品基础上开发的，所以其所有权及相关权利也应该归属国家。知识产权保护的是将知识财产私有的私权利，与文化遗产全民共有在性质上是矛盾的。文化文物单位作为公有文化资源的保管者，其本质特征是满足公众精神文化需求，为公众提供公共文化服务，这一公益属性与知识产权的私权性质是否存在冲突？从文化文物单位的发展趋势和时代发展需求来看，这一冲突是不存在的。文化文物单位具备造血功能、主动适应现代市场需求是国内外文化事业单位发展的总趋势，文化事业单位在开发文创产品的过程中，与其他市场主体一样参与市场竞争，理应与其他主体享有同样的知识产权保护。比如，博物馆在藏品整理中对藏品的文化内涵进行解读、文化符号进行提取，形成了开发文创产品的灵感和设计思路，其中包含着博物馆工作人员的创意和智慧，或者图书馆工作人员对典藏古籍的内容进行整理解读，为文创开发提供了思路，这些无论是作为职务作品还是个人作品，都应该受到知识产权的保护。从知识产权的最终目的来看，它以保护智力劳动者的劳动成果为目的，通过对智力劳动成果的排他性保护来激发人们的创作积极性，从而促进科技进步、文化发展，实现文化共享。若一味强调文化文物场馆的公益属性，将会打击博物馆工作人员的积极性，不利于馆藏资源的价值释放和文化传播，最终会导致公众利益的受损。所以赋予文化文物单位知识产权主体资格，是一条保护文化文物单位藏品及衍生品著作权的可行之路。

综上，文化文物单位无论作为文创授权的主体，还是文创经营的主体，都具有正当性。需要区分的是，文化文物单位的授权内容，包括专利权、品牌权、商标权等，基于藏品的图像授权不在授权的正当范围。

第三章　文化文物单位无形资产价值评估

　　无形资产不具有实物形态，大多受到知识产权法的保护，包括著作权、商业秘密、商誉等众多种类。无形资产具有商业价值或潜能，是与收益相关的重要资产。文化资源转变为文化产业，其中的关键是通过创意和再生产实现对文化资源的知识产权化表达，形成无形资产，然后才能以合法化的商业形态出现在文创产业链条中。对无形资产的价值评估，是产权交易的前置环节。对文化文物单位而言，合理科学地评估其掌握无形资产的价值，是以知识产权入股成立经营公司、与其他单位开展授权合作的前提和必备环节。

第一节 文化产业无形资产的评估方法

一、无形资产评估的内容

关于无形资产的定义，较多见诸会计学领域，美国著名会计师 Hatfield 在其著作《会计学原理与实务》中，将无形资产定义为"专利权、版权、秘密制作方法和配方、商誉、商标、专营权及其他类似的财产"。美国会计准则委员会对无形资产的定义是："无形资产是不具有物质实体的经济资源，其价值由所有权所形成的权益和未来收益所确定，但货币资源（如现金、应收账款和投资）不属于无形资产。"我国在 2001 年财政部颁发的《资产评估准则——无形资产》中，将无形资产定义为："特定主体所控制的、不具有实物形态、对生产经营长期发挥作用且能带来经济利益的资源。"结合以上定义，我们可将无形资产界定为包括专利、商标、著作权（版权）、特许权、商誉等在内的，能够带来商业价值的非实物资源。

文化产业是文化与经济相融合的特殊形态，不同国家对文化产业有着不同的理解。联合国教科文组织从文化产品的工业标准化生产角度，将文化产业定义为按照工业标准，生产、再生产、储存及分配文化产品和服务的系列活动。无形资产是文化产业的核心资产，其核心生产要素是人力资源、知识创意、文化资源，以及由此所形成的著作权、专利权、商标权、商业秘密等知识产权。根据我国文化产业发展的特点，无形资产评估的主要内容可简要概括如下（见表3-1）。

表 3-1 文化产业无形资产评估范围

无形资产分类	内容举例
销售类	商标、品牌、网站、域名、标识、老字号、营销网络
技术类	发明专利、外观设计专利、实用新型专利、技术方法、专有技术、秘诀
艺术类	书籍版权、美术作品版权、动漫版权、音乐版权、影视作品版权
数据处理	软件所有权、软件版权、自动化数据库

续表

无形资产分类	内容举例
工程类	工程设计、设计图、集成电路、工程图纸、商业秘密
客户类	客户名单、合同、未结订单
合同类	优惠供应合同、特许经营证、许可证、独家协议
人力资源类	雇佣合同或协议、高素质配套员工队伍、管理团队、企业家个人价值
地理位置	租赁权、探矿权、控制权、路权、特殊景观
商誉类	企业商誉、机构商誉、专业人士个人商誉

数据来源：向勇．文化产业无形资产价值评估［M］．北京：北京大学出版社，2016：38.

二、文化产业无形资产常用评估方法

由于知识产权的无体性、价值不易认定及权利存在不确定风险等特征，其所涉及的层面相当复杂。目前世界上关于知识产权价值评估最常用的方法是成本法（Cost Approach）、市场法（Market Approach）、收益法（Income Approach）。在实务评估中，为某种产业技术而个别采用的方法，还需灵活运用。

（一）成本法

成本法是以知识产权的开发成本判定其价值的方法。成本法的基本原理是知识产权的成本由其能够提供的经济价值作为标准，若研发成本或购置成本低于其能够创造的经济价值，则无研发或购置的必要。成本法的评估公式可表述如下：

市场价值 = 总开发费用 − 贬值因素 　　　　　　　　　　　　　　（1）
资产评估价值 = 重置资本 − 实体性贬值 − 功能性贬值 − 经济性贬值　（2）

无论文化企业向外购置或自行研发，评估时会把已发生的研发成本、预计的研发成本及相关费用视为计价参考标准。成本法要依据三个基本经济原则：第一，知识产权所能创造的价值必须超过其研发成本；第二，知识产权的价值高低受市场供需变动的影响，市场规律决定知识产权的供需平衡；第三，物价水平、经济发展状况等外部因素会对知识产权的价值造成影响。总的来说，成本法在估价的时候并不需要考虑到市场状况或其他因素，只需将其投入的成本进行估算，属于评估法中较简单的方法。当成本法用于知识产权评估时，评估重点应是强调其资产本身所投入的成本价值，而不是衡量其资产在未来所产生的收益（见表3-2）。

表 3-2 成本法须考虑因素

总开发费用		贬值因素		
直接投入费用	间接投入费用	物理折旧费用	功能折旧费用	价值折旧费用
包括投入开发的人员佣金、原材料费、研发器材购买费用、试制费用、其他费用	包括行政技能人员佣金、研究器材的间接费用、付给外部评估机构的评估费用、其他费用	指因腐朽衰退、一般损伤、偶发损伤、灾害发生的价值折扣	指因时代潮流环境的变化而发生的价值折扣	指周边经济环境衰退、技术进步等外部经济环境的变化带来的价值折扣

数据来源：金英熙，金申珉.为文化内容价值评估模型开发的研究[J].韩国税务会计学杂志，2001（28）：192.

（二）市场法

市场法的条件是以市场上同类或相近产品最近市场交易价格作为比较，确定本产品价值的方法。此评估方式一般适用于市场上相同或相似产品买卖比较频繁的情况。

市场价值 = 交易事例价格 × 可变因素 ❶ （3）

变量解释：

①交易事例价格：过去发生交易时的价格。

②可变因素：综合分析事例与当前评估对象的相似度：事例内容的市场性、过去交易发生时间点、价格水平、市场占有率、使用期限、是否有替代品。

市场法将无形资产分为四个价值：①商业价值，指市场结构与规模结构、市场扩散力与促销力、预期市场与市场接受度等指标；②技术价值，指含产权条件、有利条款结构、产品信用及交互授权关系等指标；③知识产权价值，含技术创新及竞争力结构、技术实用性及科学引用能力、技术支持与风险结构等指标；④市场价值，指潜在和可行的经济回报。技术价值、商业价值与知识产权价值在整体市场的比例，乘以市场总值，即为该无形资产的市场价值。

经济学家偏好以市场法进行价值评估。因为市场法的价值分类完全吻合经济学家对价值的定义，通常在授权交易时，利用市场调查，选择市场上同类或相近的、具有相似获利能力的知识产权，将其与尚待评估的知识产权加以比较，由其成交价格与交易条件来进行比对，以估算资产价格。市场法的逻辑出发点是：最近有类似买卖事例时，一般的卖家不会以低于类似买家事例的价钱要价。

---

❶ 金英熙，金申珉.为文化内容价值评估模型开发的研究[J].韩国税务会计学杂志，2001（28）：193.

（三）收益法

收益法的概念是以预估知识产权未来的收益作为评估依据的方法。通过综合考量影响知识产权收益的各种因素，预测知识产权在未来一定时间内可能获得的收益，再选择合适的折现率折求知识产权现有价值。其计算公式为

$$p = a\sum_{i=1}^{n}\frac{R_i}{1+r} \tag{4}$$

该公式中，p 为无形资产价格；r 为折现率；n 为资产预计使用年限；R_i 为使用该资产后第 i 年带来的超额收益；a 为无形资产的分成率。

市场价值 = 未来现金流 × 派生价值贡献度❶ （5）

变量解释：

①未来现金流：合理推算评估对象的有效使用年限，结合折现率推算出未来的现金流总量。

②派生价值贡献度：使用该知识产权而派生出的现金流中知识产权本身的贡献程度。

收益法可分为四种情况：

第一，历史利润转化法。先计算出知识产权与其他同类知识产权相比的相对优势得出倍数，将知识产权创造的历史利润乘以该倍数，得出知识产权现有价值。该办法的弊端是过于倚重知识产权过去的收入能力，对未来市场的变化预测不足。

第二，毛利润区分法。该办法常用于商标及品牌的价值评估。将拥有商标或品牌的产品与市场上没有商标或品牌的同类产品进行比较，得出差价，以差价作为衡量商标或品牌的价值依据。该办法的弊端在于市场上必须有同类商标或品牌的产品做比较，如果没有，则该办法无法实施。

第三，超额利润法。以纯有形资产目前所能够创造的利润和附加了无形资产的项目能够创造的利润进行对比分析，后者高于前者的那部分利润即为无形资产的价值。这种方法从理论上讲可行，但现实中很难将无形资产和有形资产完全区分开来进行单独

---

❶ 金英熙，金申珉.为文化内容价值评估模型开发的研究［J］.韩国税务会计学杂志，2001（28）：194.

评价。

第四，许可使用费替代法。指分析使用者在获准市场上类似知识产权使用许可所支付的费用，并将多次许可费用进行比较，得出平均数，换算出当前知识产权一定时期的许可费用，作为知识产权价值判断的依据。

收益法以现值考虑知识产权将来的期望收入，是目前最广泛使用的评价方式。一般而言，收益法必须考虑的参数包括以下几点：①能够独立计算知识产权带来的收入，并将其从产品总收入中单独显示出来；②该项知识产权能够创造价值的有效时间，即使用期限；③该知识产权的负面价值，如使用该知识产权可能带来的风险。利用上述三项参数即可把知识产权的价值计算出来，然后再以现金流量折现法换算为现值。此外，收益法的计算方式又可进一步细分为以下两种方法。

第一，直接计算法，是指知识产权能够直接地创造增益价格，或节省成本，或是两者兼具，得以利用创造的现金流量来评估知识产权的价值。

第二，间接计算法，指不通过授权即拥有此知识产权可省下来的权利金，以此估算知识产权的价值。间接计算法利润比预期金额多。因经济利益来自所有资产的整合，故将文化企业的总资产扣除财务资产、有形资产与无形资产后的余额，间接地估算知识产权价值。

（四）三种评估方法的优劣分析

针对上述三种评估方法，可做如下分析。

第一，关于成本法，优点在于简单易算，只需将所有固定人力成本、设备成本与管理费用成本纳入，即可简单算出此项无形资产的价值，或可说是无形资产的成本。缺点是无法将市场及竞争环境等因素纳入考虑，不够客观，仅为单方面参考定价。

第二，关于市场法，优点在于针对知识产权等无形资产的影响因素作全面性的考虑，从而趋近实际的市价，缺点是若评估对象属新技术或新领域，则无可参酌的先前市场行情，故不易实行。因此，一般认为市场法的适用时机是在有效率的市场，市场有类似权利金支付的参照，换言之，市场上须有足够定价信息可供参考。

第三，收益法优点在于将知识产权等无形资产所产生的有形收益直接量化，在商标或专利作价投资或转让时有具体的评估标准，是目前业界较常使用的方法。但在遇到跨国经营的情况下，容易发生产品在甲地制造、乙地销售，却用到丙地总公司的知识产权，在计算收益时，会发生相关费用分摊至各国利润的困扰，影响个别知识产权的评价结果。

综上所述，在传统评估方法中，成本法是最被认可且广泛应用的方法，因其操作简单，评价指标容易被测算，没有太大的随机性和机动空间。然而，有些学者如戈登·史密斯与拉塞尔·帕尔等认为收益法才是最值得信赖的方法，因成本法无法完全表现出知识产权的实际价值，市场法在知识产权交易不活跃的市场中则缺乏比较的对象，因此，用授权金来衡量知识产权的价值，才是普遍适用的方法。

第二节 文化产业无形资产评估的经验借鉴

成本法、市场法和收益法是无形资产评估国际通用的方法，在文化产业领域，文化产业无形资产标的物的类型不同，适用方式也不同（见表3-3）。不同国家和地区也在无形资产评估中依据自身法律制度和实际情况，制定了不同的文化产业无形资产评价标准。

表3-3 不同标的物的评估方法

无形资产类别	最佳评价方法	次佳评价方法	不适合的评价方法
专利与专门技术	收益法	市场法	成本法
商标与品牌	收益法	市场法	成本法
著作权	收益法	市场法	成本法
产品软件	收益法	市场法	成本法
通路、人力、内控程序	成本法	收益法	市场法
管理信息系统	成本法	市场法	收益法
顾客关系	收益法	成本法	市场法
特许权	收益法	市场法	成本法
商誉	市场（剩余）法	收益法	无

资料来源：Smith&R.L.Parr；D&T.Valuation of IP and IA-G.V.2005.

注：评估专利、商标、著作权以收益法为佳，次为市场法，不建议使用成本法。

一、美国文化产业无形资产评估

美国知识产权相关制度起步较早，无形资产评估制度的建立与1982年联邦立法有关，1982—1989年美国陆续通过《杜拜法案》《技术创新法案》《联邦技术转移法》《商标明确法》等，完善无形资产的立法。此间的立法重视专利，针对技术层面的法律保护，对文化产业无形资产如版权、商标、商业秘密关注较少。

评估机构方面，较为重要的评估机构有两个：美国评价基金会和M-CAM金融机构。美国评价基金会是一个非营利组织，主要依据国会授权进行专业人员资格评价，监督各自律团及联邦与州政府相关机构确实依规范执行资产评估师训考认证及自律功能。❶ M-CAM 是一家为公司提供无形资产或知识产权抵押贷款的金融机构。该机构提供的服务包括以下几个方面：①使公司能够通过无形资产或知识产权抵押获得贷款；②为知识产权流动和交易创建市场；③研究提供全球最科学可靠的知识产权评价工具。此外，美国还有很多知识产权评价团体，如美国评估师协会、评估研究院、国家独立收费估价师协会、全国资源估价师协会等。

评估实践方面，美国评估协会制定商业评估标准（BVS-IX Intangible Asset Valuation）管理文化创意资产评估。其原则是要求评估师必须做到：第一，确定评估相关文化创意资产；第二，确定并定义 BVS-IX 第 II.B. 所规定的各项目，即评估师应当搜集、分析和核对进行评估所必需的与评估协议的性质或类型相适应的相关信息，包括文化创意资产的特征性质、限制销售或转让的各种协议。评估师可以考虑采用市场法、收益法和成本法等方法进行评估。在进行文化资产评估时，评估师应考虑到：与文化创意资产价值保护或限制相关的法律权利种类、文化创意资产的历史、文化创意资产未来的经济效用和法律生命期限、在文化创意资产生命期内，文化创意资产可能直接或间接给其所有人带来的经济利益等内容。美国文化创意资产评估具有固定的程序，对评估师进行严格的监管制度。

知识产权交易方面，美国利用可被信任的第三方（Transaction Information Synthesizer）提供产品信息给潜在买者，在不泄露知识产权全部信息的情况下，买主决定其欲购买信息的特性，再告知第三方后取得正确的清单与价目表；卖主信任第三方信息正确，也相信此第三方不会过度透露该信息产品的内容；在此交易中担任一个中介角色，必须了解信息产品的功能与价值，并且有能力获取有效信息。❷ 如此，才有办法提供买卖双方各自所需之信息，让买卖双方的交易能在公开化、合理化、透明化的方式下进行，也不易造成买方或卖方单方面的损失或不平等交易。美国的知识产权交易体系由国家提供组织架构，以市场化方式进行运营管理，以信息技术推动知识产权市场释放活力。❸ 总的来说，美国并非以政府为主体身份来发展价值评估或融资等交易机制，而是回归市场机制，此种现象说明完善的法律制度能促进市场机制的发展。

二、韩国文化产业无形资产评估

韩国早期无形资产评估方式的发展主要是从企业并购中获得公正的价值评估，并非为特定产业的价值提升服务。在 21 世纪初文化产业被确定为韩国主力产业后，随着版

---

❶ 郭年雄.智慧财产权评价发展趋势[J].菁英季刊，2006（2）：49.
❷ 詹炳耀.智慧财产估价的法制化研究[D].台北：台北大学，2002.
❸ 詹炳耀.智慧财产估价的法制化研究[D].台北：台北大学，2002.

权交易等单独的无形资产交易量增加，价值评估的需求增多，文化产业无形资产评估问题开始引起社会的关注。2011年韩国企业财务会计对原有的财务报告标准进行了修订，启用国际会计标准K-IFRS，此财务报告标准的变化对无形资产评估方式影响较大，具体表现为降低无形资产的认定、识别标准，并将品牌名称、题号及出版标题、交易标志（独特的颜色、模样或包装设计）、客户订单、其他有关艺术的无形资产、有关客户的无形资产等列入无形资产范围，使无形资产被重新认识和评估。

从价值评估的角度来看，韩国将文化产业无形资产分为五种类别：文化产业相关技术、知识信息数据库、内容版权、其他基于法律和民间的权利契约、其他（如组织文化、单位的社会名誉等）。其中可单独交易的无形资产是前三类，传统的成本法、市场法、收益法在这几种无形资产评估中使用都很普遍。在具体的评估中根据标的物的不同灵活采用不同的评估方法。例如，对于游戏产业的版权交易，韩国游戏开发商偏好使用市场法，因为游戏市场变数较大，在缺少市场信息时对其经济效益难以评估，因此收益法使用难度较大，而成本法因文化产业无形资产的投入和产出价值不好核算，难以测定公允市价，因而使用次数低。但事实上对于市场环境快速变化的文化产业而言，市场法也不是完美的价值评估方法。

近年来，韩国政府倾向于将经济价值和非经济价值融合，将文化产业的振兴和可持续发展视为文化产业无形资产价值评估的最高目标。韩国国民大学高晟壹以游戏产业的文化技术为例，认为有三个技术价值影响因素和两个技术价值测定因素。其中，三个技术价值影响因素包括技术因素、市场因素、业务因素，是自变量，两个技术测定因素包括收益性和技术扩散，属于因变量。收益性代表经济价值，技术扩散代表着作为公共品的非经济价值。[1] 这种方法既考虑到了文化技术的经济价值，也考虑到了其作为公共品属性的非经济价值。

三、中国台湾地区文化产业无形资产评估

为回应知识产权产业化和商业化下的授权、转让、作价入股、融资担保和法律诉讼等问题，中国台湾地区经济主管机构工业局自2001年开始推动系列文化产业无形资产促进政策，2002年成立台湾技术交易市场整合服务中心（TWTM）[2]，委托财团法人技术研究院负责经营，提供鉴价服务。2007年中国台湾地区成立"评价准则委员会"，由委员会制定系列评价准则。中国台湾地区专业无形资产评估事务所有十多家，如中华无形资产鉴价股份有限公司、中国台湾地区鉴价股份有限公司、华渊鉴价股份有限公司等。

---

[1] 高晟壹.文化内容技术评价影响要因及评价制度分析：以调查专家认识为中心[D].首尔：国民大学，2004.

[2] 陈峰富.公司无形资产与鉴价研究机制（下）[J].司法季刊，2003（2）：1134.

另外还有3800家综合性评估事务所也从事无形资产评估工作，从业人员达6万多人，其中注册评估师2万多人。协会、学会非营利性质组织有"中华无形资产鉴价协会""中华企业评价学会"等。

在评估方法上，中国台湾地区根据无形资产的不同运用场合，将无形资产分为七种，每种运用场合的评估目的都不同（见表3-4）。

表3-4 鉴价目的与时机

运用时机	运用目的
交易	授权谈判权利金计算 定义技术交易参考价格
作价入股	作为公司资本之知识产权估算依据
诉讼纠纷	扣押金额计算 侵权赔偿计算
企业并购	知识产权价值估算
评价/资产评估	知识产权价值重估
策略管理	知识产权稽核
担保融资	担保品估算

中国台湾地区有关条例明确规定了知识产权作为企业无形资产评估时应采取的流程，共分为七个步骤：第一步，定义与厘清欲鉴定之无形资产；第二步，叙明鉴价之目的，及决定所选用之评价基础；第三步，选择评价方法；第四步，搜集信息；第五步，进行鉴价计算；第六步，验证鉴价结果与决定鉴价之价格；第七步，制作评价报告书。

中国台湾地区《商业会计处理准则》第19条已将无形资产之科目分类、评价做了规定，整理如表3-5所示。评价方式不外乎从成本法、市场法和合理经济效益来估计；对于无法合理估价的无形资产，应定期评估。❶

表3-5 中国台湾地区文化产业无形资产核算准则

类型	评价方式
商标权	按未摊销成本为之
专利权	按未摊销成本为之

---

❶ 购入之商誉、商标权、专利权、著作权、特许权及其他等无形资产，应以实际成本为取得成本。无形资产以自行发展取得者，仅得以申请登记之成本作为取得成本，其发生之研究支出及发展支出，应作为当期费用。但当局主管机关另有规定者，不在此限。无形资产之经济效益期限可合理估计者，应按照效益存续期限摊销；商誉及其他经济效益期限无法合理估计之无形资产，应定期评估其价值，如有减损，损失应予认列。商业创业期间发生之费用，应作为当期费用。前项所称创业期间，指商业自开始筹备至所计划之主要营业活动开始且产生重要收入前所涵盖之期间。详见《台湾地区商业会计》第50条。

续表

类型	评价方式
著作权	按未摊销成本为之
计算机软件	对于购买或开发以供出售、出租或以其他方式营销之电脑软件的评价,以未摊销的购入成本或自建立技术可行性至完成产品母版所产生的成本为标准。但在建立技术可行性以前所发生之成本,应作为研究发展费用
商誉	商誉减损测试每年进行,已减损商誉的损失不得回转
自行研发的无形资产	自行发展的无形资产,如产权主体不明,不得列记为资产
研究支出与发展支出	受委托研发的无形资产,成本归属按合同约定,以当期发生的费用为依据 发展支出符合相关条件者❶,予以资本化;资本化的金额,不得超过预计未来可回收净收益之现值,即未来预期之收入减除再发生之研究费用、生产成本即销售管理费用后之现值

四、文化产业无形资产评估的主要启示

启示一:建立有原则的多元化评估体系

文化产业无形资产的种类繁多、特性各异,但总体来说可以分为两类:一类是公共文化产品或准公共文化产品,一类是私人文化产品。对这两种无形资产应该采用不同的评估框架。收益性低、正外部性强的公共文化产品或准公共文化产品属性的无形资产,价值评估应兼顾经济价值和非经济价值。为了确保非经济价值的传承,对公共文化品属性的无形资产价值评估应由国家公共部门主导为宜。对私人文化品属性的无形资产评估,则可以调动民间机构开展价值评估,既能推动民间投资,又能提高其竞争的敏感度,也能节省政府价值评估的成本。

根据价值评估的目的不同,应使用不同的价值评估框架。文化文物单位的无形资产,多是国家文化遗产,更多具备公共文化产品属性,因此在评估时应将非经济价值放在第一位,由国家公共部门进行评估,借鉴其他国家和地区的经验,行业协会及社会第三方研究机构在价值评估中应起到主导作用。在评估方法上,文化文物单位的无形资产价值评估,目的是为文化文物单位的知识产权作价入股、文创开发授权提供价值依据,因此评估的价值应该体现在两个方面:无形资产的价值等级与商业化难易程度,尤其是作为投资对象的无形资产在早期辨别优选投资对象时,准确的货币数值估测意义不大,划分价值等级和商

---

❶ ①完成该无形资产已达技术可行性;②商业意图完成该无形资产,并加以使用或出售;③商业有能力使用或出售该无形资产;④无形资产本身或其产出,已有明确市场;该无形资产系供内部使用者,应已具有用性;⑤商业具充足之技术、财务及其他资源,以完成此项发展计划并使用或出售该无形资产;⑥于发展期间归属于无形资产之支出,能可靠衡量。无形资产,应注明评价基础;其经济效益期限可合理估计者,应于效用存续期限内,以合理而有系统的方法分期摊销;其摊销期限及计算方法,应予注明。无明确经济效益期限之无形资产,不得摊销。

业化难易评价会更有效，成本也更低。过度专注准确的货币数值，不但增加评估成本，还会降低评估效率。因此，文化文物单位的无形资产评估应有权威、公正和透明的评估原则。

启示二：注重定性、定量研究以完善价值评估

文化产业无形资产的识别、操作历史较短，无论是相关交易事例还是市场环境分析，相对于有形资产和其他产业无形资产都是极其缺乏的，相关研究成果也难以支持。具体到文化文物领域更是如此，作为新兴权利类型，传统评估方法往往因市场相关案例不足和市场环境信息不足导致无法操作或无可靠的公允市场价格以供参考。因此，需要创新可行的评估方法来辅助或代替传统评估方法。对文化文物单位无形资产进行定性、定量相结合的新型评估方式将更有效。

文创产品的审美感与商业成功休戚相关，也对考古学、文化学、历史学、心理学、社会学、人类学的相关研究成果依赖度较高。为了完善文化文物单位的无形资产评估，应充分考虑将相关领域的研究成果运用到无形资产评估领域，为价值评估提供更为科学可靠的标准。学界更需要对文化产品内容的商业价值和非商业价值进行合理界定，虽然文化文物单位的无形资产商业价值很重要，但并不意味着要盲目追求商业化。应具体确定在不伤害创作自由的前提下，圈定适用定性、定量评估的原则和范围。

启示三：提升市场信息透明度

资产的市场价值评估离不开市场的供需关系，韩国文化产业价值评估中广泛通行的市场法和收益法需要充分可靠的市场参数，市场信息透明度成为价值评估质量是否稳定的关键。对文化文物单位的无形资产而言也是如此，市场的信息透明度高意味着政府公共信息和文化文物单位披露信息规范公正，尽可能多地反映客观真实情况。规范公开的文化文物单位无形资产信息至少可以有两方面的正向积极作用：第一，激励文化文物单位更加细致地识别无形资产，认识各项无形资产的价值，更主动地管理自身的无形资产；第二，行业内价值评估变得更加清晰，能够为投资方提供更全面可靠的投资依据，帮助投资者识别文化文物单位的无形资产是否与自身优势资源相匹配。

数字化工程的全面开展和网上文化场馆的普及，为文化文物单位的数据公开提供了技术支撑，目前市场信息透明度提升最大的障碍在于观念障碍，即文化文物单位是否有意愿公开自己的数字资源和文创运营状况，还是把数字资源作为商业秘密进行保护。缺乏公开的文物资源数字信息和馆藏资源信息，文化文物领域的无形资产评估很难像企业无形资产评估一样展开。因此，由政府主导建立针对性的公共信息渠道以确保基本信息传播保持畅通。例如，韩国在中、美、日、英等国设立文化产业振兴院、电影振兴委员会等机构，兼办各种对外活动的同时发挥文化产业信息枢纽的角色，搜罗最基本的市场公共信息并提供给韩国企事业单位，以期文化资产、产品在当地市场中获得更高的价值评价。这种做法值得我国文化文物单位借鉴。

第三节　文化文物单位无形资产的评估方法

一、价值评估对象的选取

按照我国政府会计准则，无形资产是指"政府会计主体控制的没有实物形态的可辨认非货币性资产，如专利权、商标权、著作权、土地使用权、非专利技术等"。国家税务总局《关于印发营业税税目注释（试行稿）的通知》将无形资产税目征收范围界定为：转让土地使用权、转让商标权、转让专利权、转让非专利技术、转让著作权、转让商誉。文化文物单位拥有大量的文化遗产及相关研究成果，从而拥有众多的无形资产。在发展文化创意产业的背景下，无形资产成为文化文物单位参与市场竞争、自主或合作开发文创产品的基础性资源，因此必须对文化文物单位所拥有的无形资产进行整理。

文化文物单位的无形资产以自身所拥有的知识产权为主，可以概括如下。

著作权，包括部分藏品的高清图像、3D模型、视频资料，文化文物单位基于藏品研发所形成的文字资料和研究成果（职务作品），文化文物单位基于藏品所形成的文创开发设计方案等。需要说明的是，除非经过藏品作者的授权，文化文物单位不享有藏品本身的著作权。对于藏品的数字化版权和3D模型的版权，国际通用的准则是依出资方进行判断，如果出资方是国家财政，则数字化版权归国家所有，如果出资方是社会企业，则由社会企业与文化文物单位通过合同进行约定。目前在中国一般认定为归国家所有。

商标权，是指文化文物单位用单位名称及其标志图形、馆藏资源的名称及其他具备商标构成要素的元素等，通过商标申请注册而获得的专有使用权利。

专利权，文化文物单位在对文物资源保管过程中所形成的文物修复技术，对以往文化或者文物资源的形状、构造等进行新的组合，形成的外观设计专利和实用新型专利，文化文物单位自身研发文创产品的实用新型专利和外观设计专利等。

非专利技术，是指在生产经营活动中已采用了的、不为外界所知的、不享有法律保护的各种技术和经验，包括文化文物单位所掌握的展陈技术、专家经验、专业团队、独特的造型与配方、建筑造型与特色元素、软件系统、数据库等。非专利技术与专利权一样，能为商业经营带来经济利益。不同之处在于，非专利技术没有在专利机关登记注册，依靠保密手段进行垄断。

商誉，是社会公众对文化文物单位在藏品展览、公益服务、文化传播等方面所创造价值的认知，是为文化文物单位产生增值、带来溢价的无形资产，其载体包括文化文物单位名称、相关标记、符号或图案等。

二、价值评估原则的确立

资产评估的原则是指为保证评估结果客观、公正、科学，规范评估行为的工作和业务准则。文化文物单位无形资产评估，首先要确立评估工作的基本原则。

（1）独立性原则。评估机构应始终坚持第三方立场，对无形资产进行公正科学的评估，避免受到外界力量、主观因素和相关利益的干扰。

（2）多元化原则。文化文物单位无形资产与其他社会资产最大的区别在于其作为公共文化产品的公益属性，在评估中尤其要注意非经济效益与经济效益并重，尤其是要突出文化产品的社会正外部性效益，即能够带来的社会影响和文化影响。要注意社会学、文化学、考古学等学科的研究成果在文化文物单位无形资产评估中的体现。

（3）客观性原则。评估工作要以资产评估理论为指导，以客观现实为依据，制订科学的评估方案，反映资产的真实状况，在评估指标的选取、测算和逻辑运用上做到有据可依。

（4）专业性原则。评估机构必须是拥有财务会计、文物鉴定、市场运营、法律服务等多学科背景的专门人才，经过评估理论和文博领域专业培训，持证开展业务的专业性机构，实行公平竞争和行业自律性管理。

（5）效率化原则。依据评估目的和使用方向不同，采取不同的评估方法，以提高评估效率，降低评估成本。在文化文物单位以知识产权投资入股进行商业运营或投融资时，考虑以文化文物单位的知识产权资产属性作为评估目标，给出资产价值。在文创开发授权中，则给出被授权对象的商业化开发适宜度等级，不需要具体的资产价值数额。

三、价值评估方法的选择

传统的三种无形资产价值评估方法在文化文物领域都有一定的参考价值，但各自也都存在局限性。成本法是最简单易算的方法，但国际上一般不将成本法用于无形资产评估，原因在于一些无形资产的成本无法量化衡量。中国的政府会计准则和《事业单位国有资产管理暂行办法》也要求用货币价值衡量无形资产。但无形资产往往是人的智慧、创意、知识和经验的结晶，这些成本是难以用货币价值来衡量的，尤其是自主研发的知识产权，如果仅把研发期间的材料费、差旅费、注册费等支出作为评价依据，就忽视了知识产权自身价值和未来可能带来的收益，发有可能造成无形资产的价值被低估。文化文物单位在文物保护和文创开发中所形成的无形资产，如果用成本法进行衡量，难免会因资产量化困难和主观因素过多而有失公正。

市场法是美国在知识产权价值评估中运用最多的方法，优点是能够对知识产权价值进行全面考虑，得出最接近市价的评估结果。市场法得以运用的前提是市场上有相同或类似产品，以便进行比较估价。但文化文物单位的文创开发难以用市场法进行衡量，首先是文化文物单位的资源特点是稀缺性和独有性，文化文物单位之间、文物资源之间不具备可比性，其次是文创产品以创意为本，如果市场上有相同产品便构不成创意，也就不能形成知识产权。尤其是在文化产业新兴领域，很多文旅新业态、新产品很难通过市场比对的方式进行评估。

收益法也是业界较为常用的评估方法，尤其是在专利技术转让过程中，能够将无形资产取得的收益直接量化，但文化文物单位在研发过程中形成的专利技术有些可以申请国家专利，有些并不在专利法的保护范围内，如展陈设计、专家经验、某些涉密的修复技术等，还有文化文物单位自身开发的文创产品，如果没有及时进行专利申请，也很难被算作文化文物单位的无形资产量化标准中。

结合以上分析，文化文物单位的无形资产评估，未必完全参照政府会计准则，应该确立一套定量与定性相结合的评价体系，综合运用传统评估方法和多元回归法、德尔菲法等现代评估方法，其评估结果未必是具体的资产数值，而是从商业开发的角度为市场提供决策参考。

四、价值评估指标体系构建

文化产业无形资产与其他资产的最大不同之处，在于其具有经济价值和非经济价值的双重属性。经济价值主要表现为市场价值和税收价值，市场价值是从生产方的角度出发考虑，决定在市场中能否产生利润，税收价值是从政府看待资产的角度出发，看资产能够贡献多少税收。非经济价值也称文化价值，是文化遗产资源作为准公共产品所体现的价值，主要体现在文化遗产价值的外部性上。关于艺术品的外部性，布鲁诺·弗雷（Bruno Frey）提到"非使用者受益"的概念，即艺术品的正外部性体现在三个方面，分别是存在价值：个人即便不参与艺术活动，只要艺术存在便能受益；选择价值：个人即便不参与文化活动，以后可能参加文化活动的事实本身可以使其受益；馈赠价值：个人即便当前不参与艺术事件，艺术在今世的发展可以给后代留下文化遗产。[1] 这一论断对文化产业无形资产价值评估的描述也依然受用，也清晰地描绘了文化产业成为主力经济增长点的重要原因之一。

文化文物单位无形资产作为文化产业无形资产的组成部分，其价值属性也包括经济价值和非经济价值两部分。二者的关系可以用"冰山理论"模型进行形象说明，文创产品的有形资产价值仅是冰山呈现在水面上的部分，而水面下的体积虽然无法完成测算与预测系统的统计，但确实暗示了整个冰山体中大比例的内隐价值的存在（见图3-1）。

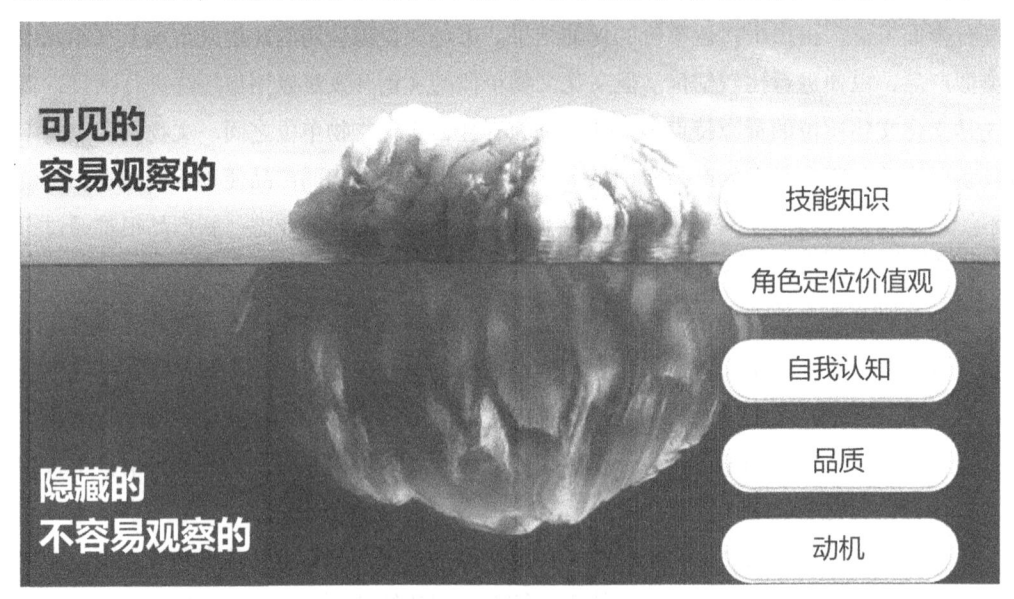

图3-1 冰山模型示意

冰山的水面以下包含多种无形资产，知识产权属于其中之一，而它又不同于其他无形资产，是目前在法律认定的框架内受保护的重要资产。约翰·霍金斯在《创意经济》一书中，把创意产业界定为其产品都在"知识产权法"的保护范围内的经济部门。如此的知识产权资产往往被描绘为文化产业的无形资产。虽然文化产业无形资产不只是知识产权，但可以通过知识产权所受的法律保护来防止"搭便车"行为，防止其价值滥用，于是不可否认当前知识产权占据了文化产业无形资产的较大比重，是无形资产价值评估中的重点研究对象。

如同其他的无形资产一样，文化文物单位知识产权也同时具备经济价值和非经济价值，而文化文物单位知识产权最终表现成果为文创产品或文创项目，对这类产品和项目的价值评估，经济价值主要体现为市场价值和品牌价值，非经济价值则体现为内容价值和创意价值，在此基础上我们可以构建出文化文物单位知识产权评估的四个一级指标。

---

[1] FREY B. Art & Cultural Policy: Analysis & Cultural Policy Berlin[M]. Berlin: Springer-Verlag, 2003: 5.

表 3-6　文化文物单位知识产权一级评价指标

内容价值	创意价值	市场价值	品牌价值
①实现优秀传统文化的传承创新；②引导社会正能量和公序良俗；③彰显文化身份，体现文化认同与文化自信	①具有独特的艺术风格和艺术魅力；②表现形式的创新性与差异性；③在特定市场的稀缺程度	①有广大的市场受众，满足特定群体的消费需求；②能够创造良好的经济效益；③存在较大的市场潜力	①资产所属单位的知名度和影响力；②资源所属单位的资源禀赋；③资源所属单位的综合实力

在文化文物单位知识产权的一级指标中，有很多因素是没有办法量化衡量的，如优秀传统文化的传承创新、文创产品的艺术表现力等，同时，内容价值和市场价值并不总是成正比的，甚至有时候会出现冲突，如有些文化资源具有很高的文化价值和历史价值，但并不一定受到市场欢迎。从宏观角度来看，推进文化文物单位文创产业的发展，需要尽可能减少无形资产价值实现过程中经济价值和非经济价值之间可能产生的冲突，需考虑长期来看的福利四边形最大化。因此，文创产品开发目的与其他行业相比存在表述的差异——经济学描绘企业的目的为"利润最大化"，而在文化产业范畴内，文创产品开发目的是"利润满意化"，是兼顾经济价值和非经济价值的表述，是可持续发展的精神性表现。

在"福利四边形"与"利润满意化"的原则指导下，对文化文物单位知识产权进一步细化，形成价值评估通用二级评价指标体系（见表 3-7）。

表 3-7　文化文物单位知识产权价值评估二级指标（通用）

指标类别	指标名称
内容价值	历史价值
	文化价值
	科技价值
	时代价值
创意价值	艺术风格
	创意稀缺
	审美关照
	表述清晰
市场价值	消费市场
	传播媒介
	发行渠道
	经营实力
品牌价值	受众范围
	资源禀赋
	市场信誉
	社会效益

现实中的文创产品是文化标准品或多或少发生象限的位移，对于具有不确定因素的产品市场价值而言，在信息不对称的情况之下优先考虑已知的价值属性，争取确保产品价值体积是有效控制风险的良好决策，即在评估实践中价值属性的考虑是以已知信息为主，合理推论为辅，对于完全没有信息的指标可暂时放下来并应该致力于收集有效信息。

目前构建文化文物单位知识产权二级评估指标是以文化创意产品和项目为基础的通用基础评价指标，在具体的文化项目评估中还需要将指标进一步细化。基础通用指标体系构建起来后，下一步是依据行业共性和指标特性，明确二级指标的评价标准，分设三级指标，形成完整的指标体系，其中，一级指标4个，二级指标16个，三级指标68个。

选定需要评估的文化文物单位待评估项目，依据《文化文物单位知识产权评估指标体系》（见表3-8）、《文化文物单位知识产权价值评估指标测评依据表》（见表3-9），由评估技术人员进行专业评估和打分，得出评价指标中第三级指标评分，并填入《文化文物单位知识产权价值评估体系评测表》（见表3-10）。可以考虑开发评估软件，评估信息填报及指标体系将通过软件来实现。

表3-8 文化文物单位知识产权价值评估指标体系结构表（通用）

指标类别（一级指标）	指标名称（二级指标）	指标属性（三级指标）				指标作用
内容价值	历史价值	引领性	风格性	影响力	覆盖率	文化价值决定了项目和产品能否体现文化的传承与创新，能否引导社会价值观，是产品和项目的内涵与核心
	文化价值					
	科技价值					
	时代价值					
创意价值	艺术风格	创新性	艺术性	专业性	转化率	创意价值体现产品的差异化程度和艺术审美水准，决定了产品和项目的稀缺性，为文化内容提供载体和表达方式
	创意稀缺					
	审美关照					
	表述清晰					
市场价值	消费市场	覆盖率	社会性	运营力	主导性	针对特定的项目和产品，市场价值决定了投资收益和回报，也为产品开发和项目实施确定了目标和方向
	传播媒介				持续性	
	发行渠道					
	经营实力					
品牌价值	受众范围	知名度	丰富度	公信力	美誉度	品牌价值是文化价值、创意价值的附加项，能够增加产品和项目的商誉和公信力，是产品和项目持续发展的保障
	资源禀赋					
	市场信誉					
	社会效益					

第三章 文化文物单位无形资产价值评估

表3-9 文化文物单位知识产权价值评估指标体系评测依据表

指标类别	指标名称	单项评分				评分标准
		引领性	风格性	影响力	覆盖率	
内容价值	历史价值	A. 历史观鲜明 B. 历史观正确 C. 历史观不明	A. 历史风格鲜明 B. 历史风格统一 C. 历史风格混乱	A. 历史知名度高 B. 历史知名度一般 C. 历史知名度低	A. 受众面广 B. 受众面一般 C. 受众面窄	评估人员根据对应的分值进行打分，A为4~5分（不含4分）；B为3~4分（不含3分）；C为3分以下，满分为5分，打分保留小数点后一位
	文化价值	A. 文化价值引领 B. 文化信息传承 C. 文化元素不明	A. 文化特色鲜明 B. 文化特色一般 C. 文化特色较弱	A. 文化影响力大 B. 文化影响力一般 C. 文化影响力低	A. 受众面广 B. 受众面一般 C. 受众面窄	
	科技价值	A. 科技伦理鲜明 B. 科技伦理一般 C. 科技伦理较弱	A. 技术特色鲜明 B. 技术特色一般 C. 技术特色较弱	A. 科技影响力大 B. 科技影响力一般 C. 科技影响力低	A. 受众面广 B. 受众面一般 C. 受众面窄	
	时代价值	A. 引领时代潮流 B. 追随时代潮流 C. 价值引领较弱	A. 时代特色鲜明 B. 时代特色一般 C. 时代特色较弱	A. 时代影响力大 B. 时代影响力一般 C. 时代影响力低	A. 受众面广 B. 受众面一般 C. 受众面窄	
指标类别	指标名称	创新性	艺术性	专业性	转化率	
创意价值	艺术风格	A. 艺术风格鲜明 B. 艺术风格一般 C. 艺术风格混乱	A. 感染力较强 B. 感染力一般 C. 感染力偏弱	A. 符合行业 B. 贴近行业 C. 与行业不符	A. 转化较高 B. 转化一般 C. 转化偏低	
	创意稀缺	A. 独具创意 B. 创意显著 C. 一般水平	A. 艺术特色较高 B. 艺术特色一般 C. 艺术特色较弱	A. 符合行业 B. 贴近行业 C. 与行业不符	A. 转化较高 B. 转化一般 C. 转化偏低	
	审美美照	A. 美学创意突出 B. 美学创意明显 C. 美学创意一般	A. 审美品位较高 B. 审美品位一般 C. 审美品位较弱	A. 符合行业 B. 贴近行业 C. 与行业不符	A. 转化较高 B. 转化一般 C. 转化偏低	
	表述清晰	A. 表达方式新颖 B. 表达方式一般 C. 表达方式陈旧	A. 创意表达清晰 B. 创意表达明显 C. 创意表达模糊	A. 满足项目需要 B. 基本满足项目 C. 无法满足项目	A. 效果显著 B. 效果一般 C. 效果偏低	

续表

指标类别	指标名称	单项评分					评分标准
		引领性	风格性	影响力	覆盖率	持续性	
市场价值	消费市场	覆盖率 A. 范围较大 B. 范围一般 C. 范围较小	社会性 A. 符合市场需要 B. 贴近市场需要 C. 与市场需要不符	运营力 A. 营销能力强 B. 营销能力一般 C. 营销能力较弱	主导性 A. 市场主导明确 B. 市场主导基本清晰 C. 市场无主导性和	A. 消费群体稳定 B. 消费群体基本稳定 C. 消费群体不稳定	评估人员根据对应的分值进行打分，A为4～5分（不含4分）；B为3分；C为3～4分（不含3分）；C为3分以下。满分为5分，打分保留小数点后一位
	传播媒介	A. 综合利用 B. 利用一般 C. 利用不足	A. 符合市场需要 B. 贴近市场需要 C. 与市场需求不符	A. 实力较强 B. 实力一般 C. 实力偏弱	A. 主导媒介明确 B. 主导媒介基本界定 C. 媒介无主导性	A. 媒介资源稳定 B. 媒介资源基本稳定 C. 媒介资源不稳定	
	发行渠道	A. 渠道较广 B. 渠道一般 C. 渠道偏窄	A. 符合产业需求 B. 贴近产业需求 C. 与产业发展需要不符	A. 渠道发达 B. 渠道一般 C. 渠道偏弱	A. 主导渠道明确 B. 主导渠道基本选定 C. 渠道无主导性	A. 渠道资源稳定 B. 渠道资源基本稳定 C. 渠道资源不稳定	
	经营实力	A. 经营范围广 B. 经营范围一般 C. 经营范围偏窄	A. 规模以上企业 B. 新三板企业 C. 中小微企业	A. 竞争力强 B. 竞争力一般 C. 竞争偏弱	A. 核心竞争力强 B. 核心竞争力一般 C. 无核心竞争力	A. 经营理念明确 B. 经营理念基本明确 C. 经营理念不明确	
		知名度	丰富度	公信力		美誉度	
品牌价值	受众范围	A. 品牌受众范围广 B. 品牌受众范围一般 C. 品牌受众范围窄	A. 品牌受众多元 B. 受众群体单一 C. 无固定受众群体	A. 品牌公信力高 B. 品牌公信力一般 C. 品牌公信力低		A. 品牌美誉度高 B. 品牌美誉度一般 C. 品牌美誉度低	
	资源禀赋	A. 资源信誉市场度高 B. 资源信誉市场度一般 C. 资源信誉市场度低	A. 品牌资源丰富 B. 品牌资源一般 C. 品牌资源不足	A. 资源公信力高 B. 资源公信力一般 C. 资源公信力低		A. 资源美誉度高 B. 资源美誉度一般 C. 资源美誉度低	
	市场信誉	A. 市场信誉度高 B. 市场信誉度一般 C. 市场信誉度低	A. 品牌内涵丰富 B. 品牌内涵一般 C. 品牌内涵不足	A. 市场公信力高 B. 市场公信力一般 C. 市场公信力低		A. 市场美誉度高 B. 市场美誉度一般 C. 市场美誉度低	
	社会效益	A. 社会知名度高 B. 社会知名度一般 C. 社会知名度低	A. 社会评价多元 B. 社会评价单一 C. 无明显社会评价	A. 社会公信力高 B. 社会公信力一般 C. 社会公信力低		A. 社会美誉度高 B. 社会美誉度一般 C. 社会美誉度低	

表 3-10 文化文物单位知识产权价值评估平台指标体系综合评测表

项目编号	
项目名称	

评分记录

指标类别	指标名称	单项评分			
		引领性	风格性	影响力	覆盖率
内容价值	历史价值				
	文化价值				
	科技价值				
	时代价值				

指标类别	指标名称	单项评分			
		创新性	艺术性	专业性	转化率
创意价值	艺术风格				
	创意稀缺				
	审美关照				
	表述清晰				

指标类别	指标名称	单项评分				
		覆盖率	社会性	运营力	主导性	持续性
市场价值	消费市场					
	传播媒介					
	发行渠道					
	经营实力					

指标类别	指标名称	单项评分			
		知名度	丰富度	公信力	美誉度
品牌价值	受众范围				
	资源禀赋				
	市场信誉				
	社会效益				

综合评价体系的分值可以设定为 5 分，运用多层次分析法和德尔菲法，在多方征询业界专家和社会群体意见的基础上，结合文化文物单位文创开发的市场经验和共性规律，分别赋予每个评价指标不同的权重（见表 3-11），再经过评估软件计算出项目综合评价分数（见表 3-12），为文化文物单位无形资产价值评估提供参考依据。

表 3-11 文化文物单位知识产权价值评估指标体系评测权重系数表

指标类别	权重系数	指标名称	权重系数	指标属性	权重系数
内容价值	0.3	历史价值	0.3	引领性	0.3
		文化价值	0.3	风格性	0.3
		科技价值	0.15	影响力	0.3
		时代价值	0.25	覆盖率	0.1
创意价值	0.3	艺术风格	0.3	创新性	0.3
		创意稀缺	0.3	艺术性	0.3
		审美观照	0.2	专业性	0.2
		表达清晰	0.2	转化率	0.2
市场价值	0.2	消费市场	0.3	覆盖率	0.15
		传播媒介	0.2	社会性	0.2
		发行渠道	0.2	运营力	0.2
		经营实力	0.3	主导性	0.15
				持续性	0.3
品牌价值	0.2	受众范围	0.25	知名度	0.3
		资源禀赋	0.3	丰富度	0.3
		市场信誉	0.25	公信力	0.15
		社会效益	0.2	美誉度	0.25

表 3-12 文化文物单位知识产权价值评估指标体系综合评测表

项目编号	
项目名称	

评分记录			
价值维度	指标名称	一次加权（三级指标）	二次加权（二级指标）	项目总评分（三次加权）
内容价值	历史价值	分值 × 权重	一次加权后的分值 × 权重	
	文化价值			
	科技价值			
	时代价值			
创意价值	艺术风格			
	创意稀缺			
	审美观照			
	表述清晰			

续表

市场价值	消费市场		
	传播媒介		
	发行渠道		
	经营实力		
品牌价值	受众范围		
	资源禀赋		
	市场信誉		
	社会效益		

综合评测结果得分,将依据综合评测判定表得出结论。综合评测总分大于或等于4分,为A级知识产权资源,综合评测总分在2～4分,为B级知识产权资源,若得分小于3分,则该项目不具有授权开发资质,可以终止测评。

以上仅是提供了文化文物单位知识产权价值评估的一种模型和实现路径,在实际评估中还需要结合具体项目确定不同类型文化资源的评测指标体系,对不同类型项目进行针对性评估。在文化文物单位无形资产评估中,需要注意以下几点:一是大部分情况下,文化文物单位的文创项目没必要进行精准量化,只需要评定出适宜开发的等级,以供合作方进行参考即可;二是此类文创项目的评估需要充分借助第三方专业评估机构的力量,以便得出客观公正、专业性强的评估结果;三是可以借助专用评估软件开发自动化评估平台,为社会各界尤其是意愿合作方提供更为便捷的评估服务。

第四章　文化文物单位文创授权模式

2018年以来，IP成为热门词汇，IP原意为"知识产权"，后来被引申为一切可被商业开发的符号、形象和故事。IP最早被用于网络文学作品的改编，随着博物馆文化元素的不断出圈，博物馆文创IP逐渐成为IP授权的热门。文博单位的授权意识也逐渐增强，清华大学文化经济研究院2019年发布的《新文创消费趋势报告》显示，围绕历史、文化IP进行文创开发正呈现井喷态势。在文创开发领域，故宫博物院曾是一枝独秀，如今已经形成了众多博物馆、美术馆、图书馆、艺术机构百花齐放的局面，玩法众多，创新十足。但就目前而言，文创IP授权的流程、模式、价值链等尚未明确，还有很多地方需要摸索和向国外成熟的授权市场学习。

第一节　文化文物单位文创授权流程

对于被授权企业来说，授权的本质是增加产品的附加值，主要是品牌附加值和文化附加值，从而提高自身品牌的知名度，获取更多的客户，销售更多的产品。比如，有IP的杯子比普通杯子价格要高出1~2倍甚至更多。对于文化文物单位而言，授权可以扩大文化文物单位的社会影响力，让古籍中、博物馆中的文物资源被更多普通大众接触。如电视剧《如懿传》的热播，让"绒花""点翠"等非物质文化遗产走进大众视野，知名度和销量都大幅度提升。

一、文化资源授权的流程

文化产业的发展通常并不需要创造全新的文化内容，而是要发现文化现象中具有商业价值的部分，通过设计一种合适的形式，使这种商业价值最大化，同时设计一整套生产流程和营销方案以实现其商业价值。❶ 通过文创授权，可以将文化文物单位的文化遗产资源转化为经济社会发展的优势动能，更好地发挥文化遗产的社会价值和经济价值。按照资源转化的实际工作流程，可以将文化资源授权分为三个阶段。

（一）授权准备阶段

（1）文化资源挖掘与整合。文化资源是文化创意授权的基础，是文化创意产品价值生成的源头。人们对文化创意产品的认可，除了对创意的欣赏，更多的是对创意背后文化内涵的认同和欣赏，文化资源禀赋是文创开发的基础。传统文化资源种类繁多，对其进行挖掘，不仅包括对其纹饰、技艺、工序、图案、造型等外在元素的挖掘，也包括对文化资源背后文化内涵、历史背景、价值情感、时代特征等深层次内涵的挖掘。如对河南省博物院的镇馆之宝妇好鸮尊的文化资源挖掘，表层文化元素是妇好鸮尊的造型、纹饰、图案、技艺等，深层文化元素包括"鸮尊"在商王朝的历史地位，妇好作为商王武

---

❶ 唐锡光.论文化、创意、财富三者间的关系[J].东岳论丛，2006（3）：71-73.

丁妻子兼中华第一女战神的神奇故事，商王朝的战争文化、祭祀文化、皇室文化等，通过文化资源的挖掘和创意转化，实现从历史文化意义的文本阐发到经济社会意义上的产业整合。

文化资源整合就是按照一定的文化主题，对文化资源及不同文化资源之间的文化要素进行同类聚集和同质整合❶，通过创意将文化要素进行重新排列组合，形成新的文化产品，发挥资源整体优势。文化资源的整合，是建立在对文化资源的文化内涵和特质进行提炼和阐释基础上的。如对故宫博物院文化资源的整合，不能从传统的展陈角度将其区分为原始文化、商周文化、汉唐文化、宋元文化等，而应该从文化资源开发利用的角度将其分为建筑工艺、造型工艺、服饰文化等，在此基础上进一步提炼出中国古代宫廷文化、贵族文化、民间文化、战争文化等，对不同文化主题进行阐发和演绎。因此，文化资源整合的过程是一个从文化资源搜集、归整到文化资源特质提炼、阐释再到文化资源演绎、扩充的过程。无论文化资源的挖掘还是整合，都需要由专业的人士去完成。

（2）文化资源价值评估。并不是所有的文化资源都适合进行文化创意产品开发，只有契合某些特征的文化资源才具有商业开发的价值。澳大利亚学者约翰·哈特利教授认为，文化成为产业以复制为前提，但文化产品、文化服务、文化行动要值得复制，在于它内涵高度的创造性和独特性的价值体验。❷文化资源是否具有创造性和独特体验性，能否成为授权对象，需要经过必要的评估。这种评估不同于对文化资源本身价值的评估，主要以文化资源的内涵与外观的独特性、文化资源的艺术性和审美性、文化资源的影响力和美誉度、文化资源的公众知晓度等作为评估标准。❸按照本书第三章的分析，文化资源价值评估可以从内容价值、创意价值、市场价值、品牌价值等方面进行，评估价值越高，授权开发的潜质和优势就越大。文化资源价值评估可由文化资源版权方与第三方机构（如科研院所、高校）合作完成。

（3）确定授权内容。文化文物单位在整理自身文化资源的基础上，将富有特色的文化符号、标识、文字等文化内容转化为可开发利用的著作权、商标权、专利权等知识产权，及时注册商标和专利，形成知识产权授权体系，作为授权标的物。授权前文化文物单位需要对知识产权类型、状态和归属进行梳理和建档，厘清授权标的物的权利类型、归属状态并建立无形资产的台账，确保文化授权的权利归属主体和边界清晰。

（4）授权标的物宣传。由于传统文化资源是在特定时空中的产物，早已脱离了当前的文化语境和生活情境，在将传统文化资源开发成文化创意产品时，由于存在知识鸿

---

❶ 昝胜峰，郭春森. 创意产业：文化、技术和商业模式［M］. 福州：福建人民出版社，2013：15.
❷ 约翰·哈特利. 创意产业［M］// 单士联. 文化产业研究读本（西方卷）. 上海：上海交通大学出版社，2011：106.
❸ 王秀伟. 文化创意产业视域下的博物馆文化授权研究［D］. 合肥：中国科学技术大学，2016.

沟、信息不对称、文化折扣等因素，文化资源的内涵和价值未必会被大众或被授权商理解，其独特的文化价值也就难以转化为经济价值。因此，在将文化资源作为标的物投入市场之前，文化文物单位需要就标的物的历史背景、文化内涵、时代价值等向社会大众进行宣传，可以通过举办专题展览、公益讲座、综艺影视节目植入、新媒体网络介入、热点事件及明星人物相关活动等，增加民众对授权标的物的认知和理解。如综艺节目《典籍里的中国》，让更多普通大众了解了《天工开物》《易经》《尚书》等国学经典的历史背景和思想精华，增加了对传统文化的认知和归属感，更增加了社会企业开发文创的意愿。

（二）合同签订阶段

（1）发布授权信息。文化文物单位公开发布授权信息，公布授权对象详情，包括被授权对象基本情况介绍、文化内涵、授权方式、适用范围、使用期限等并明确对使用方的资质要求、筛选条件及具体合作方式。如果通过授权平台或第三方授权经纪发布授权信息，还需要明确授权经纪应承担的义务和责任。授权信息可以通过文化文物单位官方网站、统一授权平台、微信微博、抖音短视频等多种渠道进行发布，也可以借助电视台、报纸等传统主流媒体对外发布。

（2）选择合适的被授权方。根据有合作意向的被授权方的信息回应，文化文物单位或授权经纪结合被授权标的物的特点，选择合适的被授权方。一般而言，被授权方需要具备授权方要求的文创开发资质，包括是独立的企业法人或社会团体、具有明确的业务范围、具备工商及税务部门发布的经营资质等，同时，还需要就被授权方与授权标的物的文化调性是否契合、被授权方是否具有相关文创开发经验、文创开发成功案例，以及市场信誉度和社会影响力等进行考察，确保文化资源能够被最具开发资质和开发潜力的社会力量所使用。通常情况下，文化资源自身的禀赋特征与被授权方的实力资质成正比，即越是优秀的文化资源，对被授权方的要求条件越高。合适的合作对象是文化资源授权能够顺利开展的前提条件。

（3）合作洽谈。在对被授权方基本资质进行审查和初步筛选后，授权双方就授权过程进行洽谈。合作双方可以通过面对面的沟通加深对彼此的了解，敲定合作细节。洽谈内容包括：授权标的的内容，具体授权方式，许可费数额及支付方式，授权期限，双方的权利义务，授权标的的使用方式及地域范围，授权产品的设计，生产和销售，产权归属等。

①授权许可性质。常见的类型有普通许可、排他许可、独占许可。目前著作权、商标权的相关法律中对这几种类型的授权都有明确的规定。

独占许可，是指授权方和被授权方通过合同约定，在约定的时间、地域和以约定的方式使用授权标的，授权方和任何第三方在合同期限内均不得使用授权标的。

排他许可，是指授权方和被授权方通过合同约定，除被授权方外，授权方不得另行授权第三方在合同约定的时间和地域范围内，以合同约定的方式使用授权标的，但授权方自身保留使用权。

普通许可，是指授权方许可被授权对象使用授权标的，同时保留授权第三方或自身使用该授权标的的权利，可以再将授权标的物授予其他被授权方使用。

②授权费用。授权金常见计算方式有以下四种。

买断制。在签订合约后一次性支付固定权利金，授权方不参与文化资源开发后的收益分成。这里的买断是指支付方式，不是对独家授权的买断。影视综艺类、阶段式热点IP适合用这种计算方式。

MG（保底版权金）+固定分成。确定授权品类后，授权双方根据项目内容、使用期限、利润估算、市场潜能等因素，确定保底版权金，并约定分成比例。目前动漫市场上很多大IP如美少女战士、龙珠、数码宝贝等，都是采用这种模式，如东映动画IP的固定分成一般是建议零售价的7%~8%，保底版权金则依据IP的热度、知名度及待开发文创衍生品的门类所决定，差异较大，越是知名度高的大IP，授权保底金就越高。

MG（保底版权金）+阶梯式分成。即在保底版权金的基础上，根据文创产品后期销售情况决定分成比例。如某商家拿到了故宫博物院的IP授权，授权品类是美妆类产品，授权期1年，授权费率是零售价的10%，保底版权金是100万元，保底销售量金额是300万元，若实际成交金额在300万元以内，则收取100万元+10%销售额；若实际销售金额超过300万元。授权费率则按零售价的8%收取；若实际销售金额超过500万元，授权费率按零售价的5%收取。如果商家年底成交金额为1000万元，版权金的计算方式为：100万元+500万元×5%+200万元×8%+300万元×10%=171万元。

零保底版权金纯分成。即不收取保底版权金，在合同中约定分成比例及支付方式，可以采用固定比例分成方式，也可以采用阶梯式分成方式。如A文化旅游景区授权某文创公司开发旅游文创产品，采用零保底版权金+10%销售分成的形式，文创产品开发出来后在景区销售，若年销售额为100万元，则在年终支付给A景区10万元分成，不需要支付授权金。这种授权方式适合品牌体量很大或品牌体量很小两种极端情况。

③授权期限。传统IP授权期限一般为1~3年，近年来一些短期授权，如IP联名、快闪店、促销产品等，授权期限则不固定，分为项目授权或者3~6个月的短期授权。

④产权归属。对于授权开发中所形成的新的知识产权，包括著作权、商标权、专利权等，应在谈判期间事先约定其产权归属。职务作品、通过公开征集获得创意方案的作品、多方合作开发的文创产品、品牌联名产品等，尤其需要通过约定明确新知识产权归属，以免引起纠纷。

（4）签订合同。授权合同是上述工作最终产生法律效力的关键环节。授权合同的内容一般包括：授权标的物名称、数量及权利类型，授权时限及地域限定，被授权的类型及适用范围，授权双方的权利和义务，授权产品定价范围、销售渠道或使用方式，对授权产品产生新知识产权归属的约定，违约惩罚等。❶授权合同条款必须清晰明了，不能存在模棱两可或概念模糊的地方，确保合同的严谨性和法律效力。授权合同签订后，应当根据文创授权的实施情况进行实时监督，对合同建立档案并实行动态管理。❷

（三）授权实施阶段

授权实施阶段实际上是把授权标的物通过一定的创意设计转化为授权产品，并通过生产流通和市场机制下的交易，最终实现授权标的物文化价值向社会效用和经济价值的转换。

（1）创意方案形成。在授权方与被授权方签订合同后，按照合同约定，被授权方缴纳保底授权金，如果合同约定保底授权金为0，则跳过这一环节。然后版权方将版权素材交付给被授权方，如授权标的物的高清图像、文字、商标等文化符号，并约定授权使用期限。被授权方在拿到素材后开始进行设计，设计分三种情况，一是授权方对文创产品在产品类型、图像使用方式、设计原则上有明确的要求，甚至对文创产品本身也有明确的想法，被授权商没有太大发挥的余地，必须依照授权方的要求使用IP，很多博物馆在文创授权中对文创开发的每一步进行严格把关，审核通过后被授权企业才能进入下一步操作；二是授权方对版权IP没有明确的使用要求，被授权方提供文创方案，无违反法律、伦理底线等硬伤的情况下，方案一般会通过；三是由授权方和被授权方共同商讨文创设计方案，必须授权方提供版权相关的文化价值、历史背景、制作工艺、符号解读等信息，被授权方则提供创意设计和技术支撑，最终合作形成文创产品。一般而言，在版权方实力比较弱或者IP形成初期，对被授权方的要求不是很高，很多文创项目可以共同完成；但随着版权方实力增强或IP走向成熟，在授权时提出的要求和原则会越来越多，授权金也会越来越高。

（2）版权方审核。在被授权方提供文创方案之后，版权方要对方案进行审核。审核的内容一般包括三部分：一是被授权方有没有按照合同约定的内容和授权类型使用版权，如日本动漫IP的版权划分为动画版权、漫画版权、周边版权和剧场版权，如果被授权方获得的是漫画和游戏的改编权、发行权，就不能利用版权进行文创开发；二是版权使用方对版权使用是否恰当，如文创产品有没有对历史的歪曲、对传统文化的曲解、

---

❶ 国家文物局.博物馆馆藏资源著作权、商标权和品牌授权操作指引（试行），2019年5月颁布。

❷ 窦立敏.博物馆文化产业发展的顶层设计思考：以北京汽车博物馆为例［M］//中国博物馆协会文创产品专业委员会.2015中国博物馆文化产业研究.武汉：湖北人民出版社，2015：142.

对名人的污名化等；三是版权使用中的法律风险，包括权属登记是否规范、能否保护商业秘密、生产厂商的资质是否合格、产品设计及宣传资料是否与被授权IP和商标统一等。

（3）版权监督管理。版权方审核通过之后，授权商品或应用可以进行样品制作、批量化生产及市场投放。版权方需了解产品研发进度、判断授权品类对应的产品是否按合同约定进行开发，产品上市后，把控市场销售情况与版税报表的内容是否一致，是否出现盗版产品，盗版产品可能产生的影响，对版权实行动态化管理，及时维护版权的正当使用权益。

案例：故宫博物院品牌授权流程

1. 申请。被授权方向我院提交品牌合作申请的书面材料，具体材料如下。

（1）品牌授权申请书。

（2）品牌授权项目可行性报告。

（3）被授权方资质、专利证书、发明专利等能够证明企业实力和能力证明材料的扫描件或加盖公章的复印件；国家规定需要特殊资质的企业，如贵金属、烟草生产销售等，应根据国家有关规定，同时提交生产、销售许可等相关资质。

（4）如涉及被授权方以外的发行方、经销商、代理公司等其他企业，须提供详细的相关单位简介、授权证明及资质文件等的扫描件或加盖公章的复印件。

2. 初步审核。主办部门或院属企业对被授权方提供的上述材料进行初审。通过初审的，主办部门或院属企业履行院内报批程序。未通过初审的，主办部门或院属企业退回材料，通知被授权方审核结果。

3. 立项。故宫博物院批准立项的品牌授权项目，根据故宫博物院合同规范，双方协商确定合同初稿，报院合同审定程序后，根据我院最终审核意见，双方签署品牌授权合同和保密协议。

4. 缴费。被授权方依据合同约定，缴纳品牌授权费用及履约保函。品牌授权费核实到账后，可开具正规发票。履约保函按照合同价款的10%收取。

5. 专家指导。按时缴纳品牌授权费用及履约保函后，品牌授权指导专家开展具体指导工作，专家差旅、住宿等费用由被授权方承担。

6. 影像资料。需要我院提供影像资料的，按《故宫博物院影像资料管理条例》的规定办理。

7. 宣传资料审核。被授权方对授权项目及产品的宣传资料，包括并不限于文字、图像、视频等内容，应提前2周书面报主办部门或院属企业。经院办、法律处、主办部门审核，一致同意后方可对外发布。

8. 样品审核。如涉及具体产品的，产品打样完成后，主办部门或者院属企业负责进行样品审核。样品审核通过后，被授权方根据打样审核结果进行批量生产。

9. 公告。故宫博物院品牌授权项目统一于官方网站（www.dpm.org.cn）发布相关信息。

10. 授权项目监管。合同期内，主办部门或院属企业，依据合同对授权项目中的产品、服务及宣传等进行监管。

11. 新闻发布会。

12. 品牌授权项目主办部门进行日常监管，定期向被授权方统计产品销售数量；授权期结束后统计未销售完的产品数量，并监督被授权方是否超过授权期限违约销售。

13. 履约保函退回。合同期满，且被授权方无违规，退回履约保函。

二、文化资源授权的价值链形态

在2018年的"双11"活动中，大白兔与美加净联合推出的唇膏、米奇和Beats合作款耳机等授权商品成为天猫"双11"活动爆款。在2019年的上海授权国际展上，有94%的中国被授权商表示，有IP授权产品的销售额要高于其他产品。可见，文化资源授权是提升产品价值的有效途径，也是消费升级时代产品发展的主流趋势之一。

根据价值链理论，文化生产过程可以按照价值链划分为若干个环节。每一项文化活动都是设计、生产、营销及对文化产品或服务起辅助作用的各种活动的结合，这些活动被称为价值活动。❶ 各项价值活动由一定的连接点衔接在一起，这些连接点往往就是价值生成的重要节点。厉无畏先生在2006年提出创意产业价值链由内容创意、生产制造、营销推广、传播渠道和消费者消费五个环节的价值活动组成。❷

文化创意产品开发的价值链是一个从文化资源到文化产品，再由文化产品产生新的文化资源的产业闭环系统。文创开发价值链的首要环节是文化资源的整理与挖掘，通过对古籍中传统知识、文化场馆中的文物资源、民间的非物质文化资源等浩瀚庞杂的文化资源进行梳理挖掘，整理出能够引领正向社会价值观念、具备市场开发潜力、能够与现代社会生活方式相融合的文化资源。然后通过数字化转化，形成高清图像、3D图像、影像视频等文化符号，文化符号拥有独立的知识产权，与其所依附的品牌、商标一起，成为文化授权的标的物。经过授权环节，文化符号的知识产权从所有者手中转移给使用者，使用者将创意智慧与文化符号相结合，对文化符号进行重组，产生创意设计方案，

---

❶ 李思屈，李涛. 文化产业概论（第二版）[M]. 杭州：浙江大学出版社，2010：344.

❷ 厉无畏. 创意产业导论[M]. 上海：学林出版社，2006：23.

再将创意方案交给生产企业进行制造生产，形成文创产品。在这个过程中文化资源的价值得以增加，新的知识产权由此产生。接下来，营销商对文创产品进行宣传推广，并将文创产品通过多种渠道推向市场，被消费者接触和感知。消费者对文创产品的购买、使用和体验是文创价值链的终端，文化资源的经济价值和文化价值在这一环节最终得以实现。与其他产品不同的是，文创产品及其消费又会形成新的文化资源，成为下一步文创开发价值链的起点。例如，书画、工艺品、人物形象等文化产品本身就是文化资源，对其进行消费也会激发新的灵感，产生新的创意，实现文创价值链新的循环（见图4-1）。

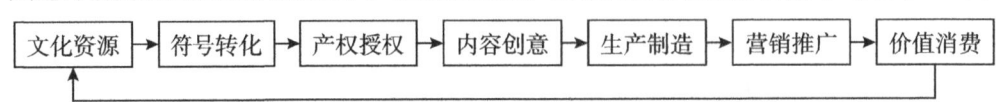

文化资源 → 符号转化 → 产权授权 → 内容创意 → 生产制造 → 营销推广 → 价值消费

图 4-1　文化资源授权的价值链结构

文化创意授权不是单一的线性结构，而是以文化资源为起点，产生若干文化符号，每一种文化符号可以授权给不同的开发主体，每个开发主体利用所获得的文化符号形成若干创意，开发出不同的文创产品，最终形成由点及线、由线及面，"点—线—面"相结合的文化创意网络。文创产品的丰富程度，取决于网络中文化资源的价值、被授权主体的数量、被授权主体的产品转化能力等多个要素，文化资源价值点越多，被开发成文创产品的可能性越多；被授权主体数量越多，能够产生文创产品的种类和数量就越多；被授权主体的产品转化能力越强，开发出的文创产品就越丰富。

第二节 直接授权模式及价值链分析

一、直接授权模式概要

文化资源的直接授权模式是在文化资源版权主体明确的情况下，由文化文物单位直接将自己拥有知识产权作为标的物授权给被授权方，被授权方按照双方合同约定对文化资源进行开发利用，生产出文化创意产品并在市场销售以获取经济利益，同时按约定比例支付版权方授权金及其他相关报酬的模式（见图4-2）。直接授权模式的流程一般是先由文化资源版权方将待授权的文化资源相关信息通过官方网站、招投标等公开渠道发布，被授权方在对授权标的物有意向的情况下，主动和授权方取得联系，双方就授权合作的具体方案进行洽谈并最终签订合同，被授权方按照合同约定缴纳授权金并合理使用文化资源。

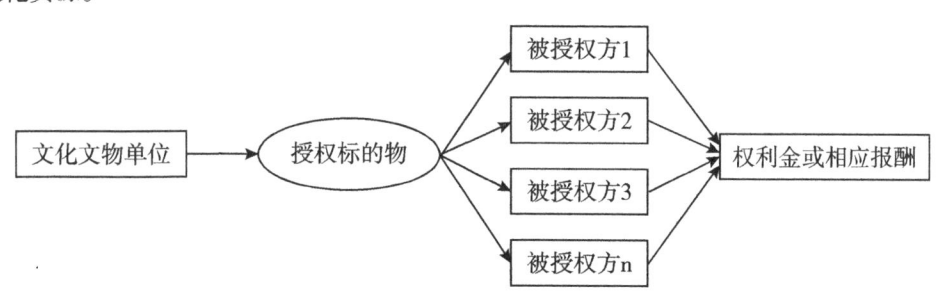

图4-2 文化文物单位直接授权模式结构图

直接授权的方式有很多种，常见的有申请授权方式、授权要约方式、默示许可方式。

申请授权方式。一些比较成熟的版权方会对授权流程采取标准化模式，如直接在网站上公布授权申请表，被授权者在网站上下载申请表并填写提交即可完成授权。随着云授权技术的发展，申请授权技术越来越成熟，文化文物单位可以将待开发知识产权放在官网或授权平台上，用户通过网络申请和云验证，直接获得授权，并签订制式授权合

同。直接授权能够大大提升文化文物单位资源利用的便捷度，降低交易成本。❶

授权要约方式。授权要约是版权所有者直接在授权作品上注明授权范围、授权费用、支付方式等相关信息，以要约形式授权使用者可以在许可范围内直接使用作品并支付相应费用。在国内，钟洪奇的著作《最后一根稻草》是全世界第一本在扉页上刊登授权要约的图书。❷尤其是在互联网时代，只要在授权作品上添加二维码，被授权者扫描二维码，就可以直接看到授权合同并签署协议、支付费用，获取所需资源的使用权。

默示许可方式。即在原作者没有注明版权归属，或者作品经过多个渠道传播，原作者仍无从知晓，使用者想要联系作者需要花费极大的搜索成本的情况下，可以先行使用，并注明出处的做法。默示许可是《著作权实施条例》中对网络作品的版权认定中常用的方法，对于已经在网络上发表的作品，除非版权人明确禁止转载外，他人可以不经其同意将其已发表的作品进行转载，并注明出处及支付报酬，该类行为不构成著作权法中的侵权。❸这一规定对于大量找不到原作者的文化资源同样适用，如一些找不到作者的民间文学作品、绘画作品、音乐作品等，在注明出处的情况下可以直接用于文化创意产品开发，并注明出处，在原作者出现并能够证明版权所有的情况下，支付相应的版权使用费。

直接授权的优点在于操作流程比较简单，文化资源直接从版权所有者手中流通到使用者手中，避免了很多中间环节和程序。同时，文化资源所有者对授权标的物的情况比较了解，通过直接与被授权者接触，能够有效控制整个版权使用的全部流程，维护自身利益，尤其是对版权使用过程中出现的不规范、不合理现象及时进行纠正。目前，很多博物馆在文创授权中主要采用的就是直接授权模式，如台北"故宫博物院"、北京故宫博物院、上海博物馆，以及国外的大英博物馆、大都会艺术博物馆也多是采用直接授权模式。但直接授权模式也存在不足之处，最大的缺点在于一对一的授权模式交易成本太高，授权效率低，大部分授权必须授权者与被授权者面对面谈判，受时间和空间的限制较大。同时，很多文化文物单位并不直接接触市场，对市场需求缺乏敏感，对消费认知不足，在与被授权者打交道过程中缺乏接洽、谈判、拟订合同和签订合同的经验和法律意识，对授权合同执行中出现的违约行为反应也往往比较被动。2011年，浙江省博物馆在对《富春山居图》进行授权后，台湾法蓝瓷股份有限公司没有按照合同约定使用授权

---

❶ "云授权"的概念最早出现在2009年，用于产品比特平台，是一种特殊形式的电子授权技术，可以将软件授权所需的数据、算法及安全信息存储在互联网服务器上，用户通过应用程序与服务器建立链接，使用服务器中的资源。目前这项技术已在游戏软件、移动应用软件领域广泛运用。

❷ 黄怡.数字环境下版权授权模式比较研究与完善分析[J].法制博览，2015（3）：81-82.

❸ 参见《最高人民法院关于审理涉及计算机网络著作权纠纷案件适用法律若干问题的解释》（2003）第三条。

标的物；2019年，故宫博物院授权"故宫淘宝"开发的彩妆因质量问题全线停产受到公众质疑，进而影响到故宫博物院的品牌信誉度。这些问题均是因监督难度太大或文化文物单位精力有限所带来的。授权后的监督管理困难成为直接授权模式的最大制约因素。

二、直接授权价值链分析

直接授权的相关主体是授权者与被授权者，授权结构比较简单，授权流程和授权环节比较固定，权利主体之间的产权交易方式相对简明，适用于规模较小或版权明确的文化资源授权。直接授权的价值链形态是价值复合递增形态，以授权标的物中的价值为原点，经过资源版权方的专属或多方授权，形成若干个价值增长点；在产品设计环节，每个价值增长点与被授权方的创意智慧及其他文化元素相结合，形成新的知识产权，也是授权标的物的文化价值和社会价值得到提升；在生产制造环节，授权标的物的价值内涵转化为有形产品或服务，具备了具体的表现形态；在营销推广环节，授权标的物的价值被更多群体知晓并接受认可；最终通过消费环节，将授权标的物的文化价值转化为市场认可的经济价值。

直接授权模式是典型的伞状结构模式，从某一价值原点出发，在授权、设计、生产制造、营销等每一个环节实现价值的多向递增，最终在消费环节使价值得以实现。这个过程同时也是文化价值增长和传播的过程，通过授权、文化创意开发及文化消费，让文化价值在更多群体中得以传播。

三、典型案例：大英博物馆

大英博物馆的文创授权模式主要是直接授权模式。大英博物馆拥有来自非洲、欧洲、亚洲、古埃及、苏丹、中东、希腊、罗马等世界各地和各个时期的藏品资源，其授权业务由成立于1973年的大英博物馆股份有限公司负责，该公司是隶属于大英博物馆的非营利机构，通过大英博物馆影像网站[1]（The British Museum Images）面向全球开展文创授权，提供的资源包括高清图像、3D图像、视频片段、科学图像和定制摄影等，目前共有大约5万张图片在网站公布，每张图片都配有藏品尺寸、材质、年代、作者、图像ID、所属部门、搜索关键词、背景介绍、联系方式等信息，供用户浏览参考。但这只是800万藏品中的一小部分，网站每周都会上传新的图片，可供人们用于浏览、下载、研究、商用及其他各种用途。

---

[1] 大英博物馆影像网站：http://www.bmimages.com/help.asp.

注册用户可以通过浏览、关键词搜索、编号搜索等多种方式查找所需图像，将图像放入购物车，添加到收藏夹，计算授权价格或者打印图片等，如果需要获得更高清晰度的图片或用于商业开发，则需要下载申请表，与网站的客户经理取得联系，向网站提出授权申请。使用者需要在申请时对申请授权的图像用途、所应用地域范围、申请数量、应用的媒介载体等具体事项作出说明，网站由此进行图像授权费用的核定。被授权人需要在网站上确认并与博物馆签订授权合同，支付授权费用，下载影像资料，完成授权环节。但图像网站上只有大英博物馆的部分藏品，如果想要使用没有在影像网站上公布的藏品图像，则仍需与大英博物馆进行线下沟通。

近年来，大英博物馆开始谋求在全球范围内的发展，与很多国家开展授权合作。2016年，上海品源文华取得了大英博物馆所有馆藏资源在中国的文创产品开发授权，品源文华以大英博物馆藏品资源的高清图库和三维影像为核心资源，面向中国市场开发文创产品，与不同行业的其他品牌开展联名合作，如智能手机、化妆品等，开发出了500余种文创产品，并于2018年12月在天猫开设大英博物馆旗舰店。大英博物馆商务总监罗德里克·布坎南表示："探寻以不同的方式将大英博物馆的馆藏与全世界分享，是大英博物馆的重要使命。所以，这一次我们很高兴可以进一步深化与品源文华及天猫的战略合作，共同开发全新授权商品和零售体验，让更多中国消费者可以在大英博物馆的'奇妙世界'中遨游。"除了品源文华，大英博物馆在中国长期合作的授权商家还有Kindle、FION、She's及晨光文具等，所生产的文创产品都很受中国消费者的欢迎。

第三节　委托授权模式及其价值链分析

一、委托授权模式概要

文化资源的委托授权模式是指文化资源版权所有者（版权方）委托第三方开展的授权活动。在这种模式下，文化文物单位不直接作为授权方，而是委托授权经纪代表自己作为授权方与被授权方接触谈判并签订合同，被授权方按照合同规定使用授权标的物并向授权经纪支付授权金，然后由授权经纪按照与版权方的约定，将授权金反馈给版权方的授权模式（见图4-3）。

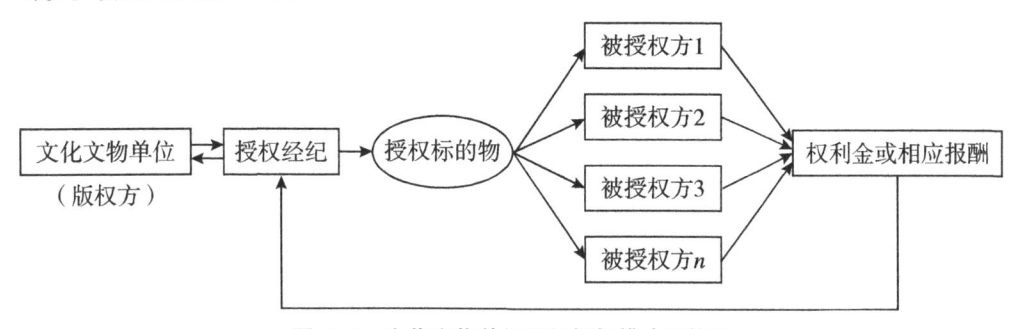

图 4-3　文化文物单位委托授权模式结构图

委托授权模式是社会分工和文化产业充分发展的结果，随着社会分工越来越细，文化生产和文化经营越来越成为两个独立的产业门类，文化资源的版权拥有者往往是艺术、收藏家等文化群体，在文化资源的商业经营方面未必擅长。由此产生了专门的文化经纪公司，负责文化产品的宣传推广和产业化运营。比如，画家专门负责画画，画廊负责对画家作品进行推广营销。授权经纪属于文化经纪的一个门类，由艺术授权机构或文化授权公司构成，主要经营文化资源的产权交易及管理，是一个新兴产业门类。授权经纪是连接文化资源版权主体和版权使用主体的重要渠道，可以解决授权方和被授权方之间的信息不对称问题，一方面通过授权经纪的宣传推广，可以让授权标的物被更多的社会群体知道，产生更多潜在被授权方，扩大文化资源的市场空间；另一方面，对于被授权方而言，可以了解到更多可供使用的文化资源，选出更适合的文化资源。因此，授权经纪的存在往往是市场信息不对称、交易成本高的优化方案。在文化授权的委托模式中，授权经纪所扮演的不单是交易中介的角色，还具有文化意义传播和授权营销的功能，因此还承担着市场策划人、形象包装者的角色。❶ 在委托授权中，文化资源版权方、被授权方、授权经纪三者对外形成利益共存、风险共担的命运共同体，对内则需要通过协商解决合作方式及利益分成问题，任何一方都会慎重选择另外两个合作伙伴，以保证己方利益能够最大限度地实现。

根据授权经纪的不同类型及其在授权中的权限划分，可以将委托授权分为代理授权、中介授权、平台授权。

（一）代理授权

代理授权是指文化资源版权方将版权委托给代理商机构，代理商代表版权方与被授权者进行协商、沟通并完成授权环节的模式。代理商作为中间机构，首先与版权方进行谈判并签订委托授权合同，明确代理商的职责和权限，并确保版权方通过授权取得的利益不受损害。比如，授权代理商360ep在代理博物馆开展业务时，其权责包括：替博物馆完善授权策略并计算出潜在的收益、代表博物馆与每个潜在的目标客户沟通协商并订立备忘录、针对授权合约与博物馆的法律部门进行讨论等。在签下授权合同后，代理商往往以版权方的名义与被授权方进行沟通、谈判，商讨授权具体细节，并最终经版权方同意后签订合同。代理商往往具备专业的沟通谈判能力和市场判断能力，拥有广阔的被授权商客户资源，可以帮助授权商迅速扩展授权市场，扩大授权规模，提升知名度，在授权方面拥有更专业的水准。

代理授权模式在国际上已经形成非常成熟的授权市场，如英国有600多家版权代理机构，美国有800多家版权代理机构。❷ 古根海姆博物馆自2005年起，以360ep公司作为其授权代理商代理博物馆的授权业务。我国代理授权业务开展比较晚，目前较为成规模的授权代理商主要集中在台湾地区及大陆一线城市，如台湾地区七项创意公司作为法国国家博物馆联合会（RMN）指定的授权代理商，代理包括卢浮宫博物馆、凡尔赛宫博物馆、蓬皮杜国家文化艺术中心、毕加索博物馆在内的十多家博物馆在大中华区的藏品图像授权业务；Artkey艺奇文创集团是中国台湾首个华人艺术授权中心，主要签约当代优秀华人艺术家，对其艺术作品进行授权推广，目前已签约包含齐白石、刘国松、吴作人等在内的700多位艺术家，建立全球数量最大的华人艺术影像资料库；此外还有祥

---

❶ 徐海龙．文化经纪人概论［M］．北京：北京大学出版社，2010：30．

❷ 黄怡．数字环境下版权授权模式比较研究与完善分析［J］．法制博览，2015（3）：81-82．

泷（Art Source）、最靡（Mini Design）、台创事业（Taiso）等，也都是比较成熟的艺术授权代理商。

代理授权模式的优点在于由专业的授权团队进行授权，降低了版权方的交易成本，提高了授权效率。知名的授权代理商拥有较好的市场资源，可以引入更多有潜力的被授权商与授权商进行合作，为版权方开拓更为广阔的市场。但如果版权方没有找到规模大、知名度高的代理商与之合作，则代理授权模式不易开展。尤其对于授权市场刚进入起步阶段的中国，成熟的授权代理商尚未成规模，代理授权模式尚不具备全面开展的条件。

（二）中介授权

中介授权是指文化资源版权所有方将授权业务委托给专门从事授权工作的授权中介，由授权中介代替自己与被授权方进行谈判、签订合同并进行授权的模式。文化文物单位需要首先与中介授权商签订委托授权合同，就中介授权商的业务权限、双方合作方式和收益分配进行约定，之后中介授权商代表文化文物单位与被授权方进行谈判。与授权代理方式不同的是，中介授权商全权代表文化文物单位进行授权，不需要每项授权再经过文化文物单位的许可和签署，因此，中介授权的交易成本更低，授权效率更高。一般情况下，中介授权在授权环节会提供定型化的授权合同文本，这个文本由版权方指定，被授权方只需知晓合同文本内容并签字，合同就可以生效，不需要再经过版权方的审核。文化领域的授权中介业务在国内还没有成型，在国际上，比较有名的授权中介商有意大利的 Scala Archive 公司，美国的 Corbis 公司、Art Resource 公司等。

以著名博物馆授权中介商 Scala Archive 公司为例，Scala Archive 是全球规模最大的影像授权代理商之一，拥有来自全球多个国家包括绘画、雕塑、建筑、考古、古典及现代艺术、装饰艺术、摄影、时尚设计等领域在内的各种形式的高清图像，可以面向所有媒体进行授权。Scala Archive 公司的核心资源是意大利艺术，同时还拥有来自欧洲国家、美国、俄罗斯、中东及远东国家、非洲国家等全球 30 多万张博物馆的数字图像资源。Scala Archive 公司认为，提供高清图像不是博物馆的主要职责，因为博物馆在迎合外部市场需求，尤其是短期需求方面反应并不敏感，而 Scala Archive 公司则专注于博物馆图像授权，能够在提供高质量图像的同时，为企业在艺术授权的版权和图像利用规则方面提供最权威的法律咨询和市场趋势分析。通过中介授权，博物馆、文化机构、艺术收藏机构等可以在没有任何额外费用的基础上获得更加稳定的衍生品收入保障，而衍生产品的开发和销售也会促进艺术品本身知名度的提升和艺术品机构附加价值的提升，因此博

物馆等艺术机构也愿意与授权中介进行合作。❶

（三）平台授权

平台授权是指文化文物单位将授权标的物交给固定的授权平台，由平台统一对外授权的模式。平台可以由社会企业或非营利组织建立，一般分为线上平台和线下运营机构两部分。❷文化资源版权方首先将授权标的物委托给平台，再由平台委托给被授权者，实际上是经过两次授权，因此也被称为"再授权"机制。平台授权的运营方式有很多，一种是由多个文化资源版权方组成联盟，制定共同的授权规则，由联盟代表版权方统一进行授权，被授权者与联盟签署授权合同，并将授权金支付给联盟平台，联盟平台成立统一的文创品牌，制定统一的授权规则和商业运营模式，并将文创授权金按合同约定返还给联盟成员单位。典型代表是法国的国家博物馆联合会（RMN），是法国34个文化文物单位的文创授权联盟，代表联盟成员承担这些博物馆的文创授权业务，申请者通过RMN的影像网站就可以获得影像的使用权，并交付影像使用费，RMN再将影像使用费以授权金形式返还给版权所在博物馆。江西博物馆文创联盟、全国图书馆文化创意联盟是联盟授权在国内的实践尝试。

第二种运营方式是第三方平台运营，即专门的第三方授权平台公司，在上游与版权方建立联系，搜集文化资源版权，作为平台运营的内容资源，对版权资源进行宣传推广，在下游与被授权者建立联系，对潜在被授权者的资质、能力进行认定和筛选，选出版权最适合的被授权方，通过版权资源和使用者之间的配对，建立授权合作关系，完成授权合同的签订和权利金的收取，并将权利金返还给版权方。最典型的案例是阿里鱼，阿里鱼是阿里巴巴旗下的在线版权交易平台，承载着文娱与电商两大产业，倡导"IP2B2C"全链条文创开发（见图4-4），在IP2B环节，搭建业内最大的授权平台，汇集全国400多个IP矩阵，涵盖艺术文创、影视动漫、游戏娱乐等多个领域，并借助阿里巴巴的大数据资源和算法，帮助授权方和被授权方进行IP指数评估、IP商家匹配、品类开发规划等，让授权合作更为精准。在B2C环节，阿里鱼通过大数据测算出不同消费人群的文创消费偏好，给被授权方提供文创开发市场基础参考，并通过淘宝、天猫、支付宝、优酷等阿里生态体系，助力营销推广。目前，阿里鱼已经与大英博物馆、梵高博物馆、中国国家博物馆、故宫博物院等国内外100多家文化文物单位开展合作，进行超级IP授权。

---

❶ 参见Scala Archive公司网站：http://www.scalarchives.com/web/presentazione.asp.
❷ 荣跃明.博物馆文化创意产品开发研究［D］.上海：上海大学，2018.

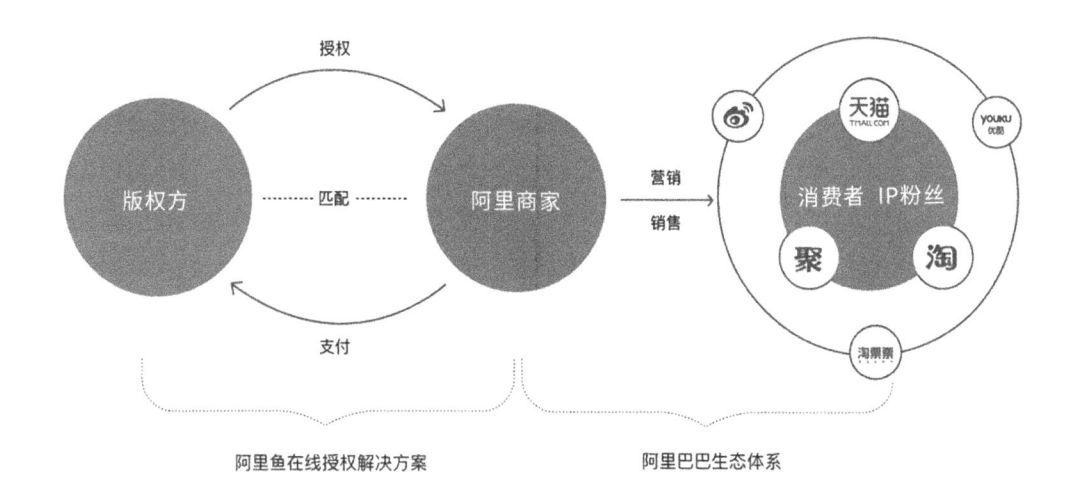

图 4-4　阿里鱼一站式在线版权交易示意图

平台授权能够有效解决文化资源分散、授权成本过高和管理不规范等问题，尤其是对广大中小型博物馆、非物质文化遗产传承人、传统知识等传统文化资源，资源相对比较分散，且版权人市场化程度不高，没有专业的授权经营经验，宣传推广能力有限，通过统一的平台授权能够大大提高授权的专业度和授权效率。然而平台授权在中国仍处于摸索阶段，近年来出现的授权平台，多是依托具有 BAT 等头部互联网平台，借助其平台成熟的运营能力和客户群体，打造授权、生产、销售一体化的闭环平台。例如，百度的爱奇艺、阿里巴巴的阿里鱼，腾讯的鹅漫 U 品、网易的"网易聚玩"等。

即使有强大的互联网企业做背书，如果平台的运营模式和经营理念不清晰，仍会面临被淘汰的命运。如腾讯于 2018 年成立的衍生品平台鹅漫 U 品，想借助腾讯的流量优势，吸引衍生品产业链上的所有参与者加入平台，将以往从版权方→代理方→品牌方→电商平台的单箭头产业链模式，变成所有参与者都指向鹅漫 U 品的 B2B2C 平台。比如，A 公司有好的 IP 版权，B 公司是优秀的衍生品生产企业，C 公司擅长做衍生品供应链服务，鹅漫 U 品的作用就是将三家企业整合起来，在平台上为它们提供合作的机会，实现共同的利益，同时，在产品生产出来之后，鹅漫 U 品又进一步承担起终端销售平台的角色。然而经营不到一年半时间，鹅漫 U 品就宣布下线，究其原因，和鹅漫 U 品对授权平台的认识不到位有很大关系，鹅漫 U 品将自己错误地定位为"腾讯衍生品生态平台"，所谓生态平台，就不是真正的授权平台，而是服务于 QQ 生态的衍生品，因此在制度预案和产品设计上，鹅漫 U 品将自己局限在了腾讯体系的附属位置，而不是全球范围内开放的授权平台，最终格局决定命运。

二、委托授权价值链分析

与直接授权相比，委托授权的参与主体增加了授权经纪，权利关系不再是版权方和被授权方两者之间的关系，而是版权方、授权经纪和被授权方三者的关系，价值链构成更为复杂。版权方仍是文创价值链中的供应方，是价值产生的基础，版权方将文化资源进行整理，将分散的文化资源整理成著作、品牌、商标、专利等具有知识产权特征的授权标的物，形成授权环节的初始价值。授权经纪则将分散的知识产权聚集在统一的平台上，通过平台的宣传、策划和推广，使授权标的物的价值得到提升和扩散。授权经纪参与下的委托授权模式的实质是一种知识产权中介的商业模式，即著作、商标权、专利权等知识产权通过授权经纪这一中介环节最终与市场或产业要素连为一体。❶ 因此，授权经纪的实质是知识产权中介。授权标的物通过授权经纪聚集在一起，由授权经纪统一进行授权并收取授权金，授权经纪再按照合同约定，将授权金按规定方式和一定比例反馈给版权方。

委托授权的终端是被授权商，被授权商并不是完全被动地接受授权商提供的授权标的物，而是根据自己与市场和消费者长期接触的一线经验，将市场上受欢迎的元素及消费者的市场需求反馈给代理商，由代理商将反馈信息进行整理提供给授权商，从而将有用的市场信息用于授权产业的良性循环上。例如，日本本地厂商反映，日本人喜欢和风，和风最大的特点是以黄色、典雅的色调为主，带有碎花或花鸟图案，拥有金碧山水图和风图案的商品最受日本市场的欢迎。这一信息反馈到授权商环节，就可以帮助授权商在文化资源选取时有意识地侧重和风元素的文化产品。

在委托授权价值链中，授权标的物的价值经过三次提升，第一次是在版权形成环节，版权方通过挖掘整理、评估和数字化工作等，形成授权标的物的初始价值；第二次是在平台授权环节，授权经纪对授权标的物进行创意设计、宣传推广，提高授权标的物的附加价值，使其经济价值和文化价值得到同步提高；第三次是在创意设计环节，被授权方在取得版权之后，对授权标的物进行创意设计、生产加工，形成新的知识产权，使授权标的物的价值再次增值，形成最终的文化创意产品并流通到市场。经过消费者购买并消费体验后，授权标的物及文化创意产品的文化价值、社会价值、经济价值最终得以实现。

三、典型案例：法国卢浮宫

卢浮宫博物馆成立于1793年，如今在衍生品开发中主要采取委托授权的模式，将文创开发权委托给法国国家博物馆联合会和大皇宫（RMN-GP）。RMN-GP的前身是成

---

❶ 陈少峰，张立波.文化产业商业模式[M].北京：北京大学出版社，2011：162.

立于1895年的法国国家博物馆联合会，成立宗旨为筹集管理收购艺术作品的基金，丰富国家馆藏，从1990年起被法国文化暨宣传部赋予开发工商业的角色，共有法国32家博物馆和2家美术馆作为联盟成员。2015年，RMN-GP旗下位于法国各大博物馆中的38家实体纪念品商店和网上商店共接待顾客610万人次，实现销售额5450万欧元，衍生品开发与销售是其主要业务板块之一。RMN-GP取得了30多家博物馆纪念品商店的经营权，根据客户需求和藏品特点为50多家博物馆提供衍生品3000余种（每年新增约50个新产品），年销售量达650万件。[1]

在藏品影像授权方面，RMN-GP主要通过下属的摄影社（L'agence photo）进行授权管理。摄影社成立于1946年，一直负责法国国家博物馆藏品摄影，拥有包括卢浮宫博物馆在内的80万件摄像影像，自2015年10月起，摄影社将藏品影像在网站公布，每张高清影像都有与博物馆策展人合作编写作品的国家、作者、年份、来源、风格类型、历史背景等基本信息，被授权方可以通过网站下载授权申请表，填写申请使用的方式、用途、使用范围、使用期限等基本信息，提交给摄影社官方网站审核通过后，支付一定的影像使用费用，即可获取影像使用权。2017年，卢浮宫还通过摄影社与谷歌公司合作推出谷歌艺术计划，对卢浮宫的街景、走廊、雕像作品等进行虚拟扫描，用户可以在谷歌应用上对卢浮宫进行3D参观。

同时，卢浮宫博物馆内仍受著作权保护的藏品或者未取得著作权的藏品，其著作权则采用集体管理模式，由法国视觉艺术创作人协会统一管理和授权。如果被授权方申请使用该类藏品的版权，需要向协会提出申请并缴纳授权金。值得注意的是，无论是photo agency还是法国视觉艺术创作人协会，授权的都是负责授权标的物的著作权或版权的使用，而不涉及授权标的物本身的所有权。

卢浮宫在委托授权中采用RMN及其代理机构photo agency平台授权和视觉艺术创作协会版权集体管理相结合的模式，RMN的授权费用由photo agency代为收取，并逆向反馈给国家财政，用作国家数字典藏的资金投入。法国视觉艺术创作人协会所收取的版权使用费，则能够分配给创作人和博物馆。可以看出，法国博物馆的委托授权模式，做到了藏品所有权和使用权的分离，博物馆并未参与到具体的授权过程中，通过委托授权，既保证了博物馆作为公益组织的非营利属性，又使藏品的版权得到充分的商业化使用，使藏品的社会效益和经济效益得到充分发挥。[2]

---

[1] 朱晓云.从卢浮宫看法国博物馆衍生品市场的演变［N］.中国文化报，2017-02-17.
[2] 王秀伟.文化创意产业视域下的博物馆文化授权研究［D］.合肥：中国科学技术大学，2016.

第四节　合作开发模式及其价值链分析

一、合作开发模式概要

合作开发模式是指文化资源版权方以文化资源版权或品牌为基础，与第三方开展合作，共同开发文创产品的模式。随着 IP 授权产业的发展，越来越多的行业和品牌与文化文物单位开展合作，在授权合作模式和商业开发模式方面进行了许多新的尝试，品牌合作、跨界融合成为 IP 授权的更高阶表现形式。2018 年被称为中国 IP 授权元年，在这一年，中国的 IP 授权行业得到了突飞猛进的发展，文化资源开发开放也由此进入最好时期。从文化资源到文化需求、到文化 IP，再到文化产业，每一步都蕴藏着大学问、大情怀和大智慧。在市场竞争中，被授权方看中自身产品的差异性和高品质，了解文化资源和其背后的故事，通过设计创造出真正意义的产品故事，能够提升产品的文化附加值，在同质化产品竞争中取胜。授权方通过与其他企业和品牌合作，盘活文化资源，让文化遗产背后的文化故事和知识价值的传递突破行业限制，将文化资源转化成文化产品，进而实现文化资源在更广阔范围内的传播和推广。消费者从产品中得到文化认知和情感共鸣，进而发自内心地接受它、喜欢它，找到能够体现自我个性和情感的产品，从而对文化产生真正的认同和接纳。因此，文化资源的合作开发模式成为文化创意产品开发的主流模式和未来发展趋势（见图 4-5）。

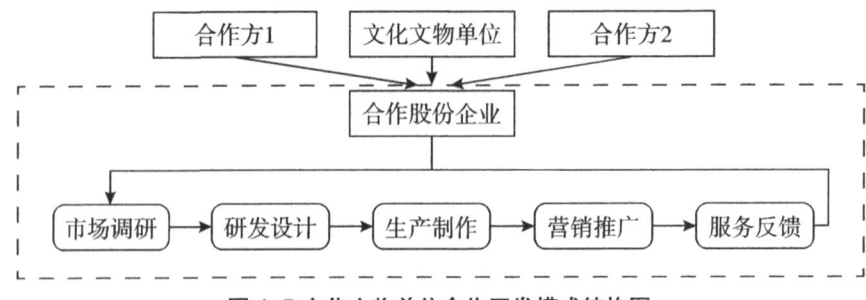

图 4-5 文化文物单位合作开发模式结构图

合作开发的方式有很多，常见的方式有如下三种。

（一）产业链合作

产业链合作是最初形态的合作方式，围绕特定文化资源版权，由授权方和被授权方共同完成一项文化创意产品或项目，具体分工情况和合作收益分配由双方通过合同进行约定。

在文化创意产品产业链合作中常用的是设计大赛授权，很多文化创意产品的创意都来源于文化产品创意设计大赛。设计大赛授权的逻辑是：由文化资源版权方针对特定文化资源选定大赛主题，在全社会范围内公布大赛规则及奖项设定，吸引更多社会力量参与文化创意产品设计，通过评委评奖产生获奖作品，并以获奖作品的创意为原型生产转化出文化创意产品，获奖作品的作者将获得大赛主办方颁发的获奖证书、荣誉称号及奖金，获奖作品的知识产权则归大赛主办方所有。例如，在2020年北京市文物局参与并承办的北京文化创意大赛中，设立了文博产品设计赛区，以"北京中轴线文化内涵挖掘与创作""新北京节日礼服创意设计""中国古代智力玩具之民间棋"和"中国24节气文化创意设计"四大主题为对象，向广大文博机构、大专院校、企业、个人及媒体发出邀请，征集文化创意产品设计方案，并通过文博共创合伙人机制，实现大赛与博物馆文创开发的对接，为赛后产品授权及市场转化创造条件。❶

产业链合作的第二种方式是文化资源版权方提供文化元素，被授权方结合市场需求和文化元素特色，提供创意设计，双方共同开发出文化创意产品。如2016年，上海博物馆与"CC卡美"珠宝公司开展授权合作，CC卡美从上海博物馆提供的馆藏资源中提取出46个文物元素，包括青铜、陶瓷、绘画、工艺等，结合当下的语境、流行工艺进行再创作，生产出了12类首饰系列450件首饰，实现文创产品升级换挡，提升品牌形象。2018年年底，故宫博物院与华熙生物旗下品牌润百颜合作开发出"故宫口红"，故宫博物院从中国特色建筑故宫和清代后妃服饰中汲取灵感，设计出口红外观及色号，并以"郎窑红""碧玺色""枫叶红"等命名，华熙生物作为全球最大的透明质酸（俗称"玻尿酸"）原料生产商，为故宫口红提供玻尿酸原料，保证口红具有保湿、淡化唇纹的功效。

（二）品牌合作

品牌合作是拥有较高知名度、影响力和美誉度的文化品牌与其他品牌合作，共同开发文化创意产品。品牌合作中的授权是相互的，可以是甲方的工艺与乙方的产品相结

---

❶ 2020北京文化创意大赛·文博创意设计赛区赛事正式启动［EB/OL］.（2020-07-29）［2020-08-08］. https://www.163.com/dy/article/FIQ4CG9M0538944Z.html.

合，也可以是甲方的产品与乙方的文化元素相结合，在合同签订中会明确双方的权利和义务，并对收益分成进行事先约定，品牌合作中可能不存在授权金问题。

品牌合作可以是老字号与新业态的合作。比如，以做朝靴起家的布鞋老字号内联升，尝试与影视IP合作，2016年以众筹方式推出《大鱼海棠》系列布鞋，两周时间就筹到了1600双。诞生于1959年的"大白兔"奶糖，在2016年与国家博物馆联合打造文创礼盒，和太平洋咖啡合作推出大白兔牛奶味拿铁；2018年与美加净联名开发出大白兔润唇膏，在天猫旗舰店预售半秒钟卖空920支；2019年和气味图书馆合作推出大白兔奶糖味香氛、沐浴乳系列，与太平鸟旗下乐町推出印有大白兔LOGO的服饰。

品牌合作也可以是两个或数个知名品牌的强强联合。2018年大英博物馆与上海博物馆合作，在上海博物馆举行"大英博物馆百物展：浓缩的世界史"，在这次特展中，上海博物馆与近十家社会机构合作，引进开发了160余款文创产品，其中有50余款是上海博物馆自主研发的，如上海博物馆与一家食品公司通力合作，花费了四个月设计出一款"小小埃及人"巧克力，同时，还有很多文创产品是从美国大都会博物馆、德国柏林博物馆、英国大英博物馆引进的。特展期间，这些文创产品的销售总额超过300万元，后期在大英博物馆的天猫旗舰店仍持续产生收益，创下上海博物馆有史以来特展相关文创产品的销售新纪录。这次文创开发业绩的取得是上海博物馆与世界知名博物馆、国内文创企业合作开发的结果，也说明国内文创开发早已经过了单打独斗、走进联合开发的阶段。

（三）跨界融合

在文旅融合的时代背景下，文化资源与其他产业的融合发展成为常态，授权的形式变得更加隐蔽和灵活多样，如文化资源版权方可以知识产权形式入股，参与文化旅游项目的开发、城市环境设计、工业遗址利用等，所产生的结果也不再局限于有形的文化创意产品，还包括各种有形产品和无形的服务。文化资源转化为文化资本，从更广义的角度参与社会生产生活的方方面面，产生的收益以股份或分红的形式反馈给版权方。

还以博物馆为例，博物馆通过与其他产业的跨界融合，可以产生很多新的文化产品类型。比如，博物馆与旅游演艺融合，博物馆作为文化圣地，具备开展剧场、秀场、实景演艺等业态的天然优势，秦始皇兵马俑博物馆推出的大型史诗类演艺节目《秦》秀，将现代科技与历史文化相结合，用光影、杂技、武术等多种元素再现大秦雄风。博物馆与趣味体验结合，武汉博物馆开展"行走的课堂"系列体验，其中有"墓葬探秘"课程，带领小学生"探秘武汉三国吴墓"。博物馆与影视综艺融合，在国外，《卢浮魅影》是卢浮宫与影视的首次跨界合作，《达·芬奇密码》让更多人见识到卢浮宫的魅力，这些细节让传统文化的热度迅速上升，在社会上掀起了"国风热"。博物馆还可以与特色住宿结合，如美国 21 世纪路易斯维尔博物馆酒店、法国美居里昂艺术博物馆酒店、新西兰惠灵顿博物馆酒店、土耳其博物馆酒店等，让人们体验到穿越回过去生活的乐趣。

二、合作开发价值链分析

合作开发的价值链比较复杂，涉及的主体包括合作双方（多方）与各自的授权对象，形成一个多维立体的价值体系。合作方从各自的立场出发，寻找到共同利益点和价值共鸣点，是合作的基础。在合作中各方必须进行谈判、沟通和磨合，确定合作方式和具体合作路径，各方的权利义务、职责范围及收益分成、风险承担机制等。在签订合作协议后，合作各方也可以寻求各自的被授权商进行项目的再授权。比如，上文中上海博物馆与大英博物馆合作开特展，上海博物馆作为合作一方，还可以继续委托其他社会企业针对特展文物开发文创产品。在合作开发中，授权并不一定以权利金的形式表现，有可能授权是相互的，如品牌授权，大白兔与郁美净两个国产老字号的品牌合作，实际上是相互授权的结果，生产出的大白兔沐浴露可以作为双方共同的产品售卖，也可以通过合同形式约定由其中一方售卖。也有可能授权金是以股份形式体现出来的，如博物馆以其所掌握的文物资源数字化版权作为股份，参与某个文旅项目开发，与多方共同承担风险和享受分红。

从价值生产的角度来看，与直接授权和委托授权相比，合作开发具有多维价值增长机制，通过资源共享，合作各方的品牌都会产生附加值效益，提升各自品牌的知名度和影响力，尤其是品牌之间的强强联合，可以产生品牌之间信誉度和影响力合作加成，形成乘数效应。不足之处在于一旦合作方选择不慎，将会影响到本品牌的社会声誉和经济效益。

三、典型案例：杜甫草堂与肯德基的合作

2019 年 2 月 27 日，成都杜甫草堂博物馆与肯德基合作，联合打造"天府锦绣"主题餐厅。在这次合作中，杜甫草堂博物馆以艺术授权的方式，将传统文化元素与肯德基的现代时尚文化进行结合，形成了东与西、快与慢不同文化风格的融合，社会反响热烈。

对于合作的契机，杜甫草堂博物馆产业发展部负责人黄萍进行了分析，她认为，杜甫草堂与肯德基在文化上有很多共同点：一是受众群体的重合，杜甫草堂的社会教育群体是广大青少年，肯德基的消费群体是家庭亲子，受众群体的重合是二者进行合作的市场基础；二是发展战略上的契合，肯德基需要通过本土化元素的植入为自己寻找更多的

文化融入感和认同感，杜甫草堂需要通过现代化方式走出刻板守旧的印象，让更多年轻人接受，因此两家一拍即合，促成了此次合作。

　　双方的合作体现在形式上，首先是从餐厅装修风格和文创产品方面营造浸润式文化环境。肯德基餐厅在装修过程中，加入了很多杜甫草堂的文化元素，如餐厅屋顶装饰采用杜甫草堂传统建筑"大雅堂"的传统祥云图案，落地窗玻璃上贴着以杜甫草堂风貌幻化成的图案。墙上描绘着唐朝人的生活场景，餐桌上还摆放"今日宜读诗"的周历及杜甫经典诗歌。取餐台的3D影像更是还原了杜甫草堂的四季风景及杜甫关于春夏秋冬的诗歌。两家还联合研发了特色文创产品，开发"少陵碑亭"图案的冰激凌，将"花径"用于肯德基薯条包装，将杜甫草堂馆内建筑以水彩画形式绘制在杯套上，这些文创产品都受到广泛欢迎。

　　在具体合作项目上，杜甫草堂将其社教项目"草堂一课"引入肯德基餐厅，吸引就餐的小朋友到杜甫草堂参与其他课程，形成一种客源上的互惠。孩子们还在肯德基餐厅参加古诗弹唱《春夜喜雨》合唱团，体验线装书制作、传拓技艺、盆景修剪等课程，体现传统文化的魅力。在这里，肯德基不仅是一家快餐店，更是主题展示场馆和文化体验空间。

　　实际上，上述三种授权模式在现实中经常会被综合使用，如同一个版权主体，可以同时运用直接授权、委托授权和合作开发三种模式。一般而言，如果文化资源具有一定的影响力和知名度，社会认知度高，授权标的物类型丰富，就可以通过直接授权方式对品牌进行授权，通过委托授权的方式对众多授权标的物进行授权开发，通过与其他品牌合作对知名授权标的物进行开发。比如，美国的大都会艺术博物馆，因为在世界范围内拥有较高的品牌知名度和影响力，不需要委托授权商或授权中介对其品牌进行代理，而是直接管理博物馆的品牌授权业务。大都会博物馆在其网站上列出针对博物馆品牌的国际授权计划，任何生产商和零售商都可以通过电子邮件或电话直接与博物馆联系洽谈授权业务。而对于藏品的影像授权，大都会博物馆则委托 Art Resource 公司为代理授权商，代理其在北美的业务，北美以外的业务则主要委托授权平台开展，如在欧洲的授权业务主要委托法国国家博物馆联合会（RMN）开展。综合授权模式的复杂性决定了其价值流的多元性和交叉重合性，比较适合大型文化机构的文化资源授权。

第五节 开放版权模式及其价值链分析

一、开放版权模式概要

开放版权（Creative Commons）是一种新型的授权方式，中文也翻译为知识产权共享协议，是一个美国非营利组织 2002 年在国际上发起的活动，截至目前大多数国家加入并完成本地化，主要针对设计、摄影、图片作品等领域，其宗旨在于增加创意产品的流通可及性，作为其他人据以创作及共享的基础。"开放版权"这一理念的提出，是针对传统的著作权保护。传统的著作权保护通常是两个极端，一端是"保留所有权利"，另一端则是"不保留任何权利"（即公有领域，Public Domain），开放版权则试图在两者之间寻找平衡，使创作者在保留部分权利的同时，将其他权利分享给社会大众，通过知识共享扩大作品的影响力，扩大全社会可供利用的知识产权存量，激发全社会创作活力。

CC（Creative Commons）是一个相对宽松的版权协议，使用者可以选择以下 1～4 种权利组合：署名（Attribution，简写 BY），使用者可以复制、发行、展览、放映、广播或通过信息网络传播本作品，但必须对作品进行署名；非商业用途（Non Commercial，简写 NC），使用者可以自由复制、散布、展示及演出本作品，但不得用作商业目的；禁止演绎（No Derives，ND），使用者可以自由复制、散布、展示及演出作品，但不得改编或生产衍生品等；相互方式共享（Share Alike，SA），允许分享原作品，但必须使用相同的许可证发布。而 CC0（Creative Commons Zero）协议则是其中一款特殊的条款，意味着版权所有者无任何保留权利，允许任何人以任何方式使用该作品，包括用于商业开发。

近年来，全球范围内很多博物馆纷纷宣布加入"CC0"协议，开放数字馆藏的版权供社会公众免费使用。如克利夫兰博物馆自 2010 年起，允许用户从其网站上下载用于个人非商业用途的低分辨率艺术品图像，2019 年 1 月起，正式发布 Open Access 项目，其主要内容是将 CMA 藏品中的多达 30000 张公共领域艺术品图片提供给所有人使用。

2017年2月，纽约大都会博物馆（Met）宣布按照"Creative Commons Zero"（CC0，无权利保留协议），将其收藏的37.5万件藏品的高清图像资源免费向公众开放版权，所下载的图片若有"Public Domain"（公共领域）的标志，即意味着这张图片可在法律允许范围内复制、修改和发行，即便用于商业目的，也不需要提出申请。芝加哥艺术博物馆于2018年11月确认加入"CC0"协议，馆藏近5万幅高清大图画作，全部免费开放。荷兰国立博物馆目前已有超过25万张高清图片向公众开放，并列出这些图片的使用教程，鼓励社会公众积极将这些图像用于衍生品开发和艺术创作。馆长维姆·贝维斯表示："我不在乎这些图片被如何使用"，"博物馆藏品应该属于公共领域，任何人都可以自由使用，至少在文化用途方面"。此外，丹麦国家美术馆、库珀·休伊特博物馆，以及阿姆斯特丹市立博物馆，也都在网上公开藏品资源。

版权开放不仅在国外获得了很高的支持度，在国内也是博物馆发展的趋势。例如，故宫博物院在官网上发布了很多馆藏珍宝的数字化图片，用户可以通过官网或每日故宫App欣赏或下载自己喜欢的作品，但并未开放商用。

二、开放授权价值链分析

开放授权模式，从表面上看似乎不利于版权方获取收益，但实际上是"共享经济"思维模式在文化领域的体现。相比较其他授权方式，开放授权在第一个授权环节，即授权方与被授权方直接授权环节，是不产生权利金的。这也就意味着，任何人都可以用授权方的资源进行文化创意产品的开发，被授权方的范围也就随之扩大。由于基数的增加，在文创开发的第二个环节：创意设计环节，将有更多的设计师、文化工作者、大学生群体、普通市民等参与，产生更多创意作品，文化资源的原始价值得到更大程度的增值，在之后的生产设计环节和营销推广环节，价值增长模式与直接授权环节相同，产生的价值增量取决于文创产品生产企业的生产能力和销售企业的市场宣传能力，但总体上文化资源的社会价值和经济价值都会有大幅度提升。在价值整体增长、蛋糕做大的同时，如果通过税收调节机制将文创产品的部分收益以税收方式反馈到国家财政系统，再由财政系统以财政支出形式返还给文化资源版权方，用以支持版权方的发展、文物修复、文化发展和公共文化服务，将会使开放授权模式中的文创开发价值链形成良性闭环，不仅不会损害文化资源版权方的利益，还会为版权方塑造更好的社会公益形象和更高的间接收益，提高品牌效益和社会影响力。而且在现实操作层面，很多文化资源版权方在因管理版权方面产生的费用与授权收入大致相当，开放版权不仅可以免去管理版权的费用开支，还可以因文创产品在大众层面的普及使文化资源扩大知名度和影响力，在其他方面产生更大的间接收益，如增加文化资源所在场馆的客流量，并带动住宿、餐饮、演艺、衍生品等周边产业的发展，进一步拉长文化资源的价值链。

三、典型案例：台北"故宫博物院"

2017年7月，台北"故宫博物院"在官网的Open Data专区"文物查询下载"及"精选图像下载"中的中、低阶图像专区，免费公开包括镇馆三宝：翠玉白菜、肉形石及毛公鼎等在内的7万张典藏文物图像，还有怀素的《自叙帖》、王羲之的《快雪时晴帖》、莲花温碗等名品图像，使用者不需要申请、不限用途、不需付费，可直接下载，且承诺每季增加500张。台北"故宫博物院"开放数字版权，除了让民众共享文化成果外，更"希望借此扶持文化创意产业相关厂商"，通过图像授权让更多文创厂商以故宫典藏资源为创意源泉，并实际应用于产品开发，增加台北"故宫博物院"文化品牌竞争力。

台北"故宫博物院"表示，该院文物图像为台湾数码典藏计划的重要成果，目的是让数码典藏成果分享给民众使用，并扩大博物馆公共化效益。如有需要的图像无法在Open Data专区找到，或需使用更高分辨率的图像，可书面向台北"故宫博物院"提出申请授权取得，但该部分图像需要依据台北"故宫博物院"的收费办法予以计价。"文物不应该在博物馆里，而应是全民共享的温暖疗愈物，同时也是可以致富的宝物。"

计价部分的授权偏营利性操作，主要集中于品牌授权和合作开发。品牌授权指台北"故宫博物院"允许授权企业使用其注册商标及馆藏文物的图像，商品上印制双方品牌商标，属双品牌；合作开发，即台北"故宫博物院"找代工厂商来设计、生产文创产品，用的是台北"故宫博物院"的品牌和商标。两者都需要经过厂商提案、初审复审、签约和上市（订单出货）的流程。

台湾地区文化产业联盟协会荣誉理事长李永萍接受采访时提出，台北"故宫博物院"在品牌授权中有具体的办法，比如郎世宁的画，在数字化的时候，分了90%的画质、70%的画质、50%的画质等，对应不同的授权价格。

要拿到台北"故宫博物院"的品牌授权和合作开发资质需要一定的资质与条件。台北"故宫博物院"每年分3次公开征求授权合作方，每次品牌授权的使用期限为2～3年，到期续约需要重新进行公开竞标。台北"故宫博物院"有产品指导目录和台账管理体系，每三个月推出300种左右的文创产品，一旦某文创产品在市场上反响不佳，就会被要求退出市场。退出市场之后的滞销品，将会被打折处理或销毁。

同时，台北"故宫博物院"还对文创开发进行必要的指导。要求开发商保持对文化的敬畏，不为经济利益而胡编乱造。台北"故宫博物院"要求文创必须以真实历史资源为依据，不能无原则地随意杜撰。比如，"朕知道了"纸胶带允许被生产，"臣妾做不到啊"等字样却不被采纳,因为前者确实出自康熙皇帝的朱批,而后者仅是《甄嬛传》中的台词;台北"故宫博物院"咖啡屋泡制的"三清茶",配方也是御医当年给乾隆帝调配的。

2019年,台北"故宫博物院"网站公布了博物馆商店的销售简报,简报提到截至2019年2月台北"故宫博物院"在线商品有4484种,其中出版品728种、出版授权93种、合作开发2207种、品牌授权1456种。并根据近期销售情况,出台"建议开发文创产品"和"不建议开发文创产品"目录。例如,在"建议开发目录"中,建议中低价位礼品、商务礼品要设计典雅、包装精美,环保商品类礼品建议开发餐具、环保袋、杯套等,并将头巾、T恤、扇子、镜子、原子笔、钥匙圈等数十种文创产品列为"近期不建议开发"的文创产品。

第六节　授权模式的其他尝试

一、著作权集体管理

著作权集体管理，是指著作权集体管理组织经权利人授权，集中行使权利人的相关权利并以自己的名义进行的下列活动：与使用者订立著作权或与著作权有关的权利许可使用合同，向使用者收取使用费，向权利人转付使用费，进行涉及著作权或者与著作权有关的权利的诉讼、仲裁等。❶著作权集体管理制度最初产生于1777年的法国❷，已经有200多年的历史。国际上比较有名的著作权管理机构有德国的CMMV、法国的SESAM等。❸在中国，影响力较大的著作权管理机构有中国音乐著作权协会、中国文字著作权协会、中国音像集体管理协会、中国电影著作权协会、中国摄影著作权协会、中国知网等。

对传统文化资源进行著作权集体管理，可以成立非营利性质的著作权管理机构，如针对非物质文化遗产成立非遗协会，将传统的制作工艺、地方剧种、民歌、民间故事及其承载的著作权进行统一管理，代表非遗传承人或某地民众进行授权并收取权利金，在收到权利金后，著作权管理组织将权利金按比例反馈给非遗传承人或留存资源所属地方政府用于文化发展。与平台授权不同的是，著作权集体管理组织不仅负责授权，还负责授权后的监督管理，对于权利使用过程出现的侵权行为及时发现并制止。❹对于处于分散状态的非遗传承人、中小型文化文物单位而言，这种集体管理制度，可以扩大其话语权，提高其知识产权维护能力。

---

❶《著作权集体管理条例》，2013年修订版.
❷ 许超.关于修改著作权法的初步想法[J]，中国版权，2012（2）：9-11.
❸ 管文革，秦珂.授权许可与数字图书馆版权问题[J].情报杂志，2002（2）：4-5.
❹ 姜毅然，张婉茹，王海澜.以市场为导向的日本文化创意产业[M].北京：人民出版社，2009：162.

二、版权补偿金制度

补偿金制度是文化资源版权使用的另一种思路。补偿金制度实际上可以作为未来版权使用的利益协调机制。前面的几种授权模式，无论是直接授权、委托授权还是综合授权，都增加了社会力量使用文化资源版权的限制条件，导致人们在使用文化资源时因程序和资金等问题有所顾虑，而免授权模式虽然增加了使用资源的便捷程度，但对于版权拥有方来说，如果完全免费，则会使版权方的收益无法实现，降低版权方的创作积极性，否认了版权方在知识产权生产过程中的智慧和劳动，如博物馆的数字图像、非物质文化遗产工艺影像资料的形成，都是版权方智慧的成果，因此免费模式实际上也是对版权方的不公平对待。[1] 版权补偿金制度可以调和版权方和使用方之间的利益，使授权双方的利益得到均衡。

补偿金最先在德国提出，德国的著作权法并不限制私人使用和私人复制。随着数字技术的发展，私人复制的成本大幅度降低，很多复制成本几乎降低为零，为了保护著作权人，德国法院在1955年通过Grundig Report案适用了补偿金制度，要求复制设备厂商需适当补偿著作权人的权益。这一制度在国外被很多国家采用，在中国主要用于音乐版权领域，主要做法是收取"设备税"，即对某类具备复制功能的设备收取著作权补偿金，如录音、录像设备、空白磁带等。这样一方面满足了人们共享知识的自由，另一方面也补偿了版权人的损失。这样，著作权补偿金制度成了对著作权授权模式的一种有力补充。

然而在互联网迅速发展的背景下，通过设备收费来弥补版权金的方式明显不适用了，首先是补偿金征收的范围较难确认，互联网上有大量的文化资源信息，很难确定哪些需要授权，哪些可以免费使用。其次是版权金的分配规则很难建立，如果按照尼尔内塔内尔教授所说的按照相应的点击次数来对补偿金进行分配，则容易产生大量的作弊行为，使公平的分配难以进行。为此，需要在补偿金基本理念不变的情况下，寻求新的版权金支付方式。

对于文化资源版权的补偿金，可以考虑从互联网平台角度收取。成立互联网版权联盟，作为互联网上文化资源授权的集体管理机构，凡是加入互联网版权联盟的文化资源，均可免费下载使用，但如果将版权用于商业开发，在产生收益时，必须按照约定比例向版权联盟付费。具体做法可以是联盟中所有文化资源版权都具有自身标志，如网

---

[1] 曹世华.论数字时代的版权补偿金制度及其导入[J].西北师范学院学报，2006（6）：143-151.

站二维码，使用者的版权使用情况将会通过网络全程监控，一旦发生商业行为并收取费用，则必须支付补偿金给互联网版权联盟，并由互联网版权联盟对补偿金进行统一分配，分配比例按照版权使用中产生的收益进行界定。

第五章　文化文物单位文创授权管理

　　良好的授权市场环境及市场主体活跃的被授权需求，对于文化创意市场的发展来说是不可错过的机遇，同时也是前所未有的挑战。2018年故宫口红相关的IP授权"嫡庶之争"、2019年颐和园IP授权的平台纠纷，都是文创授权机制不健全、不规范的表现。应该承认，公有文化资源的授权事务对于文化资源所有者和管理者而言，是一个全新的命题，市场主体在与文化资源方合作时，由于缺乏完善的规则经常感到战战兢兢、如履薄冰。文化资源授权的规范机制急需完善，以减少当前文创市场中的常识性错误、操作困惑和各种侵权行为。

第一节　文化文物单位文创经营现状

自2016年起,为贯彻落实国务院办公厅转发四部门《关于推动文化文物单位文化创意产品开发的若干意见》,文化部、国家文物局组织开展了全国博物馆文化创意产品开发试点申报工作,确定了154家试点单位,其中包括文化部确定的7家文化文物单位、文化部备案的55家文化文物单位及国家文物局确定的92家文化文物单位。试点工作开展以来,试点单位依托自身馆藏资源,结合自身情况,赋能社会各界力量共建共享,积极参与市场竞争,采取合作、授权、独立开发等方式开展文化创意产品开发,逐渐建立了文创产品线上线下交易平台,培育了文创产品品牌,在文创产品开发方面取得了阶段性成果。

一、文创发展历程

文化文物单位的文创历程最早始于博物馆商店,以经营文物仿复制品、烟酒零食等小商品为主。2008年,以故宫博物院为代表的新文创引爆了社会热点,文博单位商业化IP发展开始蓬勃发展,大致可以分为三个发展阶段。

萌芽期(2008—2012年):这一时期的典型特征是行业探索+市场初探。2008年,国家发布《关于全国博物馆、纪念馆免费开放的通知》,鼓励全国各级文化文物单位归口管理的公共博物馆、纪念馆实施免费开放政策,促进民众对文化文物的了解。在此背景下,为减少对国家财政的依赖,提高自身造血能力,故宫博物院率先进行文创产品开发,推出了"朕知道了"纸胶带、"奉旨旅行"行李牌、朝珠耳机等现象级文创产品,引发了全社会的关注。但这一时期在文创开发方面,基本上处于故宫博物院"一枝独秀"的阶段,很多博物馆认为故宫文创的成功取决于其得天独厚的历史资源条件,其他文化文物单位没有可比性。文创业态以有形的文创产品为主,其他业态尚未出现。

探索期(2013—2019年):这一时期的典型特征是科技加持+政策助力。在科技和政策的双力推动下,文化文物单位在数字化、文创、影视及教育等领域进行了探索,并逐渐证明文博IP具有巨大的商业潜力。一是数字化、创意化展览成为常态,很多博物馆、美术馆尝试将 VR、AR、沉浸式技术运用到展览展示中，推出数字展览服务，如 2019 年中国国家博物馆举办的"心灵的畅想——梵高艺术沉浸式体验"取得了良好的效果。二是文创产品越来越丰富化、多元化，除了传统的手机壳、钥匙扣、笔记本等文创产品，彩妆系列、食品系列、科技系列文创产品纷纷出现，如 2018 年故宫首款彩妆"故宫口红"诞生，在社会上引发热烈反响。三是文创新业态层出不穷，多个爆款博物馆相关影视节目相继推出，如《我在故宫修文物》《国家宝藏》《上新了，故宫》等成为现象级文化产品。四是博物馆研学旅游逐渐兴起，文化场馆在大众教育和知识普及方面迈上新台阶。

加速发展期（2020 年至今）：这一时期的典型特征是消费引导 + 文化"出圈"。新冠肺炎疫情加速了文化文物场馆的数字化进程，不少博物馆和旅游景区推出云展览、云旅游等项目，藏品数字化进展加速，科技在文创领域的运用更加广泛。博物馆文创开发正式进入 IP 引领阶段，各大文化场馆加速跨界发展，推出多款联名产品，受到大众喜爱，如 2020 年天猫服饰十大 IP 爆款中，故宫博物院和敦煌博物馆就占两席。文博影视节目 IP 热潮兴起，如《国家宝藏》与多个知名品牌推出联名款，河南卫视《唐宫夜宴》《龙门金刚》等引发传统文化热潮等。"国潮"成为新文创热词，与博物馆、传统文化相关的文化 IP 受到年轻人的追捧，出现了"花西子""完美日记"等不少国货品牌。文创雪糕、文创粽子、文创月饼等不断出现，文创进入日常化、大众化发展阶段，全社会范围形成传统文化科技赋能、传承创新的文创生态，文化文物单位文创 IP 成为文化热门 IP。

二、文创开发方式

在文创开发模式方面，被调研的文化文物单位多以自主开发形式进行文创开发，授权开发和委托开发所占比例较小。课题组对全国 154 家文化文物试点开发单位进行调研，试点工作开展以来，所有试点单位不同程度进行了文创产品开发尝试，在开发模式上呈现三种状态。

一是自主开发。大部分文化文物场馆自己成立了文创开发中心，研发人员和销售人员均为场馆自身工作人员，所得收入全部上交文化文物单位。例如，河南博物院成立文创中心，人员构成包括 3 名正式在编人员和 10 名聘用人员，所有文创产品的创意研发、设计和营销全部由文创中心负责，仅将加工制作环节委托给第三方企业，作为公益一类事业单位，河南博物院是非营利机构，文创中心没有独立法人资质，没有单独财务账户，所有收入均上交河南博物院公共账户，由河南博物院统一支配。在文化文物单位中，仅故宫博物院等少数几家企业是公益二类事业单位，可以进行商业运营，其他大部分单位属于公益一类文化文物单位，在文创开发中多采用自主开发模式。

二是合作开发。由文化文物单位提供文化符号、专利技术、专业知识等，与其他企业合作开发文创产品，所得收益根据合同约定进行分配。合作方式灵活多样，如故宫博物院的技术监制，由文化文物场馆派出技术专家，与生产制造企业合作，进行技术指导和监制，生产明清款式红木家具、瓷器、工艺品等；文化文物场馆推出自身特色文化符号，由生产企业自身进行创意设计、生产加工，文化文物场馆进行文化安全和意识形态把关，并在馆内和线上进行销售等。很多文化文物场馆出于自身技术限制，会将部分文创产品推出，与社会企业合作，如高科技产品、化妆品、服饰等，文化文物场馆自身不能掌握核心技术，只能与相关企业合作进行开发。例如，故宫彩妆系列产品，故宫推出文化符号、创意设计，华熙生物作为彩妆生产企业，提供材料和技术，联合进行开发。

三是品牌联名。由文化文物单位与其他企业进行品牌合作，各自提供相关创意或技术，生产出的文创产品需要合作双方共同冠名，在双方品牌店都能进行销售，所得收益根据合同进行约定。比如，在2021年中秋节期间，徐福记与颐和园合作推出月饼礼盒，良品铺子与敦煌博物馆联合推出月饼礼盒，稻香村与故宫博物院携手推出黑月饼等，月饼外形设计和礼盒包装等创意来源于文化文物单位相关文化元素，食材选择与加工制作由合作食品企业提供，生产出的产品进入市场，所得收益根据合同约定进行分配。品牌合作能够起到1+1>2的乘数叠加效应，越来越成为文创市场的主流。从长远来看，品牌联名也是文化文物单位未来授权开发的主要模式。

根据中国文物交流中心2021年8月开展的全国92家博物馆文创试点单位文创网络大调研，结合本书团队开展的实地调研情况，总结出在授权开发中做得较好的文化文物单位的典型做法（见表5-1）。

表5-1 文化文物单位文创授权模式（部分）

序号	单位名称	具体举措
1	故宫博物院	自营或授权成立6家文创公司，每家公司独立授权；与国际代理商开展产品授权；与华熙生物、小米、腾讯等公司进行合作开发；与稻香村等老字号进行品牌合作；以故宫监制的方式派出专家，与企业合作开发复制仿制品。
2	中国国家博物馆	与阿里巴巴集团合作建立"文创中国"运营平台，面向全国文化文物单位开放，整合IP提供方、设计方和营销方资源；借助阿里鱼授权平台，将文物资源推向品牌授权市场；与上海自贸区合作，使"文创中国"线下运营中心落户上海自贸区，成立线下设计生产推广团队。
3	敦煌研究院/敦煌博物馆	成立以敦煌文旅集团为主力，文旅基地、小微文创企业为辅助的文创体系；与《梦幻西游》《王者荣耀》等热门游戏联名合作；与李宁、卡姿兰、良品铺子、拼多多等联名。借助大厂、流量和大品牌进行引流，借势营销，以当地文旅小镇承托营销效果，吸引游客从线上走向线下。

续表

序号	单位名称	具体举措
4	河南博物院	成立文化产业领导小组，设立文创办，打造文创"智库平台"，截至2020年，与40家文创类企业签订授权协议，由院文创部门主导开发文创产品，参与到产品创意设计、生产制造、宣传推广全链条开发过程，对每个环节进行把关。
5	陕西历史博物馆	打造"唐妞""唐宝贝""花舞大唐"等原创IP，与其他企业进行联名开发。联合"奈雪的茶""雀巢""银桥乳业"等文创产品；联合西安曲江"创意古"的商业美陈；联合天朗控股集团打造"唐村"新唐风文旅生活方式体验地。"花舞大唐"IP也通过多元运营与打造，通过数百款文创产品，联合文创展演、文化活动、机场主题店等项目实现IP的推广增值。
6	三星堆博物馆	利用国宝级文物打造超级文化IP，授权成立一批文创工作室；与腾讯游戏、QQ、阅文集团合作，扩大三星堆文化在年轻群体中的影响力；与彩妆品牌INSBAHA、吉利汽车、vivo、长虹、Seesaw等各行各业联名推出文创产品。
7	上海博物馆	与美国大都会博物馆、大英博物馆、德国柏林博物馆等开展国际授权合作，借助国际展览引进和开发优质文创产品；与世界知名品牌如迪士尼进行品牌合作，筛选热门图像如"大克鼎""寿桃橄榄瓶"等作为授权焦点；参加国际授权展，学习国际授权成熟经验和行业规范标准。
8	苏州博物馆	成立文创部，以博物馆下属企业为运营载体，负责文创产品的引进、设计和研发。在官方网站开设"文创"专栏，将文创产品分为"镇馆之宝""吴门四家""苏博建筑""过眼云烟"四个类别，将授权范围集中在馆藏特色、新馆建筑、苏州地方文化和传统手工艺四个方面，突出社会效益和文化传播。
9	国家图书馆	重组北京国图创新文化服务有限公司，专职承担国家图书馆文创产品开发经营、品牌与资源授权等业务。结合重大展览，围绕馆藏知名度高、市面稀缺的善本古籍等重点进行IP培育与开发，形成二次开发图库，通过授权开发文创产品；成立全国图书馆文化创意产品开发联盟，在产品设计共享、渠道共享、人才共享等方面提供支持。
10	中国美术馆	上线"美好生活旗舰店"，启动"四美生活文创计划"，整合线上线下资源，推动文创IP开发。"四美"包括："美哉生活"，开展人人都是创意家系列文创活动；"美自生活"，搭建全国美术馆文创产业链服务平台；"美之生活"，上线中国美术馆文创天猫旗舰店；"美好生活"，全方位调动文创资源综合开发利用。依托中国美术馆地标与文创中心形成联动，通过数字化、大数据分析及商业策划帮助全国美术馆开展线上授权业务。
11	湖南省博物馆	成立文创研究中心，重点打造马王堆、辛追、"守味狸"等系列IP，探索"文化＋金融＋新零售"深度融合的授权模式；设置"湖南人"主题邮局，承揽为观众提供便利邮寄、文创产品销售等服务，开发邮资类文创产品；与梦洁家纺签订文创产品授权合作协议，创新文创发展。
12	秦始皇帝陵博物院	利用强大的IP优势，采用"联合开发、合作经营"的模式，与多家文创公司进行合作，开发七大系列2000多件文创产品；合作的主要模式有联合开发、授权开发和自主研发，博物院在文创产品品质、文化内涵上进行严格把关；实施"蒹葭计划"与华扬联众文创团队共同打造"蒹葭十二士"IP，开发多元创意产品。

续表

序号	单位名称	具体举措
13	颐和园	2016年起与北京中创文旅联合开发颐和园文创IP，依托中创文旅与中信银行、《芭莎珠宝》、美图、得力等12家品牌达成跨界合作；建立文创图库，挖掘颐和园文化内容，整理相关故事，形成授权资源库；选择优质合作方，搭建供应链体系；联合电商平台，举办国潮行动、寺库中秋节等线上文创主题活动。
14	南京博物院	加入江苏省博物馆商店联盟，联盟阵营有37家博物馆，形成行业连锁战略联合体，在统一的运营管理体系下，统筹博物馆文创研发、营销及市场推广，打造全省一体化博物馆文创平台。
15	山西博物院	2021年与中国工商银行山西省分行、CC卡美珠宝签订合作协议，开展"文化+金融"融合创新探索，开发以"文承守护"为主题的系列贵金属产品，参与文物保护利用，探索文物保护新机制。
16	山东博物馆	2019年与手创未来（山东）文旅科技有限公司联合打造"鲁博有礼"文创智造云平台，甄选全国百名优秀设计师以山东博物馆馆藏文物为元素进行文创产品设计开发，探索"一键文创生成、一件产品起订、一键快递发货"的文创个人定制新模式。
17	恭王府	依托独有文化资源，设计文创标识，全品类注册知识产权；福字轴、福字碑作品著作权登记；与社会单位合作取得实用新型专利。建立表单化、台账化、程序化的知识产权管理体系；联名合作开发，打造吸引眼球的"联名款"；将成熟的文创产品委托生产，从而打造核心文创产品的运营模式；进行文创产品场景化营销，让产品与历史文化深入结合。

三、文创品牌塑造

近年来，在文化文物单位与社会力量的努力下，相关文创产业取得了长足的发展，涌现出了一批社会效益和经济效益兼具的现象级文创产品和本土文创品牌，使传统文化在全社会形成"国潮"。影响力较大的品牌及产品有如下几个。

茶颜悦色：茶颜悦色成立于2013年，主打中国风3.0网红茶饮，属于长沙地方性品牌，已经带动长沙成为网红打卡地。整体视觉以中国风为主，与故宫博物院等进行授权合作，购买其藏品的使用权和创意改编权。茶颜悦色logo（见图5-1）由团扇、佳人、八角窗等传统中式符号组成，会员被称为"小主"。产品的命名也多以"幽兰拿铁""烟花易冷""人间烟火""凤栖绿桂"等国风名字为主。茶杯的设计由故宫博物院名画IP搭配优美文案组成，适合打卡拍照，迎合了国风国潮和"颜值经济"的时代需求。在此基础上，推出调香茶、茶杯、雨伞、挎包、衬衫、拼图、车线本等100多种文创产品，通过社交媒体进行传播，对外地消费者具有很强的吸引力。

考古盲盒：考古盲盒是河南博物院首先打造的文创产品，把时下流行的"盲盒"概念和馆藏文物结合，让人们在趣味中体验文物与考古的魅力（见图5-2）。盲盒将馆藏青铜器、元宝、铜佛、铜鉴等"微缩文物"藏在土中，玩家利用盲盒特赠洛阳铲进行挖掘，挖掘出来的"宝物"具有未知性，让玩家在参与挖掘中体验到神秘感和成就感。河南博物院的考古盲盒首批分为"失传的宝物""散落的宝物""雕刻的宝物""文物修复大师"等不同系列，分为传说级别、传承级别和史诗级别，可能挖出"十二生肖兽首印章""武则天金简""大将军虎符""杜岭方鼎"等"宝物"，而盲盒所用的土则来自洛阳邙山。自 2020 年 12 月推出，截至 2021 年 10 月，河南博物院考古盲盒销售额超过 3000 万元。此外，三星堆博物馆也推出"祈福神宫"系列盲盒，陕西历史博物馆推出青铜小分队盲盒，《国家宝藏》文创产品点推出大唐仕女瑜伽系列盲盒。考古盲盒将"考古挖掘"与当下流行的"盲盒"文化结合起来，使得更多 Z 世代年轻人主动去探索学习、了解博大的传统文化。

文创雪糕：文创雪糕是指景区、游乐园、博物馆等地推出的，带有本土文化特色符号的雪糕，将风景名胜所承载的文化元素运用到雪糕造型上，在满足游客口腹之欲的同时，更能满足游客手持文创雪糕拍照"打卡"、分享朋友圈的需求（见图 5-3）。文创雪糕潮流始于 2017 年，北京玉渊潭公园推出樱花雪糕，到 2019 年，北京故宫博物院使文创雪糕彻底出圈，之后，圆明园、莫高窟、兵马俑、国家博物馆、上海博物馆、北京外国语大学等单位陆续推出体现自身文化元素的文创雪糕，到 2021 年，文创雪糕更是在全国范围内形成多条成熟的产业链条，各旅游景区、主题公园、城市文化地标、特色建筑纷纷推出文创雪糕，拿着雪糕对着经典的大门拍照并上传朋友圈，成了游客基本"打卡"姿势，形成"万物皆可被雪糕"的现象。据不完全统计，全国大概有上百种文创雪糕，年产量上千万支。

图 5-1　茶颜悦色 logo　　图 5-2　河南博物院考古盲盒　　图 5-3　故宫博物院文创雪糕

四、文创市场主体

随着社会主要矛盾的转变，居民消费结构由生存型向享受型升级，消费内容不再只是物质生活上的满足，人们对精神生活和文化品位的需求迅速提升，一定程度上推动我国文化产业迎来蓬勃发展期，也为文创发展孕育了沃土。

文商旅购物中心。为了快速聚拢人气，不少购物中心与本土文化IP合作，共同打造文创体验展览。2017年以来，国内出现了不少国产IP"快闪店"，2015—2017年，购物中心室内主题街区每年保持超过100%的增长，2018年购物中心原创室内主题街区数量增长14%，其中，以文创IP为核心元素的场景创新成为主流。购物中心通过打造IP或与IP合作，搭起购物中心与消费者之间的情感桥梁，增加复购率。具体表现在以生活方式概念重构书店业态；以动漫、电影、综艺、艺术IP等为标签的衍生品成为爆款；艺术品走下神坛，博物馆、美术馆、画廊/画室、演艺剧场、艺术中心等成为文创业态新动能（见表5-2）。2015年以来，大悦城、凯德、太古、华润、龙湖等名企纷纷开发文创IP，与文博单位的合作不断加强。

表5-2 购物中心关注的TOP20文创品牌所属业态

排名	品牌名称	细分业态	排名	品牌名称	细分业态
1	西西弗书店	书店	11	万仟堂	文创产品
2	We Work	联合办公/创客空间	12	钟书阁	书店
3	言几又	书店	13	开心麻花剧场院线	剧场/剧院
4	泡泡玛特	文创产品	14	漫书咖城市生活馆	书店
5	中信书店	书店	15	3D.JP	文创产品
6	日日煮	DIY手工坊	16	十八字金	DIY手工坊
7	Wonderful life	文创产品	17	樊登书店	书店
8	ABC Cooking Studio	DIY手工坊	18	萌奇IP生活馆	文创产品
9	九木杂志社	文创产品	19	全爱工匠	DIY手工坊
10	Decopatch	DIY手工坊	20	氪空间	联合办公/文创空间

资料来源：赢商云智库，截至2018年12月31日，中城商业研究院整理。

文化旅游景区：随着文化和旅游的融合发展，旅游文创成为业界关注的热点。相对于传统旅游纪念品，带有文化符号和文化属性的旅游文创产品越来越受欢迎。例如，杭州在G20期间推出杭州文化主题的文创餐具"西湖盛宴"，将杭州西湖美景通过工笔写意形式展示出来并描绘在餐具上，让人们在欣赏西湖美景的过程中感受江南文化的独特韵味与美学特征。文化场馆及其文化元素成为旅游升级的重要抓手，在"吃、住、行、游、娱、购"的旅游六要素中均有体现，故宫博物院、颐和园等作为文化旅游景区，非常重视文创产品的研发，其他类型的景区，如历史文化街区、文创园区、主题公园、历史文化名城名镇也纷纷与本地文化文物单位合作，成为文创开发的主体。较为典型的代表包括大唐不夜城、乌镇、华强方特、无锡拈花湾等。

艺术授权机构：全世界授权市场大概有近2000亿元的市场，而中国艺术授权市场刚刚起步，尚未形成完整的产业链。与国外成熟的艺术授权市场相比，近年来我国也零星出现了一些艺术授权机构，这些机构在艺术授权方面进行了大胆的尝试，为文化文物单位委托授权提供了一定的市场基础。这些机构中表现较为突出的有艺奇文创集团（Artkey）、尤伦斯艺术商店（UCCA Store）、深圳365艺术超市、上海证大艺术超市等。其中艺奇文创是全球首个中华艺术授权机构，1997年成立于中国台湾，致力于国内外知名博物馆及艺术大师的艺术作品授权，目前已签约10万余件艺术作品合法版权，授权客户遍及全球60多个国家近千种产品。

品牌跨界联名：在跨界联名成风的背景下，很多老字号、知名品牌都成为文化文物单位的被授权对象，涉及食品、电信、游戏、动漫、服饰、彩妆等各行业门类。2018年来社会影响力较大的联名事件包括李宁与敦煌博物馆联名推出"敦煌·拓"系列潮流服饰、RIOTLILY联手大英博物馆推出"博物馆秘镜"系列太阳镜、凯芙兰与俄罗斯冬宫博物馆联合推出"马蒂斯珍藏版"系列彩妆、肯德基联合中国国家博物馆推出"国宝耀中华"系列活动等、《天下》游戏与苏州博物馆推出联名系列文创产品等。

文旅文博文创企业：众多文旅、文创、文博领域的企业也是文化文物单位的重点授权对象，尤其是头部互联网企业如腾讯、华为、阿里等，更是文创授权的头部企业。腾讯早在2018年就提出"新文创"战略，致力于构建以传统文化IP为核心的文化生产方式，打造具有广泛影响力的中国文化符号，与故宫博物院、敦煌研究院等开展全方位深度合作，推出了大量数字化及实体文创产品。阿里巴巴提出"大文娱"概念，搭建数字内容平台，形成兼具版权交易、内容生产、衍生商业、粉丝经济的文化娱乐全产业链。华为与国家博物馆合作共建"智慧国博"，与敦煌研究院联合成立创新实验室等。除此之外，众多的文创自主品牌、工作室和文旅机构也都在积极与文博单位展开文创授权合作。

五、文创开发收益

据国家统计局数据显示，2017年中国文化创意和设计服务产业增加值为6975亿元，增速达19.4%。故宫文创开发收益在全国遥遥领先，年销售收入从2012年的1.5亿元，增长到2017年的15亿元，超过A股1500家上市公司的收入。与腾讯等头部互联网企业在文创方面的合作，更是将文创延伸到音乐、视频、游戏、人工智能等领域，大大扩展了传统"旅游纪念品"的边界，收益提升潜力很大。但中国有5000多家博物馆，很多人认为故宫在文创方面的成功没有可比性，尤其是省市级博物馆，在自身品牌、线上线下流量、藏品资源等各方面与故宫有着很大的差距。

自2016年国家出台鼓励文化文物单位开发文创产品的意见以来，各试点单位都在积极探索文创开发之路，也取得了阶段性的成果。文化和旅游部数据中心发布的《中国旅游消费大数据报告2018》显示，2018年国庆重点博物馆消费人次同比增长28.1%。中国国家博物馆一年创意产品销售数量超过30万件。据天猫新品创新中心对消费者的洞察分析显示，2018年在天猫和淘宝平台上，搜索"博物馆"的用户数是2016年同期的2.15倍，其中近九成用户浏览了博物馆周边文创产品。2020年，上海152家博物馆新开发文创产品681种，年销售额总计1907万元，主要包括出版物、食品、休闲旅游用品等；89家美术馆新开发文创产品380品类，年度销售额总计超过1624万元；130家A级旅游景区都开发了具有本景区特色的旅游纪念品。❶ 课题组在调研中发现，河南博物院、湖南省博物馆、苏州博物馆等文化文物场馆的年文创收入也都超过了2000万元。

但与国外成熟的博物馆相比，我国文化文物单位文创收入还远远不够。5136家博物馆每年参观人流量超过10亿人次，但超过八成博物馆靠财政吃饭；2500多家博物馆围绕自己的馆藏产品进行文创开发，但盈利占比不足1%；各大博物馆将文创停留在书签、抱枕、钥匙扣等小旅游商品阶段，所得收入微不足道，成了可有可无的点缀，这些都说明文化文物单位文创开发尚处于初级阶段，还有很长的路要走。

---

❶ 文化创意点亮品质生活：我国文创产品迎来百花齐放［Z］. 新华财经微信公众号，2021-10-18.

第二节 文化文物单位文创体制机制

文化创意产业发展多年，市场潜力巨大，国家又不断出台政策鼓励文化文物单位进行文创产品开发，然而尽管有着巨大的市场需求和民众的消费热情，大部分文化文物单位的文创开发成绩却乏善可陈，在市场推广和文化产业发展中成绩平平。究其原因，并非文化文物场馆没有意识到市场需求，而是体制机制中的"最后一公里"没有打通。针对文化文物单位文创开发中遇到的体制机制障碍，2021年10月，文化和旅游部等八部门联合印发了《关于进一步推动文化文物单位文化创意产品开发的若干措施》（以下简称《措施》），部分解决了文创开发中的瓶颈问题，但仍有问题未能彻底解决。

一、文化文物单位自身体制障碍

文化文物单位在文创开发中最大的障碍是体制障碍，即作为公益性事业单位能否设立商业化运营公司。2016年5月国务院办公厅发布的《关于推动文化文物单位文化创意产品开发若干意见》（以下简称"2016版《意见》"）中指出，"允许试点单位通过知识产权作价入股等方式投资设立企业，从事文化创意产品开发经营。"但作为事业单位，文化文物单位必须服从全国的事业单位改革。自2003年起，按照政事分开、事企分开、管办分离的原则，事业单位分类改革工作开始实施，将事业单位分为公益性事业单位和经营性事业单位，公益性文化事业单位承担提供公共文化产品的职责，其运营费用由财政包干，工作人员参照公务员管理；经营性文化产业机构向文化市场提供产品，须转企改制，参与市场竞争，自负盈亏。2011年又进一步将事业单位分为行政类、生产经营类、公益一类、公益二类。除故宫外，大部分文化文物单位属于公益一类事业单位，即完全不能或不宜由市场配置资源的事业单位，是由国家确定的不开展经营活动和收取服务费用的单位。这就导致了文化文物单位如果从事文创开发经营，必然会与事业单位分类改革政策相冲突。

在文创经营方面，部分文化文物单位在2016年前就已经成立公司并开始从事文创开发经营活动，部分单位虽然之前成立过公司，但因审计等各方面原因又注销了公司，只有少数文化文物单位在2016年后成立了文创经营公司，大多数文化文物单位因为体制原因一直没有成立公司。有的地方纪委在巡视中专门提出公益一类事业单位不能从事经营活动，有些文化文物单位不得不按有关部门要求注销公司。以全国31个省、自治区、直辖市的31家省级综合性博物馆（均为文创试点单位）为例，截至2019年年底，成立文创经营公司的共有11家，占比36%，先成立又注销的有1家，占比3%，一直没有成立公司的有19家，占比61%，因此占多数的省级博物馆还没有成立文创经营公司。河北省免费开放的55家博物馆中，成立文创公司的有5家，占比9%，没有成立公司的有50家，占比91%。❶

2021年《关于进一步推动文化文物单位文化创意产品开发的若干措施》对体制进行了松绑，提出事企分开的原则，允许试点单位通过知识产权作价入股等方式投资设立从事文化创意产品开发的企业，并按要求将企业国有资本纳入党政机关、事业单位经营性国有资产集中统一监管体系。这相当于对试点单位进行了混合制改革，从根本上解决了经营权的问题，文化文物单位的文创公司拥有了设立独立账户、开具商业性发票的能力，也就意味着可以按照市场化的方式正常收款、正常采购或参与市场研发了。

但体制上的松绑也给出了限定性条件，即文化文物单位所开设或作价入股开设的公司，从企业性质上必须保证是国企。本质上，作价入股的文化文物单位知识产权内容属于国有资产，必须纳入党政机关经营性国有资产监管体系中管理。而对于合作单位，《措施》中则鼓励试点单位与文化创意设计机构、科研单位、高等院校开展合作，加强对文化创意产品开发经营的管理，慎重选择合作单位。这种对合作单位性质要求，出于以下考虑：与文化创意设计机构合作，是从创意设计的角度出发，提升文创产品的创意含量；与科研单位合作，倾向于提升文创产品的科技含量；与高等院校合作，则是从产学研结合的角度，为文创设计提供文化内涵挖掘和后续人才保障。而且与这三类机构合作，能够将文化文物单位的合资单位尽可能地控制在国资范围，提升文化文物单位知识产权作为国有资产的可控性。

接下来，随着文博文创领域的深入发展，需要进一步放宽对文化文物单位体制机制的限制。深化所有权与经营权"两权分离"改革，允许文化文物单位下属文创企业或文创中心实现财务独立、人事独立和经营独立，让文创企业享有更大的经营自主权。扩大合作范围和合作领域，鼓励文化文物下属企业与更多行业领域的社会力量展开深度合作，探索更灵活的合作经营模式。打通文化文物单位的文创产业链条，培育更多文创授权中介机构、无形资产评估与审计机构、文化金融机构、文化保险机构，培育现代化文博文创市场体系。

---

❶ 刘栋.博物馆文创产品开发经营体制机制问题研究［J］.中国博物馆，2020（3）：57-63.

转变文化文物单位属性。不能将所有文化文物单位都一刀切地界定为公益一类事业单位，而应该因类施策，采用不同的管理方式。近年来，国家对文化的投资重点体现在对文化遗产保护、公共文化设施、国家文化公园建设、历史文化名城名镇名村保护等方面，对文化文物场馆，则一再出台政策鼓励其进行文化创意产品开发和社会服务。之所以如此，一方面是提高文化文物场馆的自身造血能力，激发文化新活力，减轻国家财政负担，另一方面也是文化文物场馆自身从以"物"为中心向以"人"为中心，更好满足社会文化需求的需要。因此，建议对文化文物单位的属性进一步划分，将有文化资源优势、有市场经营能力的文化文物场馆划分为公益二类事业单位，允许其光明正大地从事市场经营，提高自身创收能力；而对于那些必须进行保护、不适合市场运营的文化文物单位，则继续保持公益一类的属性，专心进行文化保护、公共服务和学术研究。

二、文创开发的市场准入机制

市场准入是指放宽社会力量进入文化文物领域的准入范围和审批方式，降低准入门槛，让更多社会力量有机会参与文化文物市场开发。首先，文化文物单位工作思路从"文化事业"模式向"文化产业"模式调整。当前国内很多相关政策鼓励社会力量加入文化遗产保护利用工作，但更鼓励社会力量以无偿捐赠、志愿服务、合法拍卖获取文物所有权进行私人收藏，通过与政府合作对文化遗产投资获取文化遗产一定使用权等几种方式。例如，《关于加强我国非物质文化遗产保护工作的意见》鼓励个人、企业和社会团体对非物质文化遗产保护工作进行资助。《世界文化遗产保护管理办法》中提出公民、法人和其他组织可以通过捐赠等方式设立世界文化遗产保护基金。《关于加强尚未核定公布为文物保护单位的不可移动文物保护工作的通知》提出鼓励引导社会力量参与一般不可移动文物保护利用。《国务院关于进一步加强文物工作的指导意见》明确，对社会力量自愿投入资金保护修缮市县级文物保护单位和尚未核定公布为文物保护单位的不可移动文物的，可依法依规在不改变所有权的前提下，给予一定期限的使用权。《国家级非物质文化遗产保护与管理暂行办法》鼓励和支持企事业单位、社会团体和个人捐赠国家级非物质文化遗产实物资料或者捐赠资金和实物用于国家级非物质文化遗产保护。

整体来看，当前政策法规对社会力量参与文化遗产保护的导向更偏向"文化事业"的形式，即强调无偿捐赠，不求回报等为目标。但现实是社会力量作为一个独立的个体（组织），其在市场经济环境下必然以"营利性"为其重要驱动力。尽管《国务院办公厅关于进一步激发社会领域投资活力的意见》中鼓励文化文物单位与社会力量深度合作，推动文化创意产品开发，通过知识产权入股等方式投资设立企业的相关规定，但总体来看，目前相关文件存在"三多三少"特点：原则性的规定多，操作性强的规定少；禁止性的规定多，指导性的规定少；地方层面的规定多，中央层面的规定少。进一步推动社会力量的准入应从整个制度层面对社会力量的参与从公益性的"文化事业"向经济效益与社会效益兼备的"文化产业"性质调整，支持鼓励社会力量在参与文化遗产保护过程中合法获得相应的回报。

其次，工作原则从"审批制"向"备案制"调整。当前我国对文化遗产保护利用的根本原则是"保护为主、抢救第一、合理利用、加强管理"，行政许可审批在一定程度上根据保护为主的原则从严进行审批。从现行政策法规来看，社会资本参与国有一般不可移动文物的保护利用，在保证不破坏文物和不改变所有权的前提下，允许出资方享有一定的使用权，客观上为社会力量对相关文化遗产进行"经营性"保护利用奠定了基础。但在以《城乡规划法》为代表的其他领域法律制度中则存在制约性的条款，如《城乡规划法》要求在对规划区内进行相关设施建设前需经过乡镇政府的审批，《关于进一步做好旅游等开发建设活动中文物保护工作的意见》规定在文物保护单位和历史文化街区、村镇及历史建筑的保护范围和建设控制地带内实施建设工程的，要事先依法征得文物行政部门同意，报城乡规划部门批准；未经文物行政部门同意的，不得立项，更不得开工建设。这些条款对相关的土地利用和文化遗址周边环境改造做出了严格的审批限制，其合理性不容置疑，但各类政策性文件之间难以统筹协调，行政权力分割阻碍相关项目顺利推进，以致社会力量即使拥有文物开发利用的使用权，却因当地政府部门不予以审批导致社会力量虽获取了文化遗产使用权却无法进一步开发利用的局面，从而压抑了其参与热情。

审批制度也限制了社会力量灵活进入当前法律制度尚未禁止的领域。例如，在文物保护方面，国有不可移动文物保护单位可以按照历史年代划分为古建筑和近代建筑，其中古建筑和近代建筑中的纪念建筑物属于《文物保护法》第二十三条规定的范围，除可以建立博物馆、保管所或者辟为参观游览场所外，作其他用途的，应当经过本级文物行政部门征得上级文物行政部门同意后，报本级人民政府批准。近代建筑中除纪念建筑物以外的其他文物建筑并不在《文物保护法》第二十三条规定的范围内，作博物馆、保管所或参观游览场所外的其他用途使用时，实际上并不需要履行与古建筑和纪念建筑物同样的审批手续。基于此，近代建筑中除纪念建筑物可以不需要履行与古建筑和纪念建筑物同样的审批手续。针对这一部分文化遗产可适当放宽审批限制，从"审批制"改为"备案制"，在做其他用途时不需履行《文物保护法》第二十三条规定的审批手续，只需要将不可移动文物的保护方案和利用规划报上一级文物行政部门备案，并按照《文物建筑开放导则》规定的开放要求和功能类型对这些近代文物建筑进行利用。这些便利性的调整将能够极大激发社会力量参与文化遗产保护的积极性。

最后，放宽社会力量对文化遗产资源的使用限制。当前首要工作是放宽社会力量对大遗址的产业化运营。在文化遗产相关领域的政策法规方面，以《关于加强尚未核定公布为文物保护单位的不可移动文物保护工作的通知》为代表的政策法规提出让社会团体或企业自主选择利用形式和运营模式。但在以文物保护法为代表的法律法规中对不可移动文物的使用作出了严格的规定，即"不改变原状"，并且需要保护建筑物及其附属物的文物安全，不得损毁、改建、添建或者拆除不可移动文物。《文物保护法》第26～27条，同时规定了利用的限制条件，即，国有不可移动文物不得进行转让、抵押，非国有文物进行转让、抵押或进行改变用途的，应当根据其级别报相应的文物行政部门进行备案。

此外，《历史文化名城名镇名村保护条例》《国有文物保护单位经营性活动管理规定（试行）》《关于进一步做好旅游等开发建设活动中文物保护工作的意见》《关于严禁在历史建筑、公园等公共资源中设立私人会所的暂行规定》等文件，均明确指出坚持整体保护的原则，不得擅自对历史文化名村及国保单位等较为重要的文化遗产进行商业开发、改建扩建等。2015年修订的《文物保护法》提出，属于国家所有的纪念建筑物或者古建筑，除可以建立博物馆、保管所或者辟为参观游览场所外，如果必须作其他用途的，应当经核定公布该文物保护单位的人民政府文物行政部门征得上一级文物行政部门同意后，报核定公布该文物保护单位的人民政府批准。这极大地限制了社会力量对文化遗产的利用方式。

因此，可考虑适当放宽以大遗址为代表的文化遗产的开发利用工作。大遗址的核心多存在地下，地上大多为一片荒地。社会资本可与遗址所在地人民政府及其授权的文物保护管理部门签订特许经营协议，在大遗址的地上范围开展多元的投资利用，探索遗址保护与农业等行业深度融合的保护利用模式。

三、文创开发的合理监管机制

首先是要建立对社会力量的有效监管机制。当大量社会力量介入文化文物资源开发利用，就必须有一个有效的监管机制，以保证社会力量在文化遗产保护利用过程中是合理合法的。当社会资本参与大遗址、工业遗产、传统村落等文化遗产的制度障碍被扫除后，大量社会资本涌入文物保护利用领域，对各级文物行政部门和人民政府的挑战和风险也不容忽视，社会资本对文化资源的利用是建立在有利用价值的基础上，其参与到文物领域中，必然要衡量对文物进行保护和利用的成本和收益，并尽可能在文物利用方式方面进行多样化的尝试，使收益最大化。这些新的尝试对文物行政部门的管理工作来说，可能是全新的挑战。从文物行政部门的角度来说，如何在实践中确保将所有权控制在国家手中的同时，分离出文化文物资源的使用权，使社会资本能够在权限范围内对国有文物保护单位进行自主运营、管理和维护;如何设计使用权的取得程序,使社会资本在公正和开放的环境中,通过公平竞争获得国有不可移动文物的使用权;如何把握社会资本对文物利用的方式、程度等方面的创新和尝试,才能够在保护文物安全的前提下,将文物的利用限制在合理的范围内等。事前事中事后监管机制、奖惩机制、文化遗产保护利用黑名单制度、信用记录和退出机制是必不可少的配套措施,这一监管不可放松也不可过度限制,过度放松容易造成监管不力产生社会力量对文化遗产保护不足的风险,监管过度则又制约了社会力量在文化遗产保护过程中的能动性。因此需要从此方面分析相应的法律调整风险问题,强而有效地推动社会力量对文化遗产的保护。

其次是合理退出机制。社会力量归根到底是"产业化"组织,以边际效益最大化为目标,当社会力量在这一领域获取不了理想的收益状况,就会考虑退出。这也是调整法律制度拓宽社会力量准入的一个重要风险考量。若没有行之有效的退出机制,社会力量在文化遗产保护的过程中就会出现"消极怠慢"的现象,这也极大地占用了相应的文化遗产资源,阻碍了其他社会力量的参与。因此,健全的退出机制是高效推动社会力量参与文化文物开发利用的关键一环。一是建立和完善财务风险管控机制。为了加强对预算情况的执行监督,建议将我国《审计法》的规范对象扩大到所有参与文化遗产保护利用的社会企业,并明确审计机关应该重点对相关企业资金使用的合法性和效能性进行审计监督。二是建立经营预警机制。社会力量参与文化遗产保护的经营预警框架是建构退场机制的重要部分。可将社会企业在文化遗产资源的经营状态分为"正常状态"(绿色区域)、"经营困难状态"(黄色警戒区)、"重整再生困难状态"(红色警戒区)与"破产状态"四个阶段,并明确各阶段相关企业和政府的责任范围及可协助的事项。社会力量如果进入"黄色警戒区",就要开源节流,调整政策和管理模式,政府协助制订改善计划、提出指导建议、加大调查和监督等;如果进入"红色警戒区",社会力量除了要面对退出方式的抉择以外,文化遗产行政部门还要提出债务整顿方式、商议对相关企业的接管事项、排除不适当的资助者等协助退出措施。三是建立清算与接管机制。对社会力量参与的清算,是指社会力量为了终结对文化遗产保护利用现存的法律关系,处理其剩余财产,妥善保护文化遗产,使之归于消灭而进行的一个法律程序。所谓接管,就是接收和管理,一般是指行政接管,社会力量退出对其所承担的文化遗产保护之时,需要有明确的清算接管机制,确保文化遗产得到妥善的保护。

四、文创开发的收益分配机制

《文物事业单位财务制度》第十九条将文化产品销售收入,即文物单位非独立核算部门销售文化产品等商品取得的收入列为经营收入,第二十条规定,文物事业单位应当将各项收入全部纳入单位预算，统一核算，统一管理。❶《政府非税收入管理办法》第三条将非税收入界定为除税收以外，由各级国家机关、事业单位、代行政府职能的社会团体及其他组织依法利用国家权力、政府信誉、国有资源（资产）所有者权益等取得的各项收入；第二十七条规定，非税收入应当依照法律、法规规定或者按照管理权限确定的收入归属和缴库要求，缴入相应级次国库。❷依据这两个文件，全国大部分地市及县级财政部门要求文化文物单位将文创产品的经营收入纳入国家财政，实行收、支两条线管理。例如，河北省免费开放的55家博物馆、纪念馆，实行收、支两条线管理的有52家，占比95%。❸这样的管理体制给文化文物单位文创开发带来很多不便，一是不利于调动单位开发文创的积极性，文创收入需全额上缴，但开发风险却要自己承担；二是文创产品研发阶段所需的资金因有很大的不确定性，无法列入预算编制范围内，文化文物单位没有资金进行前期市场投入，没有市场运营所需的资金链；三是很多文化文物单位没有独立的经营账户，对文创产品的经营收入不能进行独立核算。这种管理体制严重影响了文化文物单位开展文创经营的积极性和主动性。

《关于进一步推动文化文物单位文化创意产品开发的若干措施》给的解决方式是按照事业单位相关财务规定，文化文物单位文化创意产品开发取得的事业收入、经营收入和其他收入等纳入单位预算统一管理，并鼓励各地出台细则，确保文化文物单位文化创意产品开发收入用于加强公益文化服务、藏品征集、继续投入文化创意产品开发等。这意味着文化文物单位可以自主支配文创开发收入，也可以将文创收入用于文创产品再生产，解决了文化文物单位没有资金投入文创业务研发、项目运营的问题。

---

❶《文物事业单位财务制度》，2012年修订版.
❷ 财政部《政府非税收入管理办法》，2016年印发.
❸ 刘栋.博物馆文创产品开发经营体制机制问题研究［J］.中国博物馆，2020（3）：57-63.

第三节 文创授权开发中的侵权问题

一、文创授权开发中的侵权类型

（一）恶意侵权问题

中国目前的文创开发市场仍处于起步阶段，很多企业和民众的版权保护意识尚未建立起来，无意侵权、恶意侵权的事件时有发生。侵权现象最严重的是在非物质文化遗产领域，很多非遗传承人由于年龄过大、市场开发经验不足等原因，自身没有版权意识，一旦作品被侵权，甚至不清楚怎么去维权。还有一些非遗传承人在无意中侵犯别人版权，如看到市场上同类产品的设计不错，就直接拿来用，没考虑过征询作品版权人的授权。一些地方性的非物质文化资源呈现出品牌多、关系乱的局面，很难厘清其中的授权关系。以绵竹年画为例，作为"中国四大年画之一"，享有"绵竹三绝"的美誉，但市场混乱严重影响了其品牌的信誉度和美誉度。例如，有不少作品号称是绵竹年画国家级非物质文化遗产传承人陈兴才的作品，甚至在陈兴才大师去世几年后，市场上仍源源不断推出其"大师新作"，让人感觉鱼龙难辨。由于缺乏品牌标准和商标意识，很多不具备绵竹年画特征的、粗制滥造年画也号称是"绵竹年画"。绵竹近年来开发的木雕年画、竹编年画、金丝年画、陶版年画等新型年画也不断被盗版仿制，这些行为大大影响了绵竹年画的品牌形象。[1]

文博领域，"爆款"文创产品均不同程度地存在侵权问题。以河南博物院考古盲盒为例，在河南博物院考古盲盒成为爆款后，产品处于供不应求的状态，河南博物院每晚8点在官方淘宝店开放购买3000~4000个产品，很快就售空。面对这种局面，淘宝出现了很多代购、黄牛，加价20元可购得一个盲盒，还有很多山寨、假冒的考古盲盒也打着"正品代购"的旗号以假乱真。在二手平台"咸鱼"也出现了不少标注"河南博物

---

[1] 马健.如何破解区域文化品牌建设的困境[EB/OL].（2016-11-04）[2021-10-12].http：//finance.people.com.cn/n1/2016/1108/c1004-28843906.html.

院正品盲盒"的商品，除原价外，还加收 10～30 元的代购费及邮费，但消费者购买到的往往是最低级别的古币和奇怪石子组成的"假盲盒"。对于这种现象，河南博物院文创中心主任宋华提到："维权过程比较麻烦，可能直播只用了我们的一个图，投诉之后下架了，过两天又在另一个点冒出来；或者淘宝商品名把'河南博物院'改成'河南博物馆'，用这种隐晦的方式打擦边球。投诉之后，有的店铺反馈说下架了，也有的不予理会，只能再找淘宝官方投诉，但是也没有完全顺利地关掉。"类似这样的侵权事件时有发生，最大的问题在于侵权成本低，维权却需要付出大量的时间和精力，而且很多文化文物单位在商标、专利注册方面往往反应较为迟钝，容易出现被侵权后"有理说不清"的情况。

（二）授权混乱问题

授权混乱是指文化文物单位在授权过程中，由于分头管理、沟通不畅等问题造成的交叉授权、重复授权等。所造成的后果是对被授权品牌的信誉消耗，影响消费者及市场大众对品牌的信任感和好感度等。

近年来，在文化文物单位的文创授权实践中，因授权不当引发的社会事件也有很多，社会影响较大的案例是故宫口红的"嫡庶之争"和敦煌文创的"馆院之争"。2018年年底，故宫博物院因故宫口红引发了一场被网友称为"嫡庶之争"的"宫斗剧"。先是 12 月 9 日，故宫博物院文化创意馆推出 6 种故宫主题口红，引起了社会广泛关注和疯狂抢购。当晚，"故宫淘宝"官方微博则称："目前市面上见到的所有彩妆并非我们所设计"，虽然很快被删除，但还是引起很多人的猜疑和质问。2 天后，"故宫淘宝"发布名为《久等了，故宫原创彩妆》的微博，正式推出包括故宫仙鹤系列、螺钿系列的彩妆产品。这一操作让很多人感到困惑，网上迅速引发了到底谁是"正统"的"嫡庶之争"。后据故宫官方工作人员解释，故宫博物院旗下共有故宫博物院文创馆、故宫文创旗舰店、故宫淘宝三家文创公司，其中，故宫博物院文创旗舰店隶属于北京故宫文化传播有限公司，是故宫出版社名下的全资子公司，目前在天猫旗舰店共有 198 万粉丝，定位为宫廷高冷风，如"千里江山图"系列文创产品就由他们出品。"故宫淘宝"是北京尚潮创意纪念品开发有限公司创办经营，该公司与故宫博物院的全资子公司北京故宫文化服务中心是合作授权关系，主要以淘宝店为主，目前粉丝 373 万，定位为亲民网红路线，纸胶带、故宫彩妆系列均由他们出品。而故宫文创馆和推出故宫口红的润百颜旗舰店则分别隶属于北京诺信畅享科技有限公司和北京华熙海御科技有限公司，他们与故宫博物院内设机构——经营管理处是合作授权关系，定位古典时尚风，故宫口红、面膜等由他们推出。虽然说最后误会被澄清，但故宫同一文化元素经过不同部门授权给不同的生产商，又几乎在同时推出同类型产品，由此引发的社会质疑和内讧本身就是对故宫品牌的消耗，也暴露出了故宫博物院在文创授权方面的不规范。

在敦煌文创作为一颗新星冉冉升起的时候，出现了一场"馆院之争"。2020年11月8日，敦煌研究院发文声明，网上充斥的大量联名产品，如"敦煌博物馆×李宁""敦煌博物馆×百雀羚"等，与敦煌研究院无关，品牌方多是与另一家同样地处敦煌的文博单位——敦煌博物馆合作产生的。同时，敦煌研究院表示，自己是国家一级博物馆，是莫高窟、麦积山石窟等文化遗产的管理及研究方。研究院的合作对象是Kindle、华为、腾讯等企业，且多为技术合作，包括动画剧、网上展览等。而敦煌博物馆隶属于敦煌市，是市级博物馆，其合作对象多是消费类品牌，如食品、彩妆、服饰等。而被点名的敦煌博物馆也紧接着发表声明，表明两家单位完全不同，且不存在合作授权委托等关系，并强调，敦煌博物馆从未使用过"研究院"的名字进行对外宣传。在以往的文创开发中，两家单位都有过不少联名合作，加之都在淘宝上开了官方旗舰店，因此外人很难将两家单位区分开来。因此，从市场的角度来看，这也是授权混乱的表现，即针对同样的IP，由不同的单位分别进行授权，从而造成市场的混乱，影响IP自身的公信力，实际上也是对IP的消耗。

（三）授权不当问题

授权不当是指文化文物单位不清楚自己的授权范围，或者不清楚授权规则，从而进行的错误授权，具体包括将同一IP授予不同的开发商却未言明是独占授权或普通授权，或者将IP授予不具备文创开发资质的企业，造成对馆藏资源的亵渎和扭曲误解，在社会造成不良影响等。

2019年，颐和园和卡婷联名推出颐和园彩妆系列，包括口红、眼影、气垫和面膜等10款产品，设计灵感来源于颐和园中慈禧寝宫的"百鸟朝凤"刺绣屏风，卡婷公司利用结合其凤凰图样元素设计产品，生产出的口红色号被命名为凤仪红、凤翎红、凤韶红，在天猫上线24小时就卖出4000支，颇受市场欢迎。然而4天后，运营颐和园天猫旗舰店的"中创文旅"则称并未与卡婷合作，无论颐和园天猫旗舰店、颐和园官方微博，还是颐和园官方合作的颐和园商城微博中，均未出现有关联名彩妆的宣传，因此卡婷彩妆被质疑未得到颐和园的授权。但卡婷方面则称，产品经过颐和园IP运营方"荣钥科技"的授权，而荣钥科技与中创文旅一样，都是颐和园的授权经营公司，颐和园的全资公司"北京颐和园文化发展有限公司"则是IP的授权方。卡婷事件发生后，中创文旅对外宣称其已经在国家版权登记中心登记了"百鸟朝凤"美术作品的著作权，而颐和园方面则表示，"百鸟朝凤"的唯一合法著作权所有人是颐和园。最终，这款"百鸟朝凤"系列彩妆没能上市。

这个事件引发了社会广泛争议，核心问题涉及颐和园、中创文旅、荣钥科技、卡婷四方在授权合同签订中没有明确各自的权责利，也没有明确新开发文创产品的知识产权归属，无论中创文旅还是颐和园，宣称拥有"百鸟朝凤"原作品的著作权都是不对的，而荣钥科技和卡婷也未能就"百鸟朝凤"系列文创产品及时进行著作权登记。尤其是颐和园，在没有明确文创产品著作权归属的情况下，同时授权两家文创企业，属于典型的授权不当。

（四）无效授权问题

"很多文创的源头是博物馆里的文物，可你得到了博物馆的授权，却未必最后能拥有这个文创作品的版权"，"90后"文创青年倪有鸣的话道出了当前文创授权市场存在的无效授权问题。有些文创产品，可能不需要经过文化文物单位授权，就能够拥有正当的知识产权。例如，这几年爆火的文创雪糕，以故宫太和殿为原型开发文创雪糕，并不需要经过故宫博物院的授权，因为故宫并不因为有了太和殿就自然生成对太和殿的知识产权，太和殿作为全人类共有的文化遗产，任何人都有权利利用它生成新的创意并享有对新创意产品的知识产权。因此，一些文化文物景区利用自身资源对公司进行授权，开发文创雪糕后抽取权利金和销售提成，这种行为属于无效授权。

文化文物单位借助对资源垄断所产生的高清图像，往往成为其重要的授权对象，如《清明上河图》，市场上几乎没有高清版本，因此要利用其高清图进行文创产品开发，就必须经过其所在的博物馆授权。但随着越来越多的文创产品依靠理念、创意和科技取胜，以简单的图片粘贴开发的文创产品越来越没有市场，这类授权也就越来越没有存在的空间。2018年年末，一本并未经过天坛公园授权，却以天坛为灵感开发的日历受到市场的追捧，这本日历是"日抛型"，每天撕下一页日历，撕缝处就会逐渐显露出一座高5厘米、直径4厘米的袖珍"祈年殿"，在年末文创日历大战中，这款产品完胜各种博物馆"图配文""馆名+文物"式的日历，是否侵权并没有成为市场关注的问题。而随着文创市场的扩大，越来越多的创意主体加入文博文创市场，这类现象将会更加普遍，"图像授权属于无效授权"的观点将成为业界共识。

二、文创侵权问题的解决方案

文创授权开发作为新鲜事物，目前在法律和规章制度建设层面还有很多不完善的地方。针对以上文创领域在授权中出现的问题，可以考虑从以下方面寻找解决方案。

第一，文化文物单位要有明确的文创开发规划。文化文物单位作为授权主体，要对自身文化资源进行整理，结合自身所掌握的文化资源，从文化传承和社会教育角度，制定明确的文创发展规划，包括本单位文化资源禀赋、文创发展的宗旨和目标、近期待开发资源、中长期待开发资源等。在此基础上，定期向全社会公布文创开发清单，说明可开发的资源和建议开发方向，以供被授权方进行参考，避免文创开发中的盲目无序开发和同质化发展。同时，针对市场上同一文化文物单位文创相互"打架"现象，建议文化文物单位统一文创品牌，并保持品牌的唯一性和权威性，无论授予多少企业进行文创开发，都使用同样的品牌，避免同一品牌因内部竞争造成品牌内耗，失去消费群体对文化文物单位整体形象的信任，扩大品牌的知名度和公信力。

第二，文化文物系统要树立明确的授权规则。从国家层面进一步明确文化文物单位的授权依据、授权内容、授权流程和授权规则，细化知识产权作为无形资产的价值评估机制和评价方式，明确直接授权、委托授权、合作开发等不同类型合作方式下，文创知识产权的归属界定和确权依据。对不同类型文化文物单位进行文创授权业务指导，使文化文物单位知晓自身掌握的知识产权类型、能够享有的知识产权相关权利和应承担的义务，以及不同类型资源授权策略的选择、权利金计算方式、授权合同签订等。指导文化文物单位制定本单位文创授权制度、文创知识产权台账和文创收益分配制度，引导文创授权向规范化、制度化、流程化方向发展。

第三，加大文创知识产权保护力度和侵权惩处力度。在全国各省市，尤其是文化旅游业较发达的城市开设知识产权法庭或巡回法庭，在各文化产业园区、文化文物单位建立知识产权快速维权中心，聘请相关法律人员为文化文物单位提供咨询，使文化文物单位和文创机构能够便捷快速地进行维权。加大对侵权行为的惩处力度，加大文创领域的市场监管力度，严厉打击恶意侵权。建立文创市场信誉机制和黑名单制度，对不遵守市场竞争规则和市场信誉差的文创企业，提出市场退出警告，情节严重的要依法追究责任。

第四，在全社会范围营造文创知识产权保护氛围。培育文创授权相关社会组织、非营利机构和第三方评估机构，为文化文物单位提供专业的文创授权服务，成为授权开发的重要参与力量。在全社会范围内开展文创知识产权法律普及讲座，让社会大众明了保护原创、禁止侵权的价值和意义。文化文物单位要加强知识产权法律法规的学习和掌握，厘清自身文创开发的著作权、商标权和专利权，及时注册商标和申请专利，储备培养和引进文创开发、知识产权保护的专门人才。非物质文化遗产传承人要清楚自身所拥有的知识产权和如何鉴定侵权，学会寻找侵权证据。社会大众需要明确侵权行为如何界定，避免无意识中对他人构成侵权，或抱着侥幸心理打市场擦边球，并在全社会形成保护原创、侵权可耻的文化氛围和监督机制。

第四节　文创授权开发中的安全保障

目前的文创领域，还是以文化文物单位为主要构成基础进行市场化开发，文化文物单位的人员构成以学术研究和事业行政为主，在文化市场的商业运营方面存在一定的经验不足，而文化文物单位承载着国家信誉、文化安全和学术声望，如果不明晰市场经营上的风险，会对文化文物单位自身和国家层面的公信力造成损失。

一、品牌安全

大部分文化文物单位对知识产权的重视程度不够，在进入市场之前，往往意识不到把自己的品牌名称，或者能够代表自己品牌形象的词语或称谓注册成商标。商标注册非常重要，虽然文化文物单位本身的名称具有识别度和市场价值，但如果不落在具体商标上，名称仅在行政管理范围内属于文化文物单位，在进行市场化开发时，没有注册商标，就很难受到商标法的保护，文创产品的知识产权也就没有了法律保障，甚至会被抢先注册商标者认定为侵权。

2021年，河南卫视的春晚节目《唐宫夜宴》火爆出圈，引发了一场现象级的商标抢注战。截至2021年3月24日，关于"唐宫夜宴"及类似商标共有270多个正在注册申请中，涉及教育娱乐、餐饮住宿、办公用品、食品、服装鞋帽、方便食品、酒类、广告销售等45个类别，之后，作为《唐宫夜宴》的创作方、制作方和赞助方，河南博物院、郑州歌舞剧院、河南广播电视台三家单位纷纷开始注册申请，仅"唐宫小姐姐"这一商标累计注册申请就有145个，先后涉及河南花冠文化科技有限公司、河南博物院、河南广播电视台、郑州歌舞剧院四家单位。此次"抢注大战"之所以爆发，原因在于相关单位事先没有进行商标注册登记，合作方也没有事先就《唐宫夜宴》的著作权进行事先约定。根据商标法实行的申请在先为主、使用在先为辅的原则，节目成名后，这次抢注大战一触即发。

因此，文化文物单位应该采用未雨绸缪的原则，对自己的单位名称、产品品牌、代表性藏品等首先进行注册登记。商标共有45大类，至少先把文创相关的14类、24类、

35类进行注册，然后根据自己的供应链和业务发展方向，再注册其他类别（8、18、25、29、30、32、41）。如果资金充足，可以把所有大类全部注册，形成品牌保护。

二、形象安全

形象安全是作为国有资源管理方的文化文物单位尤其需要注意的，即在文创开发和市场运营中如何维护文化文物单位的公信力和文物资源所蕴含文化价值不被扭曲。具体来说体现在内容设计、品控管理和外宣管理三个方面。

内容设计最大的隐患来自内容选择的价值观诠释。戏说历史、编纂虚无故事，迎合低级趣味或者过于血腥暴力等，都不适合作为文创产品蕴含的价值观。因此在内容选择方面要有严格的管控能力和预审能力，尽量与市场信誉好的文化企业合作，文化挖掘中尽量避免宣扬消极负面价值观、带有明显宗教色彩和宗教标识及宣扬宗教教义的文化内容、恶意丑化歪曲历史事件或历史名人等情况出现。目前文创市场上最常出现的是历史内容恶俗化情况，即为了迎合部分年轻人不成熟的三观，故意做出低级谐谑的历史重要人物形象。历史人物可以活泼，但不能耍活宝。文创是要引导大众对历史、对美的认知提升，而不是反过来迎合现代社会不成熟的价值观，降低自身的审美标准。文化文物单位在市场合作中尤其要注意对内容的把关。

品控管理是文创产品的核心。创意设计再好，故事讲述再好，最终要落在具体产品上，如果产品品质不行，所有努力都将功亏一篑，品牌信誉也会受到影响。因此，文化文物单位一定要寻找有产品生产和品控能力的合作伙伴，无论有形的文创产品还是无形的数字化内容，品控出现问题最终都将被市场抛弃。现在很多文创产品和旅游商品之所以被诟病，质量问题是最大的问题。例如，2018年故宫口红风很大，但却被吐槽口红膏体起泡、容易沾杯等问题，影响产品的持续销售和故宫的品牌形象。

外宣管理也是非常重要的环节。很多人认为"外宣"是新闻部门考虑的问题，其实文创运营也涉及外宣，包括一切触达消费市场的途径端口，如对外宣传的介绍、微信、微博、短视频等公众媒体平台内容，线上网店的主题、标题和页面介绍内容及产品包装，线下活动的美陈主题和宣传页，甚至做活动时的邀请函内容都需要严格的内容管理。一些企业为了追求眼球效应，或者为了追求利益而忽略社会责任的严谨性和真实性，甚至有时候极其隐蔽地宣传一些不适宜内容，都需要文化文物单位明察秋毫、严格把控。

三、股权安全

文化文物单位与社会力量合资成立文创公司，涉及的核心问题是如何通过参股或控股，保证文化文物单位在公司重大问题决策、内容审核、品牌使用方面享有绝对的否决权，确保国有文化资源的股权安全。

合资公司分三种股权类别。在两方合作模式下，合作体现为是否控股。股权比例超过51%为控股，优点是文化文物单位可以在公司业务上有决定权，避免企业太过迎合市场做出有损文化安全的行为，也可以对风险进行多重评估，避免企业太过冒险的市场行为。缺点是可能因过于保守、缺乏市场经验，效率不高，导致新公司丧失商机，慢慢回到事业单位的老路子。多方合作模式下，合作方式体现为控股和参股，控股表现为文化文物单位是最大股东，股份占比40%～51%，在日常管理中有主导权，但如果作为大股东的文化文物单位过于保守或者不作为，股东有权进行章程的修改，改变相关议题的最终走向。

文化文物单位的参股表现为股权比例在30%左右或更小比重，存在的问题是文化文物单位不是大股东，如何确保在公司运营中的内容审核、品牌使用上有绝对的否决权。对于此种情况可以考虑在公司表决机制上采用"同股不同权"的方式，即在拥有相同股权情况下，在品牌使用、对外宣传、产品内容选择、设计方案内容审核方面，文化文物单位拥有超过51%的表决权，在产品创意设计、生产品控、市场经营策略方面，合作企业拥有更多表决权。

在合作伙伴选择上，初涉文创市场的文化文物单位可以优先考虑与国企控股或参股的公司合作，至少在"三重一大"（重大事项决策、重要干部任免、重大项目投资，大额资金使用）方面，双方受到共同的管控和约束，不会在经营理念上有太大的分歧。而如果选择与商业化公司合作，则无论控股还是参股，都要在合作协议或公司章程中约定，事关文化文物单位品牌使用，以文化文物单位名义进行的商业化活动等相关内容审核的最终裁决权，由文化文物单位股东或者其委派的董事拥有最终的表决权。这样才能从制度上保证文化文物单位的股权安全。

四、财务安全

文创公司与其他商业文化公司不一样，是货真价实的零售型企业，集合了文具、食品、彩妆、工艺品等多种行业领域，包含了版权交易、授权服务、商品进销存、供应链管理、电子商务、活动地推、公关业务等多个范畴，从公司成立的账套建设及各种费用的处理，都需要足够的专业知识做好财务保障工作。因此，一定要有专业的财务人员做好成本核算、零售管理、库房物流运营，还要精通税收、零售、供应链各个环节的业务，最大限度保障国有资产的安全。

总之，在文创市场领域，风险无处不在，文化文物单位一定要对这些风险有提前的预期和周密的部署，只有"安全"才能持久。然而也不能一味强调"安全"就因噎废食，这样就和国家对文创市场的整体精神背离了。在"安全"和"市场"之间是有很宽的冗余度和空间可供发挥的。只要经验丰富，有安全意识和合理的运营机构，在确保安全的基础上，最大限度地激活文化市场因素，满足市场需求，以规范的商业手段推动传统文化的复兴和创新，是完全可以做到的。并且，《关于进一步推动文化文物单位文化创意产品开发的若干措施》中已经明确要有容错机制，允许缺乏市场经营经验的文化文物单位在市场上犯错，给予文化文物单位一定的锻炼弹性和成长空间，文化文物单位完全可以放下顾虑，在文创市场充分实践自身的经营理念。

第六章 国有博物馆文创授权开发

　　博物馆是人类文明的见证者和智慧成果的保管者，集中展示地区和民族的物质文明和精神文明，正如习近平总书记强调的，"中国各类博物馆不仅是中国历史的保存者和记录者，也是当代中国人民为实现中华民族伟大复兴的中国梦而奋斗的见证者和参与者"。博物馆凭借着藏品、遗址、地域文化等深厚的文化积淀形成自己的文化特色，在文化文物单位文创开发中处于先发者地位，也是文创开发的主力军。故宫博物院、敦煌研究院、苏州博物馆等一批在文创开发中处于领先地位的博物馆，已经成为社会知名度很高的"网红"博物馆。整体上看，虽然博物馆拥有大量传统文化资源，但在文创开发上并非已经达到成熟完善的程度。除了故宫博物院、国家博物馆等表现较好的大型博物馆，不少专业性强、地处偏远的博物馆在文创开发方面仍停留在粗糙的创意设计阶段。而基于博物馆藏品资源的文化授权更是处于刚起步阶段，离现代市场体系要求的完善的产权市场还有很大差距。

第一节　国有博物馆知识产权图谱

截至 2019 年年底，全国备案博物馆 5535 家，按博物馆性质分类统计，文物行政部门管理的国有博物馆 2929 家，占比 52.92%，其他行业性国有博物馆 896 家，占比 16.19%。非国有博物馆 1710 家，占比 30.89%。国有博物馆包括国有综合性和行业性博物馆，共 3825 家，占比 69.11%，即中国 2/3 以上的博物馆是国有博物馆。❶ 从藏品数量来看，根据《全国第一次可移动文物普查数据报告》，截至 2016 年年底，我国博物馆、纪念馆共收藏可移动文物 41 963 657 件，占所有可移动文物的 65.49%❷，即中国近 2/3 可移动文物收藏于各级博物馆之中。本书以国有博物馆及其藏品的文创开发作为研究对象（见图 6-1）。

图 6-1　开发基础：2011—2019 年中国博物馆数量分析

数据来源：国家文物局，艾媒数据中心（data.iimedia.cn）。

一、国有博物馆可供开发的文化资源

（一）博物馆藏品资源

国有博物馆占比最大的文化资源是其藏品资源。根据《中国文化文物统计年鉴》的

---

❶ 刘书正.中国博物馆藏品规模与结构研究［J］.中国博物馆，2021（2）：69-76.
❷ 国务院第一次全国可移动文物普查领导小组办公室.第一次全国可移动文物普查数据公报［N］.中国文物报，2017-04-08.

统计数据，1995年全国博物馆行业共有藏品1133万件（套），到2005年增至1996万件（套），到2019年增加到近3955万件（套），充分体现了近年来博物馆藏品数量增长之迅速。从藏品等级上看，2019年全国博物馆珍贵文物共3 628 886件（套），占藏品总数的9.17%，其中一级品79 265件（套），二级品563 792件（套），三级品2 985 829件（套）。[1] 从藏品结构的样貌和特点分析，根据第一次全国可移动文物普查的公布数据，我国清代及以前的藏品共约4186万件（套），占藏品总数的76.49%，藏品年份高度集中在汉、宋、清、中华民国、中华人民共和国等几个时期，这五个时期的藏品总计45 918 738件（套），占可移动文物总量的83.90%。除新石器时代、周、唐和明以外，其他时期的文物占比均不超过1%，藏品最少的是夏、西晋、隋、五代十国、辽、西夏六个时期，占比均不足0.2%（见表6-1）。[2]

表6-1 全国可移动文物所处年代结构表

可移动文物年代	可移动文物实际数量/件（套）	实际数量占比/%	可移动文物年代	可移动文物实际数量/件（套）	实际数量占比/%
旧石器时代	114763	0.21	唐	3421490	6.25
新石器时代	782177	1.43	五代十国	87656	0.16
夏	22432	0.04	宋	9914814	18.12
商	213491	0.39	辽	99918	0.18
周	1406805	2.57	西夏	32226	0.06
秦	198027	0.36	金	126694	0.23
汉	4710963	8.61	元	193795	0.35
三国	122588	0.22	明	1548018	2.83
西晋	45999	0.08	清	18424094	33.66
东晋十六国	184951	0.34	中华民国	9220037	16.85
南北朝	145697	0.27	中华人民共和国	3648830	6.67
隋	62292	0.11	总计	54727757	100.00

数据来源：国务院第一次全国可移动文物普查领导小组办公室.第一次全国可移动文物普查数据公报[N].中国文物报，2017-04-08.

国有博物馆的文创产品开发，绝大部分都是以自身所拥有的藏品资源为基础开展的。以故宫博物院文创旗舰店的文创产品为例，大部分取材自故宫馆藏品，喜悦如意收

---

[1] 中华人民共和国文化和旅游部.中国文化文物和旅游统计年鉴2020[M].北京：国家图书馆出版社，2021.

[2] 国务院第一次全国可移动文物普查领导小组办公室.第一次全国可移动文物普查数据公报[N].中国文物报，2017-4-8.

纳盒，设计灵感来源于古铜彩描金花圆盒；牡丹口红系列彩妆霞影纱、软烟罗、醉红绡，取材于故宫博物院藏《牡丹图册》；青筋玛瑙转运手串，设计灵感来源于故宫博物院藏《清·雍亲王题书堂深居图屏之倚榻观鹊轴》。一般而言，书画作品、陶瓷、手工艺品、首饰服饰中的用色搭配、图案、造型等，是文创产品最主要的灵感来源。敦煌研究院2021年推出"玉见敦煌"系列珠宝，以珠宝的形式对莫高窟壁画故事、洞窟建筑窟顶藻井艺术、彩塑造像艺术进行创造性转化，利用敦煌壁画独有的佛像、乐器、飞天等形象元素与非遗工艺结合，生产出千佛系列、飞天系列、九色鹿系列、十二星宫系列、重工花丝系列、金银错系列文创珠宝。

（二）博物馆特色元素

博物馆的建筑装饰、展览展陈等，也可以称为文创开发的元素。例如，故宫博物院的"寻香紫禁城六雅系列"香水，取慈宁宫慈宁花园咸若馆省心悦己的心境、坤宁宫帝后大婚的场景、太和殿庄重典雅中正祥和的气度、御花园佳木葱茏莲蕊衣香的纯粹、三希堂焚香养心高雅深静的意蕴、漱芳斋明丽绚烂开笔书福的习俗，结合《四库全书》中的《陈氏香谱》，开发出"须弥、兰麝、四和、泥莲、旃檀、漱芳"系列香水。同时，故宫拥有200多只猫，有些是"正统"御猫的后代，也有些是翻过围墙在此住下的小野猫，并且它们都有自己的名字，如鳌拜、鲁班、花花、七喜等，随着故宫文化IP的走红也成为"网红猫"，以故宫猫为灵感，衍生出系列文创产品，如故宫出版社推出的故宫猫系列绘本、图书手账、文具、茶杯等，颇受市场欢迎。苏州博物馆的新馆建筑由世界著名建筑大师贝聿铭先生设计，苏州博物馆以此为灵感推出"苏博建筑"主题系列文创，如木刻镂空冰箱贴、创意海棠花窗珍珠镀金胸针、山水间置物座收纳品、书签、钥匙圈、项链等，产品种类非常丰富。因此，博物馆的建筑风格、宫墙、宫殿、庭院、古树、流浪猫等，都是文创开发的元素。

（三）博物馆的知识和技能

博物馆作为文化文物单位，拥有大量的研究人员，在了解文物资源和挖掘文物历史方面有得天独厚的优势，藏品背后的历史价值、文化价值、传说故事、重大事件，以及博物馆自身的文物修复技艺、产品制作技艺、展览展陈技艺等，和博物馆基于以上知识和技艺所形成的研究报告、文献资料、书籍档案、视频音频等，博物馆自主开发或通过设计大赛取得版权的文创设计方案等，都可以成为文创开发的元素。文创产品不是简单地复制文物，越是文化信息和知识含量高的产品，越是受到市场的欢迎。例如，苏州博物馆利用中国画史上沈周、文徵明、唐寅、仇英四位明代画家都在苏州从事绘画活动的故事，开发"吴门四家"系列文创产品，包括唐寅袋泡花茶、文徵明衡山杯、沈周百合丝巾等。2020年2月农历小年，敦煌研究院"云游敦煌"微信小程序推出"点亮莫高窟"的点灯夜景，通过互联网空间复原了莫高窟燃灯民俗，这也是将莫高窟研究成果与文创结合的产物。

（四）博物馆品牌效应

博物馆自身的知名度、美誉度、公信力、藏品数量、藏品影响力等形成博物馆的无形资产，尤其是在传统文化IP、国潮成为时尚的情况下，与博物馆合作可以提高企业的文化附加值和权威影响力，产生溢价效应，因此品牌联名成为近年来文创开发的重要方式。国外的大英博物馆、美国大都会博物馆、维多利亚和阿尔伯特博物馆、英国国家美术馆、波士顿艺术博物馆等，都已与国内的品牌商合作开发文创产品并入驻天猫平台，国内故宫博物院、敦煌研究院、苏州博物馆、上海博物馆、国家博物馆等在文创开发走在前沿的博物馆，也都形成知名文化IP，成为众多品牌争相合作的对象。

二、国有博物馆可供使用的知识产权

博物馆文创授权是指博物馆将其所拥有的文化元素所形成的知识产权以合同形式授权给第三方机构，由第三方机构在博物馆的监督指导下创作文创产品并进行销售，博物馆从中获得权利金的行为。上述博物馆可供利用的文化元素，必须转变成知识产权，才能够成为授权对象。具体来说，博物馆文化元素可转变成著作权、商标权、专利权三种形式。

著作权是博物馆知识产权的主要类型。博物馆基于对藏品资源的研究所形成的研究报告、文献资料、书籍档案、视频音频等的著作权，以及博物馆自主研发的文创设计方案、通过文创大赛合法取得作者授权的创意方案等都归博物馆享有，博物馆可以通过著作权授权的方式进行对外授权。尤其值得关注的是文创设计大赛，在政策鼓励下，近年来我国举办了很多场文创设计大赛，以2021年恭王府博物馆文创设计大赛为例，博物馆通过奖金形式取得作者授权，然后通过商业品牌定向合作，商家采购或政府采购形式为产品提供市场对接。恭王府博物馆文创大赛就通过与老舍茶社、陈氏定窑、九芝堂等11个品牌合作，为获奖作品提供更明确的创作方向和后续保障。

值得注意的是由于藏品资源归国家所有，基于藏品资源所形成的高清图像、3D模型等，在理论上并不构成独立的数字版权，因此尽管很多博物馆将藏品的数字版权作为授权对象，图像授权也是很多博物馆在授权中主要权利金来源，但藏品本身的图案、造型、用色等，并不在博物馆知识产权的范围内。藏品著作权的授权有两种情况，一种是藏品版权在著作权保护期范围内，需要经过藏品创作者本人授权方可使用，另一种是藏品版权超过著作权保护期进入公共领域，则任何人不经授权都可以使用。

商标权也是博物馆知识产权的主要类型。博物馆基于博物馆名称、相关标记、特色活动、主题展览、馆藏精品等进行登记注册，可以构成博物馆享有的商标权，用于品牌联名及对外授权合作。无论哪种商标均需在国家知识产权局商标局申请商标注册，成为"注册商标"后才能行使商标专有权。商标权可以用文字的形式申请，如陕西历史博物馆的"陕历博""周知礼""秦威武"，也可以用图形形式申请，将博物馆自身的特色建筑等抽象成几何图形或符号，如中国国家博物馆以博物馆建筑正面线图为商标（图6-2），南昌八一起义纪念馆采用博物馆总指挥部旧址外部建筑侧面照片为商标；或者以博物馆馆藏精品文物整体或部分元素为商标，如西汉南越王博物馆以镇馆之宝玉壁、虎符为商标，湖南博物馆马王堆系列以"T"形帛画和朱地彩绘棺的局部纹样为商标；还可以用图形、汉字、字母等共同组合而成的商标，最为常见的是直接采用博物馆馆徽作为商标图案，如秦始皇帝陵博物院、汉阳陵博物馆、山西博物馆、南京博物院、广东博物馆等，或者是图形与汉字结合，如故宫博物院商标"宫"，"宫"字的一点取材于"海水江牙"和"玉璧"的图形元素，"宫"的两个"口"，表意紫禁城"前朝后寝"的建筑理念，"宫"字下边不封口，寓意皇宫过去是封闭的，而今日的故宫博物院是开放的（图6-3）；首都博物馆的商标是采用"九叠篆"将博物馆全称刻印出来（图6-4）。

图 6-2　中国国家博物馆商标　　　图 6-3　故宫博物院商标　　　图 6-4　首都博物馆商标

博物馆可以依据自身资源申请多个商标，搭建自己的品牌体系。以注重商标保护的敦煌研究院为例，已经构建起了完善的商标体系，形成了以"敦煌论坛""莫高讲坛""敦煌读书班""丝绸之路与敦煌学"等为主的学术品牌；以"敦煌艺术大展""敦煌壁画艺术""精品高校巡展""数字敦煌展"等为核心的展览品牌；以"念念敦煌""如是敦煌""夜空下阐释敦煌"等为主要内容的文创品牌；以"敦煌研究""敦煌研究学术文库""丝绸之路与敦煌名著译丛"为代表的出版品牌；以"敦煌文化驿站""文化遗产五进活动""博物馆社教活动"等为主的公共教育品牌；"守护敦煌""吾爱敦煌""敦煌说"等新媒体品牌。❶ 截至2017年6月6日，我国国家一级博物馆（129家）在中国商标网上注册商标2752种，商标种类264种。注册商标数量排名前三的博物馆是中国国家博物馆、故宫博物院、陕西历史博物馆，数量分别是573个、288个、

---

❶ 何红军.敦煌研究院商标品牌建设的现状、问题与思考[J].中国博物馆，2021（1）：94-100.

180个，注册商标种类分别是20种、8种、9种（见表6-2）。

表6-2 中国一级博物馆注册商标情况排名（前20）

序号	名称	省份	注册商标数量	注册商标种类
1	中国国家博物馆	北京	573	20
2	故宫博物院	北京	288	8
3	陕西历史博物馆	陕西	180	9
4	敦煌研究院	甘肃	170	29
5	河南博物院	河南	148	12
6	西安半坡博物馆	陕西	125	9
7	武汉市中山舰博物馆	湖北	125	5
8	成都武侯祠博物馆	四川	113	20
9	西汉南越王博物馆	广东	104	3
10	汉阳陵博物馆	陕西	90	4
11	秦始皇帝陵博物院	陕西	86	13
12	自贡恐龙博物馆	四川	73	2
13	成都杜甫草堂博物馆	四川	70	13
14	西安碑林博物馆	陕西	51	3
15	首都博物馆	北京	48	9
16	中国科学技术馆	北京	45	1
17	山西博物院	山西	45	1
18	自贡市盐业历史博物馆	四川	45	1
19	湖南省博物馆	湖南	42	14
20	北京自然博物馆	北京	33	3

注：129家一级博物馆中有57家未注册商标。

数据来源：陈淑卿.国家一级博物馆商标注册情况初步分析［J］.博物院，2018（1）：55-65.

专利权也是博物馆知识产权的类型之一。在博物馆可用于文创开发的元素中，博物馆工作人员所掌握的文物修复技术、产品制作工艺、产品技术标准，以及博物馆自主研发的文创外包装、造型设计等，可以申请外观设计专利、实用新型专利、发明专利，并通过授权方式对外开展合作。2016年1月，中国科学院的研究人员在 Nature 期刊发表研究成果，确认在汉景帝阳陵第15号从葬坑随葬品中发现的植物标本为茶叶，这些茶叶可以追溯到2150年前，被称为迄今为止"世界上最早的茶叶"。2016年3月，汉阳陵出土的茶叶成功申报"迄今为止发现的最古老的茶叶"吉尼斯世界纪录。基于这一稀缺文物资源，汉景帝阳陵博物院采用院独有文物"阳陵泾乡"汉代瓦当为造型，结合当地非物质文化遗产"泾阳茯茶"制作工艺，开发出汉阳陵"阳陵泾乡"茯茶茶饼高端礼品，并分别设计了"世界上最早的茶叶""千古一叶"两个Logo，于2016年7月向国家版权局申请"世界上最早的茶叶""千古一叶"专利并获批，2017年4月再次申请"阳陵泾乡"瓦当茶饼外观专利和"阳陵泾乡"瓦当图案著作权专利，通过这些专利进行文化品牌推广，寻找合适的企业进行"世界上最早的茶叶"文创开发。以上是专利授权的成功案例，目前来看，专利授权还没有在博物馆文创授权中得到普遍使用（见表6-3）。

表6-3 博物馆文创资源——知识产权类型转化

博物馆资源类型	具体描述	知识产权类型
藏品资源	藏品、纹样、图案、工艺等	公有知识产权
	博物馆自主文创设计方案、文创大赛方案等	著作权
特色元素	建筑风格、特色物品、展览展陈	商标权
知识技能	研究报告、文献资料、书籍档案、视频音频等	著作权
	文物修复技术、产品制作技艺、产品技术标准等	专利权
品牌效应	博物馆知名度、美誉度、影响力、公信力、特色藏品数量及影响力、博物馆经营能力等	商标权

第二节　国有博物馆文创开发模式

国有博物馆属于公益类事业单位，经费来源为事业单位全供性质的国家财政拨款，长期以来国有博物馆将职能重心放在藏品征集、保管、展示和研究上，没有文创经营的观念和意识。随着博物馆免门票政策的实施和职能的转变，越来越多博物馆意识到文创经营在扩大自身品牌影响力和文化传播力方面的巨大作用。自 2013 年以故宫文创为代表的新文创引爆了社会热点，我国博物馆文创开始出圈发展，并逐步展示出其巨大的商业开发价值，随着国家政策支持和数字科技应用的加持，我国博物馆在开发运营方面不断尝试探索，逐步形成了较为成熟的开发模式，为博物馆 IP 产业化发展开拓了更多可能性。

一、国有博物馆文创产业链

从文博市场整体发展情况来看，经过近十年的发展，中国博物馆文创产业链结构初步形成（见图 6-5）。我国博物馆文创产业链上游是以博物馆为代表的 IP 持有方，包括有一定 IP 流量的各级各类博物馆。中游是 IP 运营方，包括各类文创平台、文创开发企业及与之合作的文创加工制造企业、原材料供应企业、创意设计工作室等。下游是 IP 销售渠道方，包括博物馆商店、景区纪念品商店、各电商平台等，通过渠道方的销售，文创产品最终到达消费者手中。在博物馆文创的开发过程中，围绕市场也形成了行业协会、版权服务和科技服务等支持方，这些角色共同构成目前主要的旅游文创 IP 产业链结构。

中国文博IP商业化产业图谱

图 6-5　中国文博 IP 产业图谱

对于上游 IP 持有方来说，IP 商业化的核心不仅在于其收入规模，更在于 IP 传播力和社会价值，在这方面故宫博物院、敦煌研究院等综合类博物馆表现较为突出，形成国内知名文创品牌，河南博物院、三星堆博物馆、杜甫草堂等后起之秀发展迅猛，成为近年来的热门 IP。

中游运营方对上游 IP 方资源依赖较强，且整体市场仍在培育期，一方面仍处在小而美的发展阶段，另一方面呈现出依托其他行业龙头企业融合发展的趋势。目前做得较好的运营企业有上海品源文华、中创文旅、华熙生物、红纺文化、英集文化、天禹等企业，如品源文华是国外知名博物馆大英博物馆、大都会艺术博物馆、维多利亚与艾尔伯特博物馆等博物馆在中国的文创合作方，中创文旅是颐和园文创的主要合作方，华熙生物是故宫文创的合作方。在平台方面，腾讯新文创以"文化＋科技"的方式，与各大博物馆展开深度合作，开发了包括数字创意、网络视听、数字出版、数字文娱、线上演播在内的海量文创产品。阿里巴巴集团的阿里鱼平台，中国国家博物馆的"国博文创"等也都是国内享有一定知名度的文创运营平台。

下游渠道方较为分散，呈现出线下为主、线上线下结合的特征。除了传统的博物馆商店，众多旅游文创产品纷纷通过开设电商旗舰店、直播带货、短视频宣传等形式进行传播。抖音、快手、哔哩哔哩、喜马拉雅、携程、飞猪、淘宝、天猫、京东、小红书等新媒体平台都已成为博物馆文创的渠道方。从内容上看，爆款 IP 天然具有吸粉能力，未来渠道的竞争除了 IP 资源外，还在于如何培育渠道用户对 IP 的认可度，扩大文博 IP 声量。

由于文创产业在我国处于刚起步状态，相关配套产业还很不完善，行业协会、版权服务、第三方评估机构、市场监管等方面多依赖现有组织进行业务扩展，如中国博物馆协会、中国文化产业协会、中国版权保护中心、科大讯飞、华为等协会和企业，都直接或间接地涉及博物馆文创相关服务，专门的博物馆文创中介服务机构尚不成熟，未来还有很大的发展空间。

二、文创商品开发模式

商品开发是博物馆商业化授权最早涉及的领域。目前商品开发分为实体层面的文创商品开发和虚拟层面的数字文创和文娱节目。

（一）博物馆文创商品

博物馆文创商品是指将博物馆文化 IP 元素与有形产品相结合开发出的，兼具文化属性、实用属性和市场属性的有形文化产品，如带有博物馆文化创意元素的文具、餐具、食品、纪念品、日用百货等。博物馆文创商品是传统的文化纪念品的升级，与传统纪念品相比，更突出博物馆自身的文化特色和创意融入，更强调实用属性和文化属性在产品上的体现。可以将文化创意商品的生产分为 IP 资源梳理、创意转化、产品生产三个环节。在 IP 资源梳理环节，首先是从文化遗址、传统曲艺、传统工艺、绘画艺术等素材中提取出能够产生情感共鸣、文化认同和文化美感的文化元素，再将这些文化元素通过符号转化、功能转化和抽象情感转化等，转变为文化创意设计方案，最后经过选厂选材、开模打样、大货生产等生产供应链管理，转变成最终的文创产品。

近年来博物馆文创产业爆发出巨大的商业价值潜力，越来越多博物馆开始进行文创产品开发，文博市场发展态势良好，呈现出争奇斗艳的繁荣场景。虽然市场热度足够高，但真正高品质的文创商品仍处于稀缺状态。目前国内文创商品有三种开发思路：一是颜值转化，强调将能够体现博物馆特色的符号、颜色、形状、图案等运用到产品外形设计或外包装上，如敦煌研究院开发的"惜韶华"系列渐变色金属书签，就是将九色鹿、飞天、琵琶等敦煌特色的图案、造型和配色运用到书签设计中；二是功能转化，改变人们对某文化文物的传统认知，开发新的功能，让人耳目一新，如将青铜酒杯改变材质和用途，开发成巧克力，或者将抽象文化元素转化为具象文化产品，如苏州博物馆的著名文创产品"唐寅泡",将历史人物唐寅的形象与茶包结合;三是情感具象化,挖掘藏品背后的文化内涵,找到与现代社会的心灵契合点和情感共鸣点,如故宫博物院推出的萌萌哒系列乾隆皇帝形象。目前我国博物馆文创产品还多处于提升颜值阶段,文创的深层价值挖掘不够,市场缺乏能够引起用户情感共鸣的差异化产品,未来行业竞争将从仅依靠"审美升级和新鲜感"的1.0版本向"情感链接和场景化消费"2.0版本倾斜。

在产品销售方面,近年来电商平台消费和场景化消费成为博物馆文创消费的亮点。自2008年故宫博物院在淘宝上开设"故宫淘宝"电商店以来,越来越多的博物馆如大英博物馆、中国国家博物馆、苏州博物馆等在淘宝、天猫开设文创旗舰店,截至2020年年底,淘宝天猫上共有46家国内外博物馆文创店铺,更有100多家博物馆参与2021年淘宝双"11"的博物馆国潮体验活动。同时,场景消费在博物馆文创消费中也占据重要位置,抖音电商推出"富艺计划",通过抖音平台为文创商品提供新的营销场景,使优质产品伴随着优秀内容和主播以直播形式出现,打造抖音电商破次元的"历史新番",到2021年年底,已有故宫文化、观复博物馆、布达拉宫博物馆、敦煌博物馆及波士顿博物馆、英国国家美术馆等17家海内外博物馆入驻。

授权开发与跨界联名成为博物馆文创发展的新趋势。授权开发能够扩展博物馆的社会合作渠道,打通博物馆与社会各行各业的壁垒,使博物馆资源优势得到最大限度的发挥。据中国玩具和婴童用品协会报告显示,2020年我国年度被授权商品销售额1106亿元人民币,同比增长11.5%,授权金41.5亿元,同比增长8.6%,其中授权市场IP中艺术文化类占比达18.7%,较2016年上涨8倍。❶近年来博物馆IP加速跨界创新,通过授权、联名等方式触达更多用户,增加了博物馆与授权或联名品牌双方的曝光度和吸引力,成为年轻人消费的热点。跨界服装、跨界潮牌、跨界游戏、跨界食品是跨界联名的热门领域。

(二)影视娱乐作品

除了有形的文创商品,影视娱乐作品也是博物馆文创的重要组成部分。自纪录片《我在故宫修文物》2016年走红以来,文博类影视节目不断创新文化呈现形式,以新颖的内容、富有创意的表现形式,将传统文化的精华通过电影、电视剧、纪录片、综艺节目、短视频作品等方式表现出来。具有代表性的作品包括《国家宝藏》《上新了,故宫》《如果国宝会说话》等,以及河南卫视的节日系列综艺节目,都以鲜明的节目特点、巧妙的艺术构思,将传统文化通过声、光、电等形式,以及虚拟现实增强现实等现代科技

---

❶ 艾瑞咨询.2021年中国文博IP商业化研究报告[EB/OL].(2021-08-26)[2023-01-15].https://report.iresearch.cn/report/202108/3832.shtml.

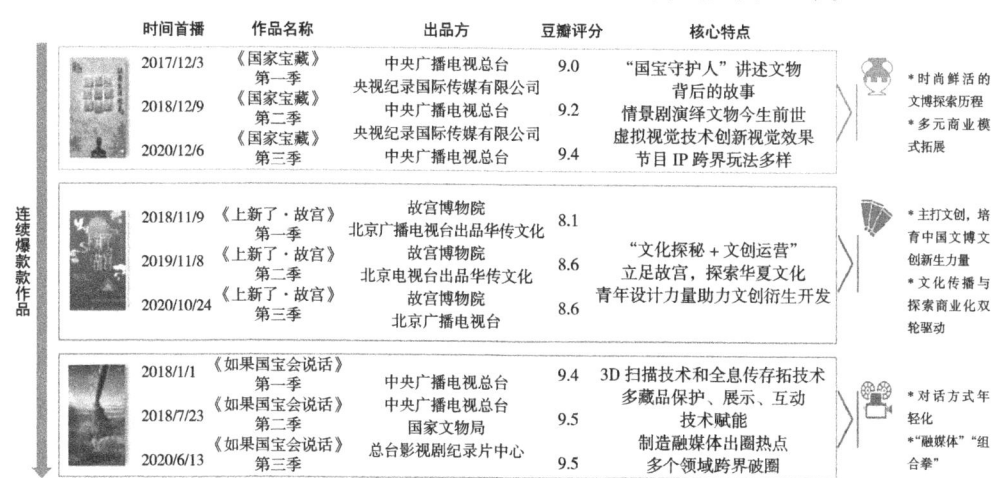

手段，沉浸式体验等表现手法，将传统文化的魅力展示出来（见图6-6）。

	时间首播	作品名称	出品方	豆瓣评分	核心特点	
连续爆款作品	2017/12/3	《国家宝藏》第一季	中央广播电视总台 央视纪录国际传媒有限公司	9.0	"国宝守护人"讲述文物背后的故事 情景剧演绎文物今生前世 虚拟视觉技术创新视觉效果 节目IP跨界玩法多样	*时尚鲜活的文博探索历程 *多元商业模式拓展
	2018/12/9	《国家宝藏》第二季	中央广播电视总台 央视纪录国际传媒有限公司	9.2		
	2020/12/6	《国家宝藏》第三季	中央广播电视总台	9.4		
	2018/11/9	《上新了·故宫》第一季	故宫博物院 北京广播电视台出品华传文化	8.1	"文化探秘+文创运营" 立足故宫，探索华夏文化 青年设计力量助力文创衍生开发	*主打文创，培育中国文博文创新生力量 *文化传播与探索商业化双轮驱动
	2019/11/8	《上新了·故宫》第二季	故宫博物院 北京电视台出品华传文化	8.6		
	2020/10/24	《上新了·故宫》第三季	故宫博物院 北京广播电视台	8.6		
	2018/1/1	《如果国宝会说话》第一季	中央广播电视总台	9.4	3D扫描技术和全息传存拓技术 多藏品保护、展示、互动 技术赋能 制造融媒体出圈热点 多个领域跨界破圈	*对话方式年轻化 *"融媒体""组合拳"
	2018/7/23	《如果国宝会说话》第二季	中央广播电视总台 国家文物局	9.5		
	2020/6/13	《如果国宝会说话》第三季	总台影视剧纪录片中心	9.5		

图6-6　2017—2020年文博产业相关影视文娱节目

近年来影视文娱节目的商业变现模式正在发生转变，正在从IP单次授权向价值多次变现转型。文博IP首先通过影视文娱类节目创作实现IP的第一次变现，将文化资源转变成有独立知识产权的影视节目，再将节目作为IP，延伸产业链条，制作音乐、游戏、动漫，或者与其他行业进行跨界融合，开发文创衍生品，实现IP的第二次、第三次连环变现。以《国家宝藏》为例，首先挖掘博物馆馆藏资源的文化内涵和历史背景，制作出综艺类节目，再以综艺类节目为IP，通过授权合作延伸产业链条，实现IP多次跃升。如腾讯开发的《王者荣耀》游戏合作，在游戏中定制李白星元皮肤；打造《国家宝藏》沉浸式数字体验展；创作插曲音乐《抱月入怀》并在网易云音乐播放等，扩展了《国家宝藏》IP的产业链条，并通过与比亚迪、Molly、好想你等合作，开发跨界产品，在天猫开设官方旗舰店"你好历史旗舰店"，扩大了《国家宝藏》的跨界影响力，实现了IP的多重变现。

（三）数字文创产品

2021年，随着元宇宙概念的兴起，NFT数字艺术品及数字文创迅速走红。国际上奢侈品巨头LV推出NFT游戏，玩家有机会在游戏中获得价值2万~2000万美元的NFT黄金明信片。国内支付宝上线NFT艺术收藏小程序"蚂蚁链粉丝粒"，腾讯NFT交易平台"幻核"App推出以"13邀"为代表的数字藏品，字节跳动旗下的TikTok也推出自己的NFT系列作品。很多文化文物单位推出数字文创NFT产品，如河南卫视的《唐宫夜宴》推出唐宫小姐姐数字藏品，河南博物院推出3D版数字文创"妇好鸮尊"，敦煌研究院与腾讯云合作推出敦煌福卡及腾讯内部发放的NFT数字礼品等，是数字时代文创的全新表达。数字文创可以克服物理上的地域局限，连通现实世界与虚拟世界，可能是博物馆文创未来的发展方向。

三、文化教育服务模式

博物馆文化教育服务分为知识讲座、研学旅游、学术研讨等博物馆教育，文博书籍及期刊等出版业务，付费展览讲解服务。

博物馆文化教育服务首先体现为博物馆教育，这种教育并不仅仅是针对博物馆学专业学生的教育，而是以博物馆所储存知识为基础、以兴趣教育和素质教育为出发点的大众文化普及教育，教育对象可以是中小学生等未成年人，也可以是社区民众、老年群体、专业研究人员及历史文化爱好者。教育形式比较灵活多样，包括馆校合作、研学旅游、展示互动、讲座沙龙、博物馆课、新书发布、专题展览等，构建以博物馆素材为内容或主题的、针对所有社会群体的泛教育体系。博物馆作为人类文明和智慧成果的集中保存地，承担着文化输出的重要使命，博物馆可以构建起"互动式、体验式、沉浸式、探索式"的学习场景，实现从教学方式到学习氛围的全面革新，是未来教育的主流方向。

馆校合作，建立第二课堂是博物馆教育的重要组成部分。博物馆与高等院校、中小学、幼儿园都可以建立合作关系，合作方式包括馆内的参观活动、夏令营活动、沙龙活动，校内的教学资料、课后博物馆课程、校内博物馆等。针对博物馆场馆有限、人力资源不足等问题，可以考虑开设博物馆校内分馆，或开设线上课程等形式进行教学；针对全国博物馆资源分布不均等问题，考虑博物馆教育标准化，如开发学习盒子等标准化学习产品；针对当前博物馆课程碎片化、缺乏连贯性等问题，可以与教育系统开展课程合作，结合教育系统学科要求开发系统化的课程体系。

2016年英国提出"我在博物馆上小学"项目，由温迪·詹姆斯提出计划、伦敦国王学院的文化研究所等高校承办，将幼儿园和小学的学生送到博物馆进行日常的课程学习，并在很多学校进行实验。例如，哈德良小学—南希尔兹阿尔比亚罗马城堡与博物馆这对组合，由学校教师配合博物馆藏品设计课程大纲，并改变授课方式，将历史、地理、文学、科学、艺术各个学科的知识融合在一起，在博物馆结合实物资料进行场景教学。圣托马斯社区小学与国家海滨博物馆这对组合中，国家海滨博物馆曾邀请一名自由职业的演员、教育员为孩子们讲述博物馆展示的"罗宾"单翼机的故事。演员带着孩子们穿上戏服，让他们扮演单翼机制造中出现的人物，在这过程中便将飞机的设计、飞行原理、这架飞机的重要性传递出来。孩子们非常喜欢这种方式。"我在博物馆上小学"项目正受到各国人士的关注。到2020年，该项目已经从英国拓展至包括美国、挪威、德国、爱尔兰在内的多个国家，项目数量不少于12个。

北京、西安等很多城市将博物馆教育纳入素质教育，如国家博物馆与北京史家胡同小学建立长期合作关系，联合研发《中华优秀传统文化·博悟课程》，有说文解字、服饰礼仪、美食美器、音乐辞戏等专题，让学生从历史文物中感受中华文明的文化精髓和中华传统美德。西安曲江第二小学提出让学校成为博物馆，在校内建设了"城市历史博物馆""非物质文化遗产博物馆""儿童税法博物馆""地球科学博物馆"等7个主题博物馆，并针对不同年级学生开设史前时代"生存挑战"、周秦时代"物尽其用"、汉代"风流人物"、唐代"无问东西"、"城市记忆"等主题课程，增强学生对传统文化的认知和文化认同。随着研学旅游在全国的迅速开展，博物馆作为研学旅游的重要场地，在博物馆教育方面也将发挥更大的作用。如国家典籍博物馆开设的研学项目，通过引导小观众制作花草纸团扇来了解古代造纸技艺。广东省博物馆组织"行走古驿道"活动，组织学生实地考察广东省内的古驿道，让学生实地感受和体验岭南文化的历史变迁。研学旅游在发挥博物馆文化传播功能方面有巨大潜力。

四、文化空间运营模式

空间运营包括数字展、快闪展、在线看展等付费展览和博物馆场地出租，最典型模式是展览服务。随着文博IP的社会受欢迎程度越来越高，博物馆展览逐渐突破空间限制，创造出更多元化的盈利模式。2019年以来，云看展+直播模式，将云游博物馆与付费直播、在线打赏、直播带货相结合，可以提供博物馆商业新消费场景。上海博物馆将其2019年的年度大展"董其昌书画艺术大展"搬到线上，并创造了一套交互式的观展模式。中国国家博物馆、敦煌研究院等全国八大知名博物馆通过淘宝直播携手推出"云春游"，吸引近千万人次在线观展。苏州博物馆通过某平台直播间进行直播，吸引193万观看流量，文创产品成交额是往日的4倍。"云看展"不仅降低了观众游览博物馆的门槛，还引起了各大新媒体平台的广泛关注，抖音、快手、淘宝等纷纷介入，如淘宝除主播讲解外，还加入了博物馆周边文创产品的购买链接，观众可以边看展边下单。云看展逐渐成为直播技术赋能下博物馆知识传播的新场景，正在衍生出多元化的文化消费新生态。

跨空间展览深度运营是博物馆商业新模式，博物馆与商场、学校合作，推出快闪展、文物复制品展、衍生品售卖、品牌跨界等，如2021年，全国万达商场与百家博物馆联合，推出"万达新国货一起国潮"活动，敦煌博物馆走进兰州、西安、南京、深圳、北京等地的万达广场，让观众在自己城市的万达广场感受敦煌文化，并设置国潮万物快闪店，举办国货品牌走秀，在万达小程序的万达优选设置国货优选专区，打造潮IN集合店、潮物研究所、潮品享优惠等活动。文化与商业相互提升，轻量级模式圈粉，深度挖掘文化商业和社会价值，成为空间运营的常规选择。

在线云展览催生线上博物馆空间。伴随着短视频、直播等线上新形式的火爆，线上文娱产品为观众提供了另一种文博消费新选择，直播带货成为博物馆突破地域限制、加大博物馆覆盖人群、提高博物馆知名度的新方式。2020年，敦煌研究院开发微信小程序"云游敦煌"，360度探索全景数字洞窟；马蜂窝旅游与快手联合推出"云游全球博物馆"系列活动，中国国家博物馆举办全球博物馆珍藏在线接力活动。2021年"双12"期间，三星堆博物馆等近20家博物馆上线抖音，在抖音小店上架百余件文创产品，并通过12月10—12日不间断直播，开启"新文创"消费新生态，助推文旅电商化转型，带动文化、文创、文旅"三文"产业电商化。

VR、AR、MR等新技术赋能，让博物馆展览呈现出全新的表现形态（见图6-7）。博物馆AR展是运用增强现实技术将虚拟信息系统与真实世界感官结合，增强参观者的视觉、听觉和触觉。如位于加拿大的菲利普·柯里恐龙博物馆，点击平板设备上的图标，可以让恐龙骨架"复活"，让参观者处于一个被恐龙追赶的环境中。博物馆VR展是通过虚拟现实技术，让人们看到数字化构建的虚拟场景。西班牙国家考古博物馆运用VR技术，向大众展示不同时期西班牙的历史场景，如旧石器时代人类居住的洞穴、罗马帝国时期的西班牙城市广场、阿拉伯统治时期的集市、黄金时代的住宅等。MR全息博物馆是运用混合现实技术，实现虚拟世界、现实世界和用户三者之间的交互，让人们得到更直观、立体的场景体验感，通过MR全息技术，人们可以瞬间感受到海底世界、热带丛林、恐龙时代等。

沉浸式体验展是综合运用全息投影、互动投影、虚拟现实、增强现实等技术形成的新型展览。中国大运河博物馆重塑大型沉浸式古代场景，让观众回溯大运河千年的历史；设计"密室逃脱＋知识展览"的互动游戏，让观众在游戏中获取个性化的文化教育体验；打造360度多媒体循环剧场，让观众在多维的空间中全面感知大运河的文化生命力。故宫博物院将清明上河图打造成沉浸式体验场景，呈现了北宋的人文生活图景，观众可以在4D动感的虹桥球幕影院"坐"上一条大船，感受汴河两岸旖旎的风光和繁忙的市井生活，达到了文化教育和娱乐体验的有机融合。科技赋能的创意展览目前也是最受欢迎的博物馆营收项目。

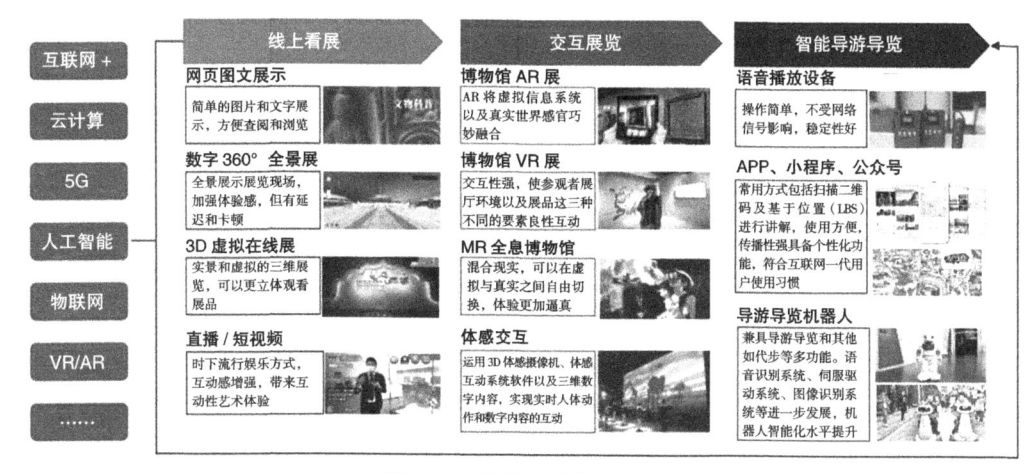

图 6-7　科技赋能创意展览

五、异业跨界融合模式

异业跨界融合是博物馆在传统功能基础上，与其他行业进行异业联盟，包括与餐饮业、酒店业、影视业、制造业、农业之间的联合运营。与品牌联名不同，这里的跨界融合更多是指博物馆以知识产权形式参与到其他行业的运营中，以其他行业为主导的商业模式。

博物馆+旅游演艺。博物馆作为文化圣地，开展剧场、秀场、实景演艺等业态具有天然的优势。秦始皇兵马俑博物馆推出史诗大秀《秦》，运用大量多媒体手段，精心巧用"介质投影"，将现代科技与历史文化碰撞出的结晶，用演员、杂技、武术等多种元素再现大秦雄风，塑造出光影之中的古今面庞与大秦帝国，让两千多年前的传奇历史如时光倒流般真实地呈现在眼前。

博物馆+艺术餐厅。将餐厅开到博物馆，或者将博物馆元素运用到餐厅中，打造艺术与美味完美融合的文化 IP。如"博物馆里的米其林餐厅"，米其林餐厅将地址选在博物馆中，无论是巴黎铸币博物馆的米其林三星餐厅，还是古根海姆博物馆的米其林一星餐厅，都超越博物馆本身，成为博物馆的名片。伊斯兰艺术博物馆在博物馆中心位置开设艾伦·杜卡斯餐厅，参观者可以在餐厅边品尝法国地中海与阿拉伯风味结合的独特美味料理，边欣赏多哈辽阔的地平线。世界上很多博物馆的咖啡厅、餐厅本身就是博物馆的重要组成部分，是吸引参观者到博物馆的积极因素。

博物馆+特色住宿。博物馆和酒店的结合在世界各地并不少见，如美国 21 世纪路易斯维尔博物馆酒店、法国美居里昂艺术博物馆酒店、土耳其博物馆酒店、新西兰惠灵顿博物馆酒店都非常有知名度。在国内，民营博物馆在博物馆+酒店领域率先进行了尝试，如西安曲江艺术博物馆在酒店内开设中国古代壁画源流展、斯洛文尼亚珍宝展、建窑瓷器精品展三个展厅。雅鲁藏布大酒店以藏文化为主题并集民俗文化博物馆为一体，以 1.4 万多件西藏绘画、藏族服饰、手工艺品、古玩作为酒店装饰。但国有博物馆与酒店或民宿的实践目前在国内尚未开展。

博物馆＋时尚业态。博物馆作为文化、艺术的代名词，与时尚业态在文化基因上是密切关联的。近年来越来越多的时尚业态选择与博物馆合作，如卢浮宫每年举办过很多场的艺术展览。苏州博物馆与阿里巴巴电商平台合作，在苏州举办以当地建筑与文化为元素的时装秀。海塘遗址博物馆将展示长廊和二楼的文化创意区作为品牌发布秀场，举办很多服饰品牌的新品发布会。上海玻璃博物馆将礼堂用来举办婚礼等。随着博物馆运营者思想观念的进一步解放，举办艺术沙龙、节庆会展、时尚发布、婚礼葬礼等仪式性活动将成为博物馆商业化运营的又一渠道。

第三节　国有博物馆文创授权机制

国有博物馆在文创开发中的知识产权授权，是建立在对所授权资源的知识产权价值进行合理评估的基础上的，不同商业模式下知识产权的价值评估标准不同，需要建立不同的价值评价标准。

一、国有博物馆知识产权价值评估

借助于第 3 章对文化文物单位知识产权价值评估所构建的基础模型，将相关知识产权价值分为内容价值、创意价值、市场价值、品牌价值四个一级指标及 16 个二级指标，在此基础上对不同商业模式下的文创资源知识产权进行有针对性的调整，可以构建出更精准的评价体系，作为博物馆资源知识产权授权和交易的依据。

商品开发的知识产权价值 =IP 能力值 + 产品开发力 + 销售力。其中，IP 能力值包括 IP 的内容价值和品牌价值，内容价值是指待开发资源自身的文化价值、历史价值和时代价值等，品牌价值是指待开发资源所在博物馆的知名度和品牌，受到博物馆自身藏品资源丰富度、客流量和市场公信力等因素的影响。产品开发力对应基础模型中的创意价值，即资源的创意转化能力，能否巧妙借助创意和科技的力量，形成差异化、个性化的文创产品的能力，往往与开发者的综合竞争实力、相关产品开发经验、企业文化调性等因素有很大关系。销售力对应基础模型中的市场价值，即根据同类或类似产品，预测出新开发商品的市场接受度、销售规模和盈利能力，或者综合开发企业的经营能力、发行渠道、传播媒介等对新开发商品的市场价值进行科学预测。IP 能力值、产品开发力和销售力，三者共同构成商品开发经济价值的判断标准。

值得关注的是，如今文创市场的竞争已经由点到面，不再仅限于单一产品维度，而是要从产品开发、IP 实力、销售能力三个维度进行综合考虑和评估。从以往文创商品的市场运营情况来看，文创产品需要锚定不同目标用户，定位差异化商业路径。从故宫文创到考古盲盒，基于文博 IP 的文创产品用户群体也在从文博爱好者这一小众群体向社会普通大众群体转变，但这两类群体在文博 IP 的理念和认知上却有很大差别，专业群体更注重 IP 的文化内涵，普通大众更关注 IP 的知名度和品牌影响力，因此为文创企业提供了两类不同的商业化发展策略。总结来说，定位大众用户的文创商品更加注重规模经济优势，对 IP 知名度和销售力更为依赖，以打造爆款扩大产品销量；而定位细分用户的文创商品则可以重点发展利润发展优势，更加注重 IP 内涵和调性，严格产品品控和持续维护用户黏性，打造文创品牌，是更有效的开发方式（见表 6-4）。表 6-4 至表 6-8 中 * 号表示博物馆文创商品知识产权价值等级，* 号越多，表示价值等级越高。

表 6-4 博物馆文创商品知识产权价值评估

用户类别	IP 能力值	产品开发力	销售力	评价指引
大众用户	IP 知名度 *** IP 内涵及调性 ** IP 可拓展性 ***	产品创意 ** 产能及工期 *** 产品质控 **	渠道覆盖力 *** 用户运营力 ** 营销造势力 ***	规模经济 IP 知名度 营销打造爆款
重度用户	IP 知名度 ** IP 内涵及调性 *** IP 可拓展性 **	产品创意 *** 产能及工期 ** 产品质控 ***	渠道覆盖力 ** 用户运营力 *** 营销造势力 **	品牌利润率 溢价效应 用户黏性

影视文娱的知识产权价值 =IP 能力值 + 产品开发力 + 商业化力。IP 能力值对应基础模型中的内容价值和品牌价值，包括 IP 知名度、IP 内涵及调性、IP 可拓展性三个维度。IP 知名度是指 IP 的粉丝群体数量及粉丝的消费能力；IP 内涵和调性是指 IP 本身的历史文化内涵及表现手法、创作风格；IP 可拓展性是指 IP 的产业链拓展能力、产品多样化可能性及产品可连续性。产品开发力表现为 IP 转化为节目产品的可转化性、表现力、技术上的可实现程度，以及产品与同类市场产品的差异化程度，产品的用户口碑和品牌知名度等。商业化力对应基础模型中的市场价值，表现为商业化创新、节目宣发力和版权分发力。商业化创新是指创新可商业化玩法，节目宣发力是指票房规模、作品影响力，版权分发力是指跨界、增加总收入和延续 IP 生命力。

纪录片和综艺节目（包括真人秀、探索类等）是博物馆影视文娱节目的主要表现类型。纪录片是博物馆 IP 最常规的表现手法，在《我在故宫修文物》走红后，纪录片的表现手法越来越偏向创意化和故事化，注重将娱乐性和故事性融入纪实作品中，兼顾纪录片的教育价值与娱乐价值，以 2021 年的《敦煌：生而传奇》和《风起洛阳》为典型代表。综艺节目的表现手法更为多样，《国家宝藏》《典籍里的中国》等综艺节目融合明星代言、故事演绎、专家解读、观众参与、文创开发等多种表现手法，将藏品资源的内涵和价值进行充分演绎，并通过抖音、腾讯、爱奇艺等网络平台进行充分渲染，在严控文化影响力、传播正能量的同时，探索更多节目 IP 商业化生态，扩大文博 IP 价值（见表 6-5）。

表6-5 博物馆影视文娱节目知识产权价值评估

	IP能力值	产品开发力	销售力	评价指引
纪录片	IP知名度 ***	节目创意 **	商业化创新 **	推陈出新/平衡专业性和娱乐性/加强融媒体运营能力
	IP内涵及调性 **	节目制作能力 ***	节目宣发力 **	
	IP可拓展性 **	募资能力 ***	版权分发力 ***	
综艺节目（真人秀/探索类）	IP知名度 **	节目创意 ***	商业化创新 ***	创新节目形式/严控文化影响力，传播正能量/探索节目IP商业化生态
	IP内涵及调性 ***	节目制作能力 **	节目宣发力 ***	
	IP可拓展性 ***	募资能力 ***	版权分发力 ***	

博物馆教育的知识产权价值=IP能力值+产品开发力+销售力。IP能力值对应基础模型中的"内容价值"和"品牌价值"，包括IP知名度、IP内涵及调性、IP可拓展性。IP知名度是IP在社会大众尤其是学生及家长群体中的知晓度和知识基础，IP内涵及调性是指教学内容和课程研发素材的文化专业度，IP可拓展性是指收入规模、课程容量和周期。产品开发力对应基础模型中的创意价值，包括产品创意、教学能力和服务能力。产品创意是指教学内容与常规课堂教学的差异性，教学能力是指教学质量及品牌好评度，服务能力是指产品标准化和品牌口碑。销售力对应基础模型中的"市场价值"，包括招生能力、会员运营力和营销造势力。招生能力是指招生数量和收入规模，会员运营力是指用户黏性和品牌影响力，营销造势力是指品牌宣传能力，树立大品牌值得信赖的印象。

目前博物馆教育尚处于起步和探索阶段，对于行业而言，首先需要挖掘博物馆IP的教育属性，找到博物馆教育与传统学科教育的契合点，为规模化的课程开发做准备。要提高博物馆教育与城市文化品位、公民生活美学、社会道德价值观等方面教育的融合度，让博物馆教育融入全民教育体系中。扩大博物馆教育的广度和深度，形成覆盖多学科、多领域、多人群的教育网络体系。加强博物馆教育方式和教学手段的研究，使博物馆教育成为融知识性、趣味性、体验性于一体的全新教学方式，提升博物馆教育的社会影响力（见表6-6）。

表6-6 博物馆教育知识产权价值评估

IP能力值	产品开发力	销售力
IP知名度 *** 家长知道，孩子喜欢 权威背书	产品创意 ** 课程内容设计 教育产品打磨	招生能力 *** 渠道覆盖力 学员识别能力
IP内涵及调性 *** 教育属性 文化专业度	教学能力 *** 师资教学能力 教学体系水平	会员运营能力 *** 提高复购率 建立品牌口碑

续表

IP能力值	产品开发力	销售力
IP可拓展性 ** 不同学科的可拓展性 不同人群的可拓展性	服务能力 ** 课后服务体系搭建 服务标准化能力	营销造势力 ** 树立大品牌形象 市场教育能力
①重点评估IP对教学的价值空间；②把握IP教学内容的专业性和严肃性	①深挖IP内容的广度和深度；②建立标准化的课程评价和服务体系	①用户精准识别，寻找流量"洼地"；②重市场教育，博物馆教育品类"拓荒"

展览服务的知识产权价值=IP能力值+策展能力+销售力。IP能力值对应基础模型中的"内容价值"和"品牌价值"，包括IP知名度、IP内涵及调性、IP可拓展性。IP知名度是指展览的粉丝数量和粉丝付费意愿，IP内涵及调性包括展览的学术价值、文化价值及社会价值，IP可拓展性是指展览的互动性拓展能力和IP衍生模式潜力。策展能力对应基础模型中的创意价值，包括产品创意、文化服务和技术应用。产品创意是指布展内容策划、布展形式策划，文化服务是指展览的配套讲解服务及其他衍生模式策划，技术应用是指互动性、趣味性、科技性赋能，以及技术与展品的结合度。销售力对应基础模型中的"市场价值"，包括票务销售、粉丝运营能力和营销造势力。票务销售是指票务渠道覆盖及合理定价，粉丝运营能力是指延续展览生命力、提高粉丝付费意愿，营销造势力是指展览前后造势、跨界多元商业探索。

博物馆展览服务要转变观念，从以物为中心转变到以人为中心，充分考虑到不同参观者对展览的需求差异。尤其是当"Z世代"年轻群体成为博物馆展览的新生力量和主力军后，博物馆更需要转变运营思路，充分利用现代科技手段，增强展览的互动性、体验性和趣味性，并将展览内容和商业运营有机结合，把展览办成集知识获取、文创消费、文化体验、交友互动于一体的综合性文化活动。要重视互联网社群和粉丝经济时代，网络评价和社群评价在展览中的影响力，将粉丝经济与展览活动结合起来，通过热点营销来提升展览的营销能力（见表6-7）。

表6-7 博物馆展览服务知识产权价值评估

IP能力值	策展能力	销售力
IP知名度 *** 粉丝数量 粉丝付费意愿	产品创意 *** 布展内容策划 布展形式策划	票务销售 *** 票务渠道覆盖 合理定价
IP内涵及调性 ** 学术及文化价值 社会价值	文化服务 ** 配套讲解服务 其他衍生模式策划	粉丝运营能力 ** 延续展览生命力 提高粉丝付费意愿

续表

IP 能力值	策展能力	销售力
IP 可拓展性 ** 互动性拓展能力 IP 衍生模式潜力	技术应用 ** 互动性、趣味性赋能 技术与展品结合度	营销造势力 ** 展览前后造势 跨界多元商业探索
①IP 粉丝群是商业变现的基础；②IP 的内涵为展览策划提供充足原料	①发挥创意，多层次商业化拓展；②"有颜还要有料"，捕获年轻观众热爱	①玩转"种草打卡"，创造热点；②营造"场景化"消费环境

跨界融合经济价值=IP 能力值+跨界能力+销售力。IP 能力值对应基础模型中的"内容价值"和"品牌价值"，包括 IP 知名度、IP 内涵及调性和 IP 拓展度。IP 知名度包括博物馆 IP 自身的知名度和跨界合作品牌的知名度；IP 内涵及调性是指 IP 的文化价值与审美调性，以及与跨界品牌的文化匹配度；IP 拓展度是指跨界合作品牌的融合度及合作可能生成新产品的多元化程度。跨界能力是基础模型中的创意价值，包括产品创意、跨界整合能力和技术应用，产品创意是指创意的市场差异化程度、跨界形成新产品的创意结合巧妙程度；跨界整合能力是指新产品的文化 IP 体现度和 IP 赋能的溢价程度；技术应用是指新产品的品控及技术附加度。销售力对应基础模型中的市场价值，包括产品销售、跨界运营能力和营销造势力。产品销售包括新产品的市场接受度和合理定价，跨界运营能力包括新产品的跨界宣传推广和新领域新客户的开拓，营销造势力包括跨界营销造势和跨界多元商业模式探索。

跨界融合是博物馆超出自身经营范围，以知识产权形式融入各行各业的重要方式。随着大众精神消费需求的增加和社会文明程度的提高，跨界融合将拥有越来越广阔的市场空间。跨界融合的关键在于整合品牌资源，产生"1+1＞2"的效果，对其价值的评估关键在于合作品牌双方的文化匹配度和市场匹配度，好的合作可以达到双方共赢，共同开拓新的市场空间，不好的合作则可能损害合作品牌各自的市场声誉，产生负面效应。对博物馆而言，自身的品牌价值越高，在合作中越处于主动地位，在选择合作伙伴时越掌握主动权（见表6-8）。

表6-8 博物馆跨界融合知识产权价值评估

IP 能力值	跨界能力	销售力
IP 知名度 *** IP 自身的知名度 跨界品牌的知名度	产品创意 *** 创意的市场差异化程度 新产品的创意结合巧妙度	产品销售 *** 产品市场接受度 合理定价
IP 内涵及调性 *** IP 的文化价值及审美调性 与跨界品牌的文化匹配度	跨界整合能力 *** 产品的文化 IP 体现度 IP 赋能的溢价程度	跨界运营能力 ** 跨界宣传推广 新领域新客户的开拓

续表

IP 能力值	跨界能力	销售力
IP 可拓展性 ** 与跨界品牌的融合度 IP 多元衍生潜力	技术应用 ** 产品品控 技术附加度	营销造势力 ** 跨界营销造势 跨界多元商业模式探索
IP 跨界的价值主要体现在为其他产业进行文化赋能，提高产品的文化附加值	①找到跨界品牌共同的调性和创意结合点；②出其不意，形成新产品新业态	①善于利用跨界品牌各自的粉丝基础；②借势扩大跨界各品牌的知名度

二、国有博物馆文创授权模式

文创商品授权模式。文创商品的授权涉及图像授权、专利授权、商标授权。对博物馆藏品的数字高清图像进行授权是目前文创商品开发中的主要授权类型，但根据本书的分析，"数字图像版权归博物馆所有"的观念在社会上一直存在争议，而且国际上越来越多国家采用开放版权的模式，即将数字版权完全免费交给全社会使用，以提高文化传播效率，也符合博物馆作为公共文化场馆的公益属性。因此，对于博物馆藏品的数字图像版权，建议采用开放版权模式，任何人都有权从博物馆官方网站获取藏品图像，并将其用于文创商品开发，博物馆观众也可以在逛展时受某藏品启发，将其纹饰、配色、图案等文化元素用以设计文创商品，不需要经过博物馆授权。文创商品开发中的专利授权和商标授权，则可以采用直接授权和委托授权两种模式。具体呈现出四种方式：一是被授权方直接从博物馆官方网站上下载授权申请书，由博物馆进行审核并达成授权协议。二是博物馆将自身所拥有的商标权和专利权委托给某专业授权机构，由授权机构对博物馆的授权标的物进行集中保管和集中受理。三是成立博物馆授权联盟，由授权联盟对多家博物馆的知识产权进行集中管理，提高授权效率，节约交易成本，山东省成立的"鲁博有礼"就是这种模式的实践尝试。四是依托现有的平台机构，利用平台机构集中博物馆授权资源、文创设计机构、文创生产企业、消费者等多方元素，形成产供销一体的产业链条，如阿里巴巴的阿里鱼平台就是这种模式的实践尝试。

影视娱乐授权模式。影视娱乐授权是对博物馆藏品所蕴含文化价值和历史价值的挖掘，并通过影视娱乐节目的方式生成新的知识产权，属于博物馆著作权的授权范畴。建议通过两种方式进行授权：直接授权和委托授权。直接授权由博物馆组织自身研究人员和文化学者等社会力量，对博物馆藏品所蕴含的文化故事进行挖掘，形成剧本、小说、影视脚本等文创 IP，再将 IP 授权给影视制作企业、平台公司等进行开发制作，形成影视娱乐节目。委托授权则由博物馆提供未加工的原始藏品元素，委托专业机构对资源进行研究诠释，演绎出可开发的人物、故事情节、历史典故、文化知识等 IP，再将 IP 转化为受观众喜爱的影视娱乐节目。前一种模式所形成的著作权较为成熟，授权金也更高，但对博物馆工作人员的要求也很高，需要能创作出被制片方和观众接受并喜爱的文本。后一种模式则不需要博物馆付出太多的精力和时间，也没有形成较为成熟的著作权，授权金的收取是基于公有文化资源和博物馆品牌优势，授权金直接与博物馆的品牌价值挂钩。

博物馆教育授权模式。博物馆教育中可授权的内容有博物馆自主研发的相关课程、博物馆基于对藏品的研究成果、博物馆的空间场地。博物馆可以将自身的研究成果委托给某教育机构，由教育机构开发出系列课程，也可以由自己的工作人员自主研发出相关课程。空间场地授权则是为社会上的研学机构提供场所，由研学机构借助博物馆藏品和场地空间开展研学教育。对于博物馆教育可采用直接授权和平台授权两种模式。对于空间场地授权，一般需要社会教育机构对博物馆进行实地考察并进行实地教学，形式也灵活多样，因此更适合采用与博物馆直接谈判的直接授权模式。而对于博物馆教育课程，则可以采用著作权集体管理模式，将博物馆所开发的课程集中在某一公共平台，让受教育者采用知识付费的形式直接从网上购课。至于博物馆藏品研究成果对社会教育研发机构的授权，则可以采用委托授权的方式，由专门的中介机构集中多地区多门类博物馆资源，以提高被授权者的选择空间，节约交易成本。

展览服务授权模式。展览服务的形式表现为数字展览、直播带货、空间合作等，主要授权类型为品牌授权，有时会有部分著作权授权。具体分为以下几种情况：①博物馆与商场等实体空间的合作，商场利用其场地举办博物馆专题展览，或者利用其小程序售卖博物馆文创产品，合作方式为品牌授权。②博物馆与掌握虚拟技术的科技公司合作推出虚拟数字展，则是博物馆内容著作权与科技公司专利权的合作，属于相互授权。③博物馆与互联网平台合作，如在天猫、淘宝、抖音等平台开设旗舰店，也属于博物馆与互联网机构的相互授权，在品牌合作的范畴。④其他社会力量利用博物馆空间开展各种专题展览和服务活动，属于博物馆场地租赁，博物馆直接收取场地租赁费，不走合作授权的手续。因此，展览服务类的授权模式可采用直接授权或委托授权。最便捷高效的方式是由博物馆直接将其品牌与合作方进行谈判，就合作方式和收益分配达成合作协议。但在博物馆将文创开发、品牌经营等活动委托给专业机构时，可由专业机构代替博物馆与各互联网平台、社会企业进行合作谈判，签署授权合作协议。

跨界融合授权模式。跨界融合是博物馆以知识产权方式入股或参与其他领域的商业经营，是目前最为复杂也是最有发展潜力的博物馆授权开发模式。跨界融合授权涉及的知识产权范围很广，涵盖博物馆所拥有的著作权、专利权、商标权及博物馆品牌等所有知识产权类型。对跨界融合类型知识产权授权可以采用直接授权和委托授权两种模式。直接授权是博物馆直接与被授权方进行谈判，签订合作协议。委托授权则是博物馆可以将自身所拥有的知识产权委托给专业授权机构或者平台公司,由其对博物馆知识产权进行集中授权管理。当前,在越来越多互联网头部企业如腾讯、阿里等介入文博领域,平台授权作为能够有效整合国内外相关资源的授权方式,在委托授权领域将会发挥更大的作用(见表6-9)。

表6-9 博物馆商业经营授权模式一览

博物馆商业模式	授权类型	授权方式
文创商品	图像授权、专利授权、商标授权	开放版权、直接授权、委托授权
影视娱乐	著作权授权	直接授权、委托授权
文化教育	著作权授权、空间场地授权	直接授权、著作权集体管理、委托授权
展览服务	品牌授权、著作权授权	直接授权、委托授权
跨界融合	著作权授权、品牌授权、专利授权、商标授权等	直接授权、委托授权(偏平台授权)

三、国有博物馆授权收益分配

国有博物馆授权收益分配涉及三个层面,一是授权阶段权利金的收取,如何平衡授权方与被授权方的利益,表现为知识产权作为文化资本的价值;二是授权金在文化文物单位内部不同部门之间的分配,表现为知识产权价值在文化文物系统内的分配;三是文创收益回馈阶段,如何建立文创收益的社会回馈机制,表现为文创运营收益如何反哺文化公益。前两者属于文创系统内部的收益分配,后者属于文创系统与社会系统的互动机制。在不同的文创开发模式中,国有博物馆文创授权开发的收益分配方式也存在差异。

第一层面:授权方与被授权方的收益分配

在文创商品开发模式中,文创授权相关利益主体包括文化文物单位和被授权企业。在权利金收取上,目前已经形成了较为成熟的做法,文化文物单位可以根据具体情况采取固定权利金、保底权利金+比例提成、保底权利金+阶梯提成、零权利金+纯提成等形式收取。具体而言,在被授权标的物的品牌效应已经形成、具备一定粉丝基础且市场前景较为稳定的情况下,可以采用固定权利金的模式,而在市场前景不稳定或风险较高的情况下,可以采取保底权利金或零权利金模式,降低文创开发的市场准入门槛。在影视剧开发中,可以根据用户点击量和收视率来收取阶梯式提成。

在文化教育模式收益分配中,文创授权相关利益主体包括文化文物单位与教育培训机构。授权金收取可以按照双方在知识产权形成中的贡献度大小来决定,如文化文物单位提供基础资料和品牌,由教育培训机构进行课程开发、师资培训和宣传推广,则教育培训机构需支付的权利金就相对较少。同时，在课程包和知识付费项目中，针对青少年的公益课程和针对成年人的兴趣课程，往往收费有很大区别，也需要在授权金收取上进行区分，如果是用于公益开发课程的项目，则少收或免收授权金，如果是用于商业运营的项目，则可以根据其市场收费情况按比例收取授权金。在研学旅游模式中，文化文物单位与游学机构、学校之间应该建立以知识普及和教育理念传递为核心要义的合作机制，注重社会效益的发挥，避免过于商业化的市场操作。

在空间运营模式收益分配中，文创授权相关主体包括文化文物单位和项目策展单位，无论是项目策展单位利用文化文物单位的场地举办专题展览，还是文化文物单位利用项目策展单位场地举办各种特展和快闪展，双方共同的目的是引流，吸引更多的游客或参观者前来增加人气。在授权金方面可以采用免授权金的合作模式，如博物馆的文物到商场进行展览，仅需收取商场交付的文物安全押金。或者采用一次性收取固定授权金的模式，因为专题展览或特展一般时限较短，采用按时间和文物数量等级收费较为合理，按其他方式计费较难计算。

在跨界融合模式收益分配中，文化文物单位与其他品牌是合作伙伴关系，授权方式比较灵活，文化文物单位以知识产权作价入股与社会力量合作成立公司，或者以品牌授权方式与其他品牌进行合作，属于双向授权，一般以股权比例或品牌价值作为收益分配依据，很少采用授权金模式。在这种模式中，需要对文化文物单位作为一个整体品牌进行无形资产评估，作为合作中股权分配或品牌合作的价值依据。

第二层面：文化文物单位内部收益分配

在文创开发权利金收取之后，需要思考的问题是权利金如何在文化文物单位内部分配，以权衡不同部门的利益，维护文化文物单位进行文创开发运营的人文生态环境。授权金是文化文物单位的文创下属企业或文创中心通过将文化资源授权给第三方使用获得的收益，在分配时需要注意两种情况：第一种情况是本单位集体成果的授权，如商标权、专利权、商业秘密等，授权金的收入应归文化文物单位集体所有，作为事业单位运营收入归文化文物单位集中支配，用于文化文物单位日常运营、文物保护、人员绩效发放等；第二种情况是本单位职务作品的授权，为鼓励文化文物单位自身工作人员的原创积极性，可以考虑职务作品的授权，创作者根据授权金收费情况获得奖励报酬，如采用固定授权金＋比例提成的权利金收取方式授权的，可以考虑对职务作品创作者按照授权金收益固定比例给予报酬，以此激发文化文物单位内部的创作活力。

第三层面：文创开发与社会公众间的收益回馈

由于文创产品是基于文化遗产等公有文化资源进行开发的，因此需要建立文创开发收益的社会回馈机制。在这方面可以借鉴欧美国家相关经验，如成立文物保护基金会等民间组织，鼓励社会力量将文创开发收益部分用于文物保护利用和文化公益事业，而对从事文化公益事业的企业，国家也从税收减免、项目补贴等层面给予政策优惠。同时，鉴于文创产业资本融资的市场风险，可以鼓励文化文物单位、银行和社会资本合作进行文创开发，通过 PPP 模式鼓励更多社会资本、民营企业介入，以特许经营权和收益权的模式融资经营文化文物单位文创产业，将文化资源有效转化为生产性文化资本。通过降低文化文物单位资源使用门槛、赋予社会资本更灵活的文化资源使用权、完善文化资源开发投融资担保体系等做法，鼓励社会力量参与文化遗产资源保护开发与利用，形成文化文物单位、社会企业、社会公众互惠共赢的文创开发局面，全面激发文化遗产的市场活力，为民众提供更为丰富多彩的文创产品。

第四节 国有博物馆文创授权策略

根据艾媒咨询发布的研究报告显示，2013—2018 年，中国博物馆经营收支基本平衡，并有所增长。具体来说，2013—2016 年，中国博物馆收入大于支出，略有盈余，但从 2017 年开始，这种局面被打破，支出大于收入（见图 6-8）。[1]

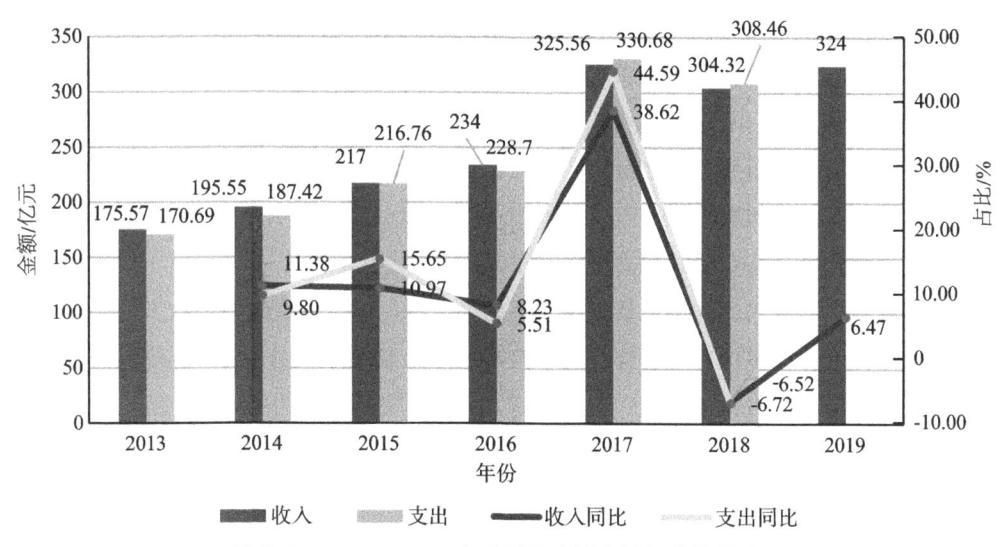

图 6-8 2013—2019 年中国国有博物馆经营效益分析

截至 2019 年年底，全国已备案博物馆共有 5535 家，其中国有博物馆 3825 家，占备案博物馆数量的 69.11%。作为公益属性的事业单位，国有博物馆对国家财政拨款依赖性很强，不注重产业运营和经营收入。近年来随着国家对文化遗产"活起来"的大力支持及社会大众对文博领域多样化文化需求的快速增长，国有博物馆开始思考转变经营理念，让博物馆藏品的价值得到更有效的发挥。不同类型的博物馆由于资源禀赋、地理位置等因素存在很大差异，在文创开发中需要结合自身特点，选择不同的商业模式，并根据商业模式和价值评估结果选择不同的授权策略。本书采用态势分析法（SWOT），将

---

[1] 艾媒咨询.2020 年中国博物馆旅游行业及典型地市发展研究报告［EB/OL］.（2020-09-30）［2023-01-15］.https://caifuhao.eastmoney.com/news/20200930175844408131050.

博物馆分为综合类博物馆、专题博物馆、大型博物馆和中小型博物馆，并分别对其文创授权策略进行分析。

一、大型综合类博物馆文创授权策略

《中国文物文化统计年鉴》中将我国博物馆分为综合类博物馆、历史类博物馆、艺术类博物馆、自然科技类博物馆和其他博物馆五类。目前我国博物馆中综合类博物馆占比为36.28%。在藏品数量方面，2019年我国综合类博物馆藏品数为1709万件（套），占收藏总数（3954.83万件）的43.22%。可见，综合类博物馆是我国国有博物馆最重要的类型。

大型综合类博物馆在文创开发中具有明显的优势，这些优势体现在三个方面，一是藏品优势，综合类博物馆的藏品涵盖金石、字画、陶瓷、碑帖、民俗等所有文物门类，能够提炼出大量可供开发的文化元素，形成丰富的文创知识产权体系；二是品牌优势，综合类博物馆往往是一个国家或地区的文化名片，具有较高的知名度和影响力，在授权市场有大量的社会力量愿意与之合作，常处于主动地位，能够挑选出最具备文创开发实力和符合本博物馆调性的品牌并与之合作；三是受众优势，综合类博物馆受众门槛低，往往不要求参观者具备专业的文物和历史知识，因此受众范围广，市场潜力大。

大型综合类博物馆的劣势主要表现为不易突出特色。由于藏品门类众多，很多综合类博物馆不知道如何挑选出最能够体现本馆特色的元素进行文创开发。有些博物馆会从藏品的历史价值、考古价值出发，错将镇馆之宝作为文创开发的主元素，但这样的文创资源未必是最具有市场开发潜质的资源。还有些博物馆盲目参考其他博物馆做法，开发类似的、同质化的文创产品，容易让人产生审美疲劳，不利于形成自身文化特色。

大型综合类博物馆在文创开发中的机遇首先表现为政策机遇，国家在2017年确定的文化文物文创开发试点单位中大部分是综合类博物馆，因此综合类博物馆在文创开发方面享有先行先试的政策特殊优惠，可以减少现有体制机制的束缚大胆尝试。其次是市场机遇，近年来随着国家文化自信和文化认同的逐渐确立，"国潮"成为年轻人追捧的热词，博物馆所代表的传统文化可以与创意科技相结合，成为时尚的宠儿，引领社会潮流。

大型综合类博物馆面临的外部威胁表现为竞争激烈，博物馆文创已经成为市场竞争的"红海"，几乎所有的综合类博物馆都在进行文创开发，各大商场、书店、历史文化街区、旅游景区也加入文创开发行业，文创同质化现象严重，当初故宫博物院的文创爆款如今已经成为综合类博物馆标配，人们对博物馆文创的消费回归理性，市场空间不断压缩。

综上分析，大型综合类博物馆文创开发适合的策略有三：一是多元化发展，利用全门类的藏品资源进行商标权注册，在休闲娱乐、文具办公、文化传播、网红直播等多领域开展多方位授权尝试，探索文创开发最可能的商业路径。二是利用规模经济打造爆款，利用综合类博物馆受众范围广、受众门槛低的优势，打造兼具实用性和文化价值的大众消费类文创产品，并利用网红博主推荐、直播带货、明星代言等形式将其打造成"网红爆款"，近年来流行的文创雪糕、文创咖啡、文创饼干就是典型的成功案例。策略三是利用品牌优势，积极开展品牌授权，博物馆可以与商场、社区、学校、创意园区、历史街区等空间开展授权合作，将博物馆元素融入区域生活的方方面面；还可以和农业、工业、制造业、城市规划、公共交通、学校教育、家装设计等领域开展合作，将博物馆元素融入各行各业中，提升区域的文化内涵和审美品位。

大型综合类博物馆宜发展的文创业态包括文创商品、影视娱乐和跨界融合。文创商品可以走大众化路线，以亲民、时尚、实用为开发原则，将博物馆资源融入民众的日常生活中，"将博物馆带回家"。如故宫博物院的"萌萌哒"系列皇帝形象和故宫猫形象、陕西历史博物馆的"唐妞"形象等，将高高在上的严肃历史用反差萌的形式展现出来，受到普通大众的喜爱。或者利用藏品开发美食类、咖啡类、美妆类、日用品类文创产品，将博物馆文化与民众的日常生活联系起来，提高文创产品的实用价值。影视娱乐可以与影视剧作家、制片方、播出平台等合作，打造纪录片、网络综艺节目、电影、动画等影视娱乐类节目，提高博物馆的大众知名度。以故宫博物院近年来打造的《我在故宫修文物》《国家宝藏》《上新了，故宫》为典型代表。跨界融合则是博物馆将其知识产权融入相关行业和领域，找到合作点，共同创造新的知识产权，跨界融合的形式可以是博物馆以知识产权作价入股参与其他行业的经营业务，也可以是品牌联名或品牌相互授权。

大型综合类博物馆文创授权模式可以直接授权为主。由于综合类博物馆涉及的知识产权较为复杂，可以成立专门的文创部门，负责文创授权。文创部门的职责包括对本馆可供开发的文创资源进行注册登记，形成可供开发的知识产权清单；建立知识产权授权台账，对知识产权进行清单化管理。博物馆可在官网开设文创授权平台，将可开发的知识产权、授权流程、授权申请书等在网上公布，有合作意愿的文创企业可以直接在网上申请授权，经文创部门审议通过后生效并执行。文创部门也可以主动寻找合作商家和合作品牌，进行品牌联名或相互授权，共同合作开发文创项目。

数字技术的运用可以使直接授权更为便捷。2021年，兆信科技与北京故宫文化发展有限公司、故宫文创研发交流中心合作，采用物联网赋码技术形成故宫文化自有IP管理体系，对IP授权的品牌与产品进行管理，同时对授权的品牌商与购买的消费者都进行权益保障。采用一物一码的技术，授权商通过线上申请，获得某IP的授权标签生成授权码，就可以有效防止侵权，消费者通过扫描智能防伪标识，获取文创产品的所有信息，直接鉴别文创产品的真伪。对于博物馆来说，可以通过给产品赋予跟踪防伪码，识别厂家授权产品类别，动态监测授权厂家生产销售产品。数字技术的赋能让整个授权流程更为便捷高效、透明规范，也会使直接授权成为更多综合类博物馆在文创开发中的重点选择对象。

故宫博物院作为综合类博物馆，在文创授权方面已经形成了庞大的授权体系。故宫博物院下设故宫淘宝、故宫文创旗舰店、故宫博物院文创旗舰店、故宫博物院文化创意馆四家文创品牌，分布于淘宝、天猫、微店、京东四个平台，隶属于故宫博物院不同的部门，都属于故宫博物院的下设企业，都可以对故宫博物院的文创知识产权进行授权。除此之外，故宫博物院还与一些公司合作开发文创产品。以成立于2005年的故宫宫廷文化为例，它是故宫博物院下设的故宫文化服务中心与中国大陆以外的企业合作设立的文创公司。故宫文化服务中心提供"紫禁城御膳房""故宫紫禁城御膳房"的冠名权、"紫禁城""故宫紫禁城"等商标使用权、"紫禁城御膳房专造""紫禁城御膳房监制"等名称的特许所有权、有关御膳食谱、宫廷药膳、宫廷文化礼仪方面的文献资料，故宫宫廷文化以"传承、整合、创新、价值"为理念，将故宫传统文化融入日常生活，如与名创优品合作生产首饰、香水香薰、日用杂货，与大众汽车合作推出联名车载宝盒等，从方方面面融入大众生活。故宫宫廷文化还孵化出"瑞兽传奇""我喜欢这宫里的世界"两个子IP，"瑞兽""吉祥寓意""建筑""纹饰""书画"等多系列化的产品IP。在联名合作上，邀请明星和KOL"带货"，与时尚博主黎贝卡连续3年推出合作款故宫异想手账，与设计师平台ICY合作"吉服回潮"系列服饰，并开发H5小游戏，让每个人都可以在"故宫"拥有一家自己的"吉服店铺"，提高大众参与度等。可以看出，故宫博物院的文创开发是直接授权模式下的层层授权，即故宫博物院将知识产权授予不同的文创企业，文创企业在此基础上可以直接生产文创产品，也可以打造子品牌，或者采用品牌联名等形式再选择其他合作企业，共同开发文创产品，最终形成树状的文创授权体系。

二、国有专题类博物馆文创授权策略

专题类博物馆是以某一行业、某一领域、某一类别，如青铜、瓷器、简牍、遗址、地矿、科技等某一方面为主的专业性博物馆。按照博物馆收藏分类，除了综合博物馆之外的其他博物馆都属于专题类博物馆，约占中国博物馆总数的63.72%。相比较综合类博物馆，专题类博物馆更具针对性，对博物馆展品的专业化要求更高，虽然主要以一种文化特色为核心，但其涉足的领域往往地域性较强，特色鲜明。专题类博物馆中有些规模较大且有一定的知名度，如中国铁道博物馆、中国钱币博物馆、中国丝绸博物馆、中国陶瓷博物馆、中国文字博物馆等，大部分专题类博物馆规模不大。另外，名人故居、革命纪念馆、重大事件纪念馆等，也都属于专题类博物馆。随着博物馆需求的不断攀升，未来专题类博物馆将会越来越多，涵盖门类越来越广。

专题类博物馆文创开发最大的优势是主题集中、特色鲜明。专题类博物馆一般都具有鲜明的主题，并在该主题范围内享有较高的专业度，这些藏品具有专题代表性强、价值高、存量稀缺等特点，博物馆人员对本馆藏品的文化价值和内涵挖掘较为深入，能够形成有代表性的、文化内涵高的标志性文创元素，在此基础上进行文创开发，既能彰显专题博物馆的主题特色，又能提高文创产品的市场识别度。另外，专题博物馆受众忠诚度较高，一般对专题博物馆感兴趣的都是从事该专题研究的专家、专业爱好者或者有一定兴趣的普通大众，对馆藏知识有一定的了解，对专业型、小众型文创产品也都能够接受，具有很强的用户黏性，文创消费需求和意愿较高，市场基础好。

专题类博物馆文创开发中的劣势也很明显。一是专题类博物馆藏品种类比较单一，可供开发的文创元素有限，不可能像综合性博物馆那样走多元化全民发展路线。二是专题类博物馆的受众面较窄，文创市场较小，不足以形成规模效应，开发文创产品面临的风险更高。三是专题类博物馆知名度有限，品牌附加值有限，不足以形成品牌效应，愿意与之合作形成品牌联名的企业很少，博物馆以知识产权作价入股参与企业经营的机会也少。因此，专题类博物馆文创开发在资金投入、文创转化、合作伙伴、营销推广等方面都有很大局限，文创经营较为困难。

在文创开发成为时代主流的背景下，专题类博物馆面临着前所未有的机遇和挑战。机遇表现在文化消费升级和民众文化需求越来越个性化、多元化，当大众类的文创产品不能满足人们的文化需求时，小众化、专业度强的文创产品将会受到民众的关注，这也符合经济发展中的"长尾效应"，专题类博物馆只要抓住长尾中的一个小众市场，就可以点带面地撬动整个文旅市场，形成蝴蝶展翅般的亮点。数字化技术同样为专题类博物馆带来了新的机遇，人们通过逛数字展、云展览，可以突破时间和空间限制，足不出户地了解专题博物馆的内容，也可以通过互联网购买相关文创产品，一定程度上克服了专题类博物馆客流量小、受众市场窄的局限。但同时，专题类博物馆也面临着更多挑战，如果寻找不到合适的市场切入点，专题类博物馆很有可能被海量的文化、娱乐等市场信息所掩盖，因缺乏关注度、不能形成研究成果、不能形成社会热点等原因而被时代淘汰。

因此，对于专题类博物馆而言，文创开发需要走特色化、小众化、高端化、专业化的道路。首先是选准文创开发的切入点，形成有效的知识产权。专题类博物馆文创开发应遵循"专"的原则，依托藏品本身所具备的标志性文化元素，包括内在的文化元素和外在的造型、色彩、图像、材质等元素，提取加工出既能够体现专业度，又能够符合大众审美的文创知识产权,并将这些知识产权与创意、科技、文化等因素有效结合,实现文创产品在理念、功能、技术上的创新,在文创市场上形成核心竞争力。其次是要学会"借势",寻找馆藏元素与社会各行各业、知名品牌、老字号、传统节日、社会热点之间的联系,积极主动参与社会生活,通过借助其流量来增加自身的知名度和影响力,共同开发文创产品,扩大自身在普通大众中的亲和力和关联度,实现文化资源、创意设计、产品市场共享多赢的局面。

在业态选择方面,专题类博物馆可以将特色文创产品、博物馆教育作为重点选项。特色文创产品是指文创产品要走高端化、小众化的发展路线,针对固定受众群体和粉丝,开发专业化程度高、品质有保障、溢价度高的文创产品,以满足核心用户群体的文化需求,甚至可以走限量版的路线,提高文创产品的珍稀度。博物馆教育则可以挖掘本馆特色资源,形成专业度高的特色课程,以知识付费的形式提供给感兴趣的人群;也可以针对中小学生开发研学课程,通过趣味性的课程激发中小学生的兴趣与好感,培育未来观众基础;还可以针对成年人开发公益类活动或课程,提升博物馆的知名度和文化影响力。以中国丝绸博物馆为例,作为中国最大的纺织服装类专业博物馆,中国丝绸博物馆以馆内展览和藏品为依托,开发出以丝绸为主题的各类文创产品,如与奢侈品品牌迪奥合作开发出体现迪奥时尚美学的丝巾、家用香薰、圆形链条包等周边文创;与杭州当地中小学合作开展研学教育,举办时尚发布会和时装秀;与商务印书馆联手出版中国丝绸文化系列图书等,推动文创事业有声有色地开展。

专题类博物馆在授权模式上适合选择委托授权的方式。专题类博物馆一般规模有限,成立专门的文创部门往往受到人员编制、资金规模的限制,本馆的研究人员虽然具备高深的专业知识,但在了解市场需求、掌握市场动态方面往往经验不足,在文创开发方面不容易打开思路,因此委托授权是最有效的授权方式。委托授权可以是委托文创企业,向文创企业开放馆藏资源和专业知识,由文创企业根据资源生成创意和灵感,再将其转化为不同类型的文创产品。也可以是委托专业的授权中介,由授权中介将博物馆待开发的资源推向广大市场,寻找合适的文创开发商,并由授权机构与授权商签订授权协议并监督文创开发过程,博物馆仅负责收取权利金。目前来看两种授权方式都可行,但授权中介市场在我国还不成熟,博物馆委托文创公司进行文创开发是主流模式。

成都武侯祠博物馆是一座文化主题特色鲜明、地域特色十分突出的博物馆,作为三国文化历史遗存和研究中心,成都武侯祠博物馆深耕"三国文化",开展了系列活动,已经形成了具有国际知名度的三国文化旅游品牌 IP。从 2006 年起开启全国首个博物馆晚间开放项目——夜游武侯祠,2016 年升级为"三国季"活动,举办"武侯夜话"近百场讲座,推出"三国小学堂""皮影亲子小剧场"系列公益社教课堂。开展文创大赛、青年创意市集,开发出了近千种文创产品。2020 年 9 月,成都武侯祠博物馆与腾讯旗下首款三国题材沙盘战略手游《鸿图之下》开展全面合作，把属于三国时代的智计谋略、内政外交、风土人情、建筑科技等元素依循严格标准融入游戏，对三国历史和文化元素进行规范呈现，游戏还植入成都武侯祠博物馆、锦里古街等特色元素，让玩家通过"云旅游"游历三国圣地，体验三国文化；游戏外打造线下"三国古风灯光秀"，未来还将打造沉浸式三国街区，探索博物馆文化 IP 与城市街区相融合的文创合作新模式，打造新文创下的具有代表性和影响力的专属文化标识，也为专题博物馆未来的文创发展提供了新方向和模式。

三、地方中小型博物馆文创授权策略

相比较大型博物馆，中小型博物馆是博物馆的主流。中小型博物馆与上述综合类博物馆、专题类博物馆并不在一个逻辑划分体系，但因为其在文创开发中有其自身的特点，而且也是目前博物馆文创开发的难点所在，因此把它作为一个单独项目列出。我国博物馆隶属关系分为中央、省（区、市）级、地市级、县（市、区）级，根据《中国文化文物和旅游统计年鉴2020》，2019年我国县级博物馆拥有藏品1753万件（套），占总量的44.33%，但博物馆数量为3855座，平均拥有藏品数为4548件（套），与中央级博物馆藏品均数（110万件）、省级博物馆藏品均数（7万件）相比有很大差距，这也是县级博物馆在文创开发方面滞后的主要原因。但广大县级博物馆是离普通大众最近的博物馆，如果能够激发县级博物馆的文创活力，将会大大提升博物馆文化传播的效能，让国民切实感受到传统文化的魅力，提升文化自信和文化认同。

中小型博物馆文创开发最大的优势在于其所在地的特色资源，要充分发挥本土特色馆藏资源的优势，与地方山川地貌、地标建筑、非物质文化遗产等结合，提炼出地域特色鲜明的文创元素，发展独立特色 IP，形成博物馆专属资源。例如，日本熊本县的熊本熊、俄罗斯冬宫博物馆的"猫警卫"、日本京都国立博物馆的"竹虎"、美国大都会博物馆的"彩陶小河马威廉"，都是开发较为成功的博物馆角色形象。另外，地方中小型博物馆可以在展览形式上更为灵活多样，将本地风土民俗、特色美食、风味小吃、文化景观、历史人物、传奇故事等都纳入博物馆展示范畴，利用本地人物展示鲜活的、原汁原味的本土文化故事，增强旅游吸引力。

中小型博物馆文创开发的劣势：一是馆藏类型少，资源不丰富，缺乏能够打出去形成品牌的特色资源，而且大部分藏品，甚至博物馆自身尚处于未分级状态，很多文物处于闲置状态，得不到及时的维护和修复，其价值也没有被挖掘；二是人流量小，很多中小型博物馆人流量年均10万以下，以本地观众为主，在形成文创市场消费人群方面受到限制；三是用于文创开发的专项资金少，且难以吸引到社会投资，支持中小型博物馆运转的经费来源主要是财政拨款，也很难得到地方政府的特殊政策支持，缺乏文创开发的前期投入资金，且收、支两条线的财政管理制度要求博物馆将文创开发收入上缴国家财政，造成很多博物馆没有文创开发的动力。四是缺乏文创开发专业人才，文创开发需要专门的创意设计人才和技术人才支持，现阶段大部分中小型博物馆面临人员流失严重、专业人才缺失、人员编制不足的困境，对文创产品的开发既缺少专业人才的参与，又缺少以往经验的积累，还不能吸引优质的创意公司参与文创开发和研究。

新发展阶段，中小型博物馆文创开发面临前所未有的机遇。第一个机遇是文旅融合，中小型博物馆可以充分发挥地方文化名片展示地、地方文化风俗体验地、地方文化会客厅的作用，在开发本地特色文创产品、提供本土文化体验方面发挥得天独厚的优势。第二个机遇是数字文化产业的发展，可以充分运用互联网和新媒体宣传手段，突破地域限制，在虚拟空间展示更多的文化魅力，吸引小众文化群体和专业文化群体的关注。第三个机遇是乡村振兴，本土博物馆在储存乡土记忆、记录本地传统生活方式方面有独特优势，可以成为乡村文化振兴、乡村旅游发展的重要支撑点。中小型博物馆文创发展最大的外部威胁在于城镇化的快速发展和生活方式的转变，让很多传统的文化习惯消失，如果不能在本地居民尤其是年轻人中树立对本土的文化自信和文化认同，中小型博物馆文创开发就失去了根基。

因此，中小型博物馆文创开发可以从三方面考虑：一是学会借力，与大型博物馆结成联盟，联合开发文创产品。如国博与阿里巴巴集团合作打造的"文创中国"线上平台，旨在汇聚所有文博系统的资源，国家博物馆将经过授权的相关文物版权资源及代理IP资源，对接创意设计、投资生产、线上销售三大资源优势，形成文化资源与产业资源的完美对接。中小型博物馆可以提供自己的特色资源，由平台解决设计、投资、生产、销售、推广等问题，让资源与社会产业资源充分对接，获得最有效的开发。目前这种模式尚处于探索阶段。二是抱团发展，形成区域联盟，打造区域文创品牌。中小型博物馆自身文化资源有限、文创开发能力有限，如果能够结合区域内其他博物馆，打造共同的区域品牌，将有助于形成合力。如南京博物馆牵头成立的"江苏省博物馆商店联盟"，整合江苏各地博物馆资源，群策群力，形成合力。京津冀地区以"燕国达人"品牌为纽带，联合京津冀地区博物馆进行文创开发。三是结合本地特色，服务本地发展。中小型博物馆可以充分挖掘本地资源，包括本地非物质文化遗产、本土特产、风味名吃等，形成地域特色鲜明的文创产品，将博物馆元素与地区旅游纪念品结合，开发"城市礼物""旅游伴手礼"，打造地区特有品牌，如长沙臭豆腐、"茶颜悦色"茶品等。博物馆可以与社区开展合作，将博物馆教育与社区文化活动、社区学校等结合，让更多本土居民参与博物馆建设和展览，让博物馆更接地气，成为"家门口"的公共文化空间。

中小型博物馆文创授权模式是文创联盟下的著作权集体管理模式。博物馆文创联盟是以成功开发适销文创产品为直接目标，以获得经济效益和获取版权、商标、专利等知识产权为战略目标而组建的创新联盟。❶目前国内博物馆文创联盟已经初具规模（见表6-10），但相关体制机制尚不健全，联盟合作基本上处于"硬跨界"阶段❷，即很多中小型博物馆基于自身在文创开发中实力不足，迫不得已加入联盟，联盟的合作也是以售卖文创产品为主，没有形成以共同文化愿景为基础的深度合作机制。目前的文创联盟多以区域合作为主，基本上沿袭了以省为单位的行政管理体系，由于有上下级业务指导关系，属于垂直型文创联盟，采用集中式博物馆联盟建设模式。❸这种模式的优势在于能够集中整合区域资源，合作打包推介本地优秀传统文化，缺点是无法高效对接和利用国内外其他优势资源，难以形成强大的国际知名文化品牌。就国外经验来看，博物馆文创联盟的发展趋势是成立全国统一的文创联盟平台，如法国的国家博物馆联合会（RMN-GP）一样，将全国博物馆系统的文创工作集中在一个联盟机构进行管理和开发。RMN-GP拥有自己的设计师、研究中心和生产厂商，还拥有38家文创商店和数个文创电商网站的直营权，这样既可保证文创产品开发的水平和质量，又避免同质化竞争。从长远来看，也有助于国家文化形象的统一塑造和文化愿景的有效表达。

表6-10　国内代表性博物馆文创联盟一览表

名称	成立时间	基本形式	特点
江苏省博苏堂博物馆商店联盟	2012年9月	以南博为依托，江苏省博物馆学会为纽带，整合江苏13个省辖市博物馆资源	突出事企分开原则，以企业为核心开拓市场，以全省博物馆系统连锁商店为销售渠道
重庆市文博创意产业联盟	2016年9月	重庆（中国）三峡博物馆联合国内7家博物馆成立，在此基础上，2019年联合三峡流域相关博物馆，成立三峡文化创意产业联盟	制定联盟章程，聚焦三峡文化资源，打造三峡文化IP
湖北博物馆文创联盟	2017年5月	湖北省博物馆联合8家文创试点单位、3所高校和4家企业成立	主要合作内容为馆际互销文创产品，跨界合作较少
浙江省文澜阁博物馆商店联盟	2017年10月	浙江省文物局指导，浙江省博物馆主办，浙江省内其他博物馆加盟	重视博物馆文创产品的知识产权保护，并注册了联盟共同商标标志
西北博物馆文化产业联盟	2018年5月	陕西历史博物馆、甘肃省博物馆、宁夏博物馆、青海省博物馆及新疆维吾尔自治区博物馆共同倡议成立	聚焦于"一带一路"倡议建设，目前合作公开成果较少

---

❶　欧广远.博物馆文化创意产品开发产业创新联盟研究［J］.中共郑州市委党校学报，2018（5）：102-105.

❷　刘容.抱团、跨界与融合：博物馆文创联盟的当下与未来［J］.东南文化，2021（6）：157-163.

❸　鹿继敏.大数据时代下博物馆联盟机制建设研究［J］.创新科技，2016（9）：95-96.

续表

名称	成立时间	基本形式	特点
云南博物馆文创IP联盟	2018年5月	云南省博物馆与云南骏宇国际文化博览股份有限公司发起，云南省内22家博物馆加盟	多维度、多层次挖掘全省博物馆文物资源、云南历史民族文化资源，以"互联网+"思维和运作模式进行创作、创新和创造
广东博物馆文创联盟	2018年8月	广东省博物馆、广东美术馆、广东省立中山图书馆等9家国家文物文创试点单位共同发起，联合78家联盟会员单位和机构加盟成立	由博物馆和其他公共文化服务机构联合成立，是广东省全省文化资源的整体文创孵化器
长三角博物馆文创联盟	2019年11月	南京博物院、上海博物馆、浙江省博物馆、安徽博物院4家博物馆	开展具有"江南文化"特色的博物馆文创产品，传承江南文脉；协调区域联动发展，通过4家大馆的合作引领，带动各省市的市、县级博物馆及各类专题馆的文创工作
粤港澳大湾区（广东）文创联盟	2020年9月	广东省博物馆联合香港设计总会、澳门设计师协会及省内多家单位共同发起	促进优秀传统文化传承传播、合理利用，积极推动粤、港、澳三地文旅产业、文创产业交流合作
红色文创联盟	2020年12月	中国国家博物馆倡议发起，联合34家红色博物馆及景区	以传播红色精神为目的，搭建专业信息交流和服务平台，制定红色文创相关规范及标准，树立红色文化品牌，借助科技手段传播、弘扬红色文化
非国有博物馆文创联盟	2020年12月	广东省博物馆协会倡导，全国80多家非国有博物馆加盟	构建非国有博物馆文创交流合作与资源共享平台，推动非国有博物馆文创产业协同发展

第七章　公共图书馆文创授权开发

　　图书馆是国家最大的社会记忆存储器和传统文化集散地。自诞生以来，图书馆承担着保存和收藏人类文化典籍的重要使命，在文化旅游融合发展、传统图书馆功能式微的时代背景下，公共图书馆不仅要储藏图书，还担负着保存人类文化遗产、开发文化资源、参与社会教育等各项职能。发展文化创意产业是新时期图书馆发挥文化传播职能的有效途径，是连接传统文化与现代生活的桥梁，具有文化和经济双重价值。我国公共图书馆文创开发工作起步相对较晚，2014 年国家图书馆率先启动文创开发工作，利用馆藏资源开发数十种文创产品；2016 年国家图书馆在淘宝开设店铺"国图旺店"；2017 年 1 月，文化部、国家文物局确定或备案了 154 家文化创意产品开发试点单位，其中有 37 家公共图书馆；2017 年 9 月，国家图书馆牵头成立"全国图书馆文化创意产品开发联盟"；2019 年 1 月，全国图书馆文化创意产品开发一体化平台正式上线，全国图书馆文创联盟正式入驻天猫旗舰店，联盟成员发展到 116 家。自此公共图书馆文创开发开始步入正轨，但整体上仍处于粗放原始阶段，在文创授权开发方面还没有形成系统的经验。

第一节　公共图书馆知识产权图谱

公共图书馆是指向社会公众免费开放，收集、整理、保存文献信息并提供查询、借阅及相关服务，开展社会教育的公共文化设施，是社会主义公共文化服务体系的重要组成部分。❶ 截至2019年年底，全国共有公共图书馆3196家，其中国家图书馆1个，省级公共图书馆39个，地市级公共图书馆379个，县级分馆1711个，总藏量111 181万册件，电子图书藏量86 557万册。❷

一、公共图书馆可供开发的文化资源

图书馆藏品资源的特点是以图书典籍和文字资料为主，在艺术表现力上不及博物馆那样丰富多元，加上图书馆受众群体多是专业人士、研究人员和学生群体，社会知名度和影响力也弱于博物馆，因此缺乏"明星藏品"，不好制造热点话题和粉丝效应，这些为图书馆文创的营销增加了难度。古籍繁体字、竖排版的阅读方式，与现代生活有一定的距离感，又无形中增加了图书馆文创开发的难度。因此，图书馆在文创开发过程中，更要注重藏品思想内涵和文化记忆的挖掘，通过故事性、通俗化、意境化的方式将其巧妙地转化成现代社会能接受的文创产品。

（一）馆藏资源

公有图书馆馆藏资源分为三种类别，一是纸质资源，包括馆藏书籍、报纸、期刊等，大型丛书、经典原著、畅销书，以及书籍作者的相关信息，都可以作为文创开发的资源。例如，英国国家图书馆以风靡全球的"哈利·波特"系列丛书开发出"魔法的历史""印刷品和海报""霍格沃茨的礼物""礼物和书籍"全系列周边。二是电子资源，包括馆藏电子图书、电子报刊、电子报纸、会议论文、学术论文、全文数据库、政府文

---

❶ 《中华人民共和国公共图书馆法》，2017年颁布.
❷ 文化和旅游部. 2019年全国共有公共图书馆3196个［EB/OL］.（2020-06-22）［2023-01-15］. http://cn.chinagate.cn/news/2020-06/22/content_76189316.htm.

件等，以及各馆自建的数据库，也可以为文创开发提供灵感和素材。例如，美国国会图书馆以历任美国总统文件为灵感，印制出29条经典竞选口号的马克杯。纽约医学研究院图书馆将1900年出版的《美国药商》期刊中的图案制作成卡片。三是古籍善本，包括汉字和少数民族文字古籍，甲骨、简帛、碑帖拓本、敦煌遗书、古字画、古地图等图书馆收藏的所有古文献资源。截至2019年，我国共有12274部古籍入选珍贵古籍名录，省市各级古籍善本数千万计，其中殷商甲骨和中华珍贵医药典籍《黄帝内经》《本草纲目》入选《世界记忆名录》。围绕这些弥足珍贵的资源内容，可以从其中的文字、语句、思想、包装等方面寻找灵感进行文创开发。例如，河南省图书馆开发的甲骨文纪念品、古籍元素办公用品；上海图书馆开发的古籍豆本系列、线装笔记本及雕版体验套装等。

（二）地方特色资源

一是图书馆本身的特色资源，如地方图书馆收藏的地方志、地图舆图、家谱家书、名人书画字帖、地方戏曲文献、红色文化资源等，以及图书馆的建筑特色、商标品牌等，如澳大利亚国会图书馆将图书馆发展历程和老建筑绘成明信片；二是图书馆所在地的文化资源，如历史重大事件、著名人物、地标建筑、风土民情、非遗项目、特色美食等。例如，美国国会图书馆坐落于华盛顿哥比亚特区，周围樱花簇拥，每年樱花开放季节，图书馆都会推出"樱花"系列文创产品，如茶具、樱花茶、服饰、雕塑、盆栽折纸、杂志等；四川省图书馆结合本地特色IP打造的"杜甫与熊猫"系列文创产品。

（三）本馆研究成果

图书馆内部研究人员对馆藏资源进行研究所形成的书籍、研究报告、参考文献、学术论文等；图书馆举办的各种公共文化活动，包括阅读日、阅读节、诗歌比赛、征文活动、讲座、读书会等所形成的品牌效应；图书馆工作人员利用馆藏资源开发的文创产品的设计方案和外观专利；图书馆的馆名、馆徽、馆训、发展历程等；图书馆的书画装裱技术、古画修复技术等，都是图书馆自身享有的文创资源，受到著作权法、商标法和专利法的保护。

二、公共图书馆相关知识产权类型

（一）公共图书馆享有的文创著作权

根据我国《著作权法》的规定，作品一经完成作者就自动获得著作权，著作权保护期为50年。公共图书馆在著作权保护期内的藏品，需要经过著作权人或其指定法人许可，图书馆方能进行文创开发或授权第三方开发；超过著作权保护期的古籍及孤儿作品，则可以作为公共资源进行文创开发，无论图书馆还是社会力量都可以使用，不需要经过他人授权。

在这些情况下需要进一步明确著作权归属，一是演绎作品，主要是指就现有材料改编、注释、翻译、整理而产生的作品，演绎作品的著作权归演绎人。❶ 例如，上海图书馆根据本馆所藏民国时期大众书局出版的口袋书"故事一百种"改编的"国韵小小说"和"国韵故事会"，就是演绎作品，著作权归上海图书馆所有。同时，在图书馆内部，馆员按照图书馆要求整理创作出的作品属于职务作品，著作权归馆员所有，图书馆享有优先使用权，在该作品完成的两年时间内，馆员不得许可第三方以相同方式使用该作品。馆员利用馆藏资源开发的文创产品，馆员享有署名权，所属权归图书馆。

二是古籍数字化作品的归属。虽然古籍过了著作权保护期，但图书馆根据古籍整理的数字化图片，以及建设的古籍数据库、采集转化的古籍元素是经过二次加工形成的新作品，著作权则归属于图书馆。图书馆有权利用这些作品进行文创开发或授权第三方使用这些作品。授权使用产生新作品的归属，根据我国著作权法的相关规定，确定委托作品著作权归属的关键主要是合同，合同没有约定的，著作权归属委托人。❷

（二）公共图书馆享有的文创商标权

公共图书馆可以就馆名、馆徽、特色活动等注册商标，包括图形商标、文字商标、文字图形组合商标、自行创作图像商标等。上海图书馆早在1996年申请注册馆标图形商标，2001年申请馆名的文字商标，文字与图形组合形式的商标最早出现在2003年。之后图形商标也从馆标衍生到自行创作的卡通人物形象，如金陵图书馆于2019年申请注册的图形商标。文字商标也不仅限于馆名的简称或全称，正逐渐与图书馆的公共文化服务活动结合起来，如浙江图书馆2006年以公益讲座为视角申请注册的"文澜讲坛"、重庆图书馆2011年为其报刊资料中心的文化品牌申请注册的"杂志有约"、贵州省图书馆2017年以阅读推广工作申请注册的"贵州阅读剧场"等。截至2021年年初的调查结果显示，37家第一批文创试点图书馆中有20家进行了商标注册，注册率为54%（见图7-1）。

---

❶ 张玉敏. 知识产权法学 [M]. 北京：法律出版社，2017：129.
❷ 张玉敏. 知识产权法学 [M]. 北京：法律出版社，2017：132.

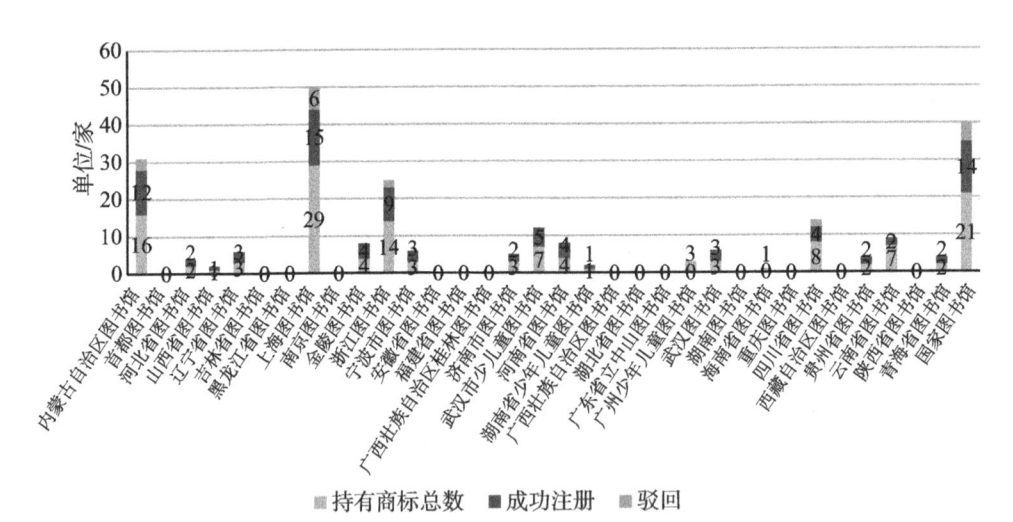

图 7-1 第一批图书馆文创试点单位商标注册情况

数据来源：李喆，潘淼.图书馆文化创意产品商标权的保护与思考[J].图书馆研究，2021（6）：80-87.

（三）公共图书馆享有的文创专利权

就公共图书馆文创而言，能够申请专利保护的外观设计是指专利权人对拥有外观设计专利的产品予以制造、销售、许诺销售等权利拥有的独占实施权[1]，以及可以禁止他人、许可他人实施该行为的权利。需要注意的是，图书馆文创开发现有模式中的外包或组织设计大赛等形式选出的优秀作品，在进行文创开发时要实现以合同方式明确专利权归属，以避免产生产权纠纷。例如，以文创设计大赛的形式向全社会征集的优秀文创设计方案，在比赛日程发布时就应在公告中说明专利权归属。2019年5月由国家图书馆及"全国图书馆文创联盟"主办的文创设计大赛就明确，基于成员馆IP设计的产品知识产权由主办方与相应成员馆共有，设计作者享有署名权。[2]

外包给第三方开发的文创产品，应对外观设计专利授权使用方式、适用范围、使用期限、许可领域、保密事项、违约责任等以合同形式进行约定。[3]例如，2019年颐和园将其"百鸟朝凤"刺绣屏风知识产权授权给两家公司运营，因授权范围不明确产生过纠纷。在互联网以众筹形式进行文创产品开发时，也应实现就文创产品的外观设计申请专利保护，并约定好专利权属，以避免盗版及侵权纠纷。博物馆文创领域《上新了，故宫》以众筹形式推出的仙鹤睡衣被侵权事件就是前车之鉴。

---

[1] 张玉敏.知识产权法学[M].北京：法律出版社，2017：250.

[2] 国家图书馆.全国图书馆"典籍杯"优秀文创设计作品征集活动公告[EB/OL].（2019-05-07）[2022-01-28].http://www.sohu.com/a/312433481_120067881.

[3] 高可森.公共图书馆与旅游融合发展方式研究及知识产权保护[J].图书馆建设，2020（2）：270-273.

第二节 公共图书馆文创开发模式

本书对成为试点单位的37家图书馆文创开发现状进行了抽样调查，得到了28家图书馆的有效反馈。调查结果显示，虽然大部分试点图书馆都已经进行了文创产品开发，但真正对馆藏资源进行梳理并形成明确开发主题的只有3家，大部分图书馆对本馆的馆藏资源并没有进行系统梳理，在文创产品开发上简单模仿其他图书馆的做法，缺乏自身特色和新意。一些图书馆将文创开发简单理解为文创衍生品，完全依靠外部设计公司进行文创设计，但设计公司并不懂图书馆的特色和馆藏，直接将元素复制拷贝到物品上，生产出书签、笔记本、文具、钥匙扣、帆布包等大同小异的同质化产品，缺乏对馆藏文化内容的挖掘和深度思考。但也不乏一些图书馆在文创开发方面进行了新的尝试，大致可以总结出如下开发模式。

一、公共图书馆+文创产品模式

开发文创产品是图书馆文创最直接的表现形式，国外很多图书馆的文创产品开发已经进入成熟阶段，如英国国家图书馆、美国纽约公共图书馆、美国盐湖城图书馆等多家图书馆都拥有自己的实体店，并设有网络购物平台，其文创产品也非常热销。国内博物馆文创产品开发也进行得如火如荼，相比而言，图书馆文创尚处于萌芽阶段。陈魏玮将我国图书馆文化创意产品的类型分为粗放原始类型、初步用文化创意思维探索开发类型和打造特色、全面探索类型。[1]总结国内外图书馆文创产品开发案例，本书将图书馆文创产品分为如下类型：

礼品开发类。以旅游纪念品思维开发的文创产品，包括馆藏复制品、礼品书、出版物等，如云南省图书馆将抗战文献史料汇编影印成《滇南草本》礼品书，甘肃省图书馆的莫高窟仿古图，济南市图书馆的《读书堂》拓片等，都属于馆藏复制品系列。有些图书馆将馆藏的藏品、标志性符号直接复制到具体物品上，如辽宁省图书馆开发的《辽宁

---

[1] 陈魏玮.试点图书馆文创产品开发的研究与探索[J].图书馆理论与实践，2019（1）：21-27.

珍贵古籍》书签，吉林省图书馆开发的麻布封面牛皮纸笔记本，内蒙古自治区图书馆的新译《红楼梦》系列瓷器等。还有些图书馆自身没有特色文创产品，就将地方特色产品放在馆内进行销售，如首都博物馆的"北京记忆"系列产品，贵州省图书馆的苗族蜡染丝巾，广西壮族自治区桂林图书馆的红包、折扇、鼠标垫、钥匙扣、书签等。

日常文创类。以生活用品、文化用品、日常杂件为载体，将图书馆馆藏品和特色元素融入产品开发中，对图书馆文化元素进行了创意转化，具备一定的文创思维。如山西省图书馆以当地历史名人为原型设计的3D打印"晋宝"及文创立体衍生品，湖南省图书馆的动漫形象"图图"和"湘湘"，南京图书馆的十竹斋系列文创（团扇、笔记本、卡包、知书系列文房套装、博览群书折扇、明万历刻本晴雨伞、殿试笔记本等），国家图书馆的芥子园系列文创（书签、明信片、笔记本、瓷器、充电宝、手机壳、胶带、信封）、甲骨文系列（水杯、手工皂、领带、笔记本、靠枕、钥匙链、拓印盒），上海图书馆的"小校场年画"真丝织锦系列、"书香人和"主题茶壶等。还可以将地方文化元素融入图书馆文创中，以 IP 赋能促进文创产品的销售并推广本地文化旅游发展，如日本熊本县以本地古城堡的黑色元素加上日本动漫萌系角色普遍运用的红色腮红打造了熊本熊，经各种营销推广获得全球游客的喜爱，周边销售突破千亿日元，成为本地经典 IP。

数字文创类。数字文创是采用现代信息技术进行数字化呈现与展示，依托文化内核传达一定的精神文化内涵，包括VR展示、AR体验、体感交互、触控感应、动画、视频、App 等形式。[1]图书馆数字文创目前形式比较单一，以 H5 和 VR 为主，如安徽省图书馆的"中国强军梦"主题展、徽风皖韵看安徽等，国家图书馆与阿里巴巴集团人工智能实验室合作推出"翰墨书香"便捷式书法文具盒，以国家图书馆收藏馆藏碑帖中的字体为原型制作成字帖，用户只需扫描字帖，就可以看到书法名家讲解和亲笔示范的短视频。

二、公共图书馆+社会教育模式

图书馆作为文化知识的集中地，文化传播和公众教育是其基本职能之一，图书馆开设的公益讲座、阅读活动、征文比赛、新书推介等，都是图书馆文化创意的组成部分。近年来新型的公众教育模式主要是图书馆+研学旅游和图书馆+书院。

"公共图书馆+研学"旅游。欧美国家的研学旅游又称为营地教育，主要形式是考察体验式研学旅行，运营模式已经较为成熟，其目的是通过团队集体体验，让每位成员

---

[1] 文婷钰，荣芝幸.档案馆与博物馆、图书馆的数字文创开发比较研究［J］.兰台世界，2021（12）：55-59.

得到心理、生理、社交能力和心灵方面的成长。如波士顿公共图书馆在暑期开展"The Great Outdoor"阅读推广活动，为中小学生提供与自然遗产、露营、野外生存相关的书籍，并组织中小学生到遗产地、野外生存体验。我国图书馆研学旅游也正在探索阶段。如国家图书馆提出"典籍展览+非遗技艺+研学旅游+文创衍生品"模式，与北京市文旅局合作开展定制游览活动，让游客通过参观北区阅览室、少年儿童馆、国家典籍博物馆精品展了解中华传统典籍文化；通过制作线装书、永乐大典抄书页、玩转印刷术等多种互动体验感受古籍文化的魅力；通过定期举办周末亲子读书会、儿童手工体验等活动，分享教育理念；通过聘请业内知名专家学者和非物质文化遗产传承人开发研学课程。南京市秦淮区图书馆打造"游见秦淮"文化品牌，依托地方志等地方文献资源，以馆藏图书为载体，将秦淮区历史遗存、文化资源和旅游线路串联起来，通过"专家讲座+线下行走"的活动方式，让参与者在书中感受秦怀古诗，在街头巷尾感受秦淮文化。

"公共图书馆+书院"模式。书院是中国传统的文化教育机构，与现代图书馆的社会教育职能有着天然的联系。"图书馆+书院"模式将现代图书馆与传统书院相融合，书院通过图书馆焕发新的活力，图书馆借助书院传承弘扬中华优秀传统文化。[1]最典型的代表是山东省推出的尼山书院。2014年起山东省在全省推广"图书馆+书院"的公共文化服务模式，在全省建立了150多家尼山书院。活动内容包括礼乐教化、国学新知、经典传习、道德实践、情操培养五个板块，书院在每个传统节日都会举办主题性民俗体验周活动，如在春节期间举办传统民俗知识讲座、民俗老游戏、非遗项目展示体验活动，增加春节的节日氛围；组织举办各类专题讲座如国学公开课、经典精讲、文字起源、传统礼仪、国学与养生等；组织高校及中小学夏令营、冬令营，设置包括少儿太极、诵读经典、中国剪纸等课程；组建"尼山书院国乐团"，组成公益演出团队等。系列活动的开展让中华优秀传统文化走出书斋，进入到现代生活中，也带动了古籍保护研究利用，提高了公共图书馆的服务水平。

三、公共图书馆+文化旅游模式

在文旅融合的时代背景下，图书馆被越来越多的人视为旅游目的地，很多图书馆也设计了参观路线和特色展览，并举办各种公益讲座和文化活动，吸引游客前来参观感受图书馆文化。同时，图书馆还积极走出去，与本地旅游资源相结合，如在旅游景区打造图书馆分馆，将图书馆分馆开在酒店民宿，在旅游中传播阅读文化。

---

[1] 刘岩，崔为.图书馆开展中华优秀传统文化服务的创新模式研究：以"图书馆+书院"模式为例[J].国家图书馆学刊，2017（10）：68-74.

"公共图书馆+景区（公园）"模式。在景区公园内打造城市文化书房，能有效地整合文化和旅游资源，不仅成为时下的"网红"打卡地，而且能够提升旅游景区的文化品位，为社会公众提供更优质的文化服务。例如，浙江图书馆在杭州西湖景区岳王庙内，开设以"岳飞"为主题的启忠书吧，共有藏书5000余册，其中逾60类、近200册与岳飞相关，方便读者通过书本更深层次地认识和了解岳飞，感受民族英雄的爱国情怀。黑龙江在伊春市桃山桃源湖风景区打造的森林书房，武汉市汤湖公园图书馆、南昌市艾溪湖湿地公园"美·书馆"、广州市天河湿地公园图书馆等，都成为著名旅游目的地。国家图书馆与玉渊潭公园、紫竹院公园、海淀旅游行业协会等联合举办多场中秋、重阳等传统节日主题展览，开展多种文化旅游体验活动，将图书馆的公共文化服务功能扩展到景区公园中，让公众在日常休闲中感受到图书馆文化。重庆市涪陵区图书馆将馆藏涪陵古籍文献资源与地方特色文化资源结合起来，创立了江城文化体验区，游客可以在此阅读涪陵历史变迁的珍贵古籍，观看武术表演、涪州川剧变脸、巴人习俗表演等传统非遗表演，参与品茗、书法、古琴等文化体验活动。

"公共图书馆+民宿酒店"模式。公共图书馆与酒店民宿的融合近年来也被各地积极尝试。如宁波市图书馆作为首批文化创意产品开发试点单位，2016年在位于东钱湖风景区旁的福泉心宿建立首家民宿流动图书馆，将3000册风俗旅游、休闲养生、传统文化类的图书搬进福泉心宿专设的墨沏书房，被读者称为"山水之间的图书馆"。之后宁波市图书馆又陆续与象山半边山景区的工人疗养院、南塘老街里的阅读主题酒店等多家精品酒店和民宿合作，为每家酒店民宿提供定制式服务，根据客户的实际需求，或设立专门的书房和阅读空间，或在公共区域、酒店大堂、客房内提供契合酒店、民宿主题的图书。人们可以在酒店和民宿的阅读空间里看书、写字，和好友聊天、品茶。

除了以上模式，公共图书馆还积极尝试其他类型的公共文化空间，如图书馆宾馆酒店、流动的豪华邮轮图书馆所、机场高铁地铁图书馆、图书馆会展、图书馆书店、图书馆文创商店、图书馆咖啡吧、图书馆电影主题馆等，不断打破图书馆的空间束缚和功能局限，解锁图书馆文旅新业态。

四、公共图书馆+娱乐休闲模式

伴随着全民的消费升级，图书馆逐渐流行起来，成为新的生活方式，变成彰显个人阅读品位的打卡"圣地"。图书馆除了传统的读书看报等方式外，与综艺娱乐、网络游戏等年轻人喜欢的休闲方式接轨，不断打破图书馆给人的刻板印象，也是公共图书馆在尝试创新的价值实现方式。

"公共图书馆+综艺"娱乐。文化综艺类节目在国外已经有相当成熟的运营模式，国内在《上新了，故宫》《国家宝藏》等博物馆综艺的带动下，2018年首档图书馆文化旅游综艺节目《神奇图书馆在哪里》推出，在节目中，"怪才"马伯庸和"文艺才女"赵子琪化身图书馆探访者，从文艺视角"探鲜"了12个神奇图书馆，寻找12个图书馆的"书本之最"，探鲜图书馆中蕴含的生活美学和城市新生活方式。2021年，中央广播电视总台央视综合频道、央视创造传媒和中国国家话剧院联合制作的大型文化节目《典籍里的中国》，把《尚书》《天工开物》《道德经》《本草纲目》等优秀中华文化典籍，通过"戏剧＋影视＋文化访谈"的创新形式表现出来，让中华民族绵延千年的文化根脉和精神密码得以视觉化呈现，真正做到了让收藏在典籍中的文化"活起来"，受到海内外观众的一致好评。

"公共图书馆＋网络游戏"。网络游戏在互联网时代有着巨大的市场，尤其是受到年轻人的喜爱。2019年，国家图书馆授权网易利用本馆收藏的三国古籍，打造网络手游《率土之滨》，国家图书馆选出多部三国经典文集进行数字化演绎，将包括曹植的《箜篌引》《洛神赋》、蔡文姬的《悲愤诗》《三国疆域图》、曹丕的《燕歌行》等数十部三国典籍植入游戏。尤其是将《三国志》中记载的诸葛亮推演兵法创设的《八阵图》开发成游戏地图，仿真还原《八阵图》的阵法和谋略，玩家可以在游戏中感受到三国文化的谋略和智慧。

第三节　公共图书馆文创授权机制

公共图书馆的文创产业目前尚处于起步阶段，很多图书馆还没有形成成熟的文创开发思路，更没有明确的授权理念及模式。本书在借鉴国外图书馆及国内博物馆授权经验的基础上，探索国内公共图书馆的文创授权机制。

一、公共图书馆知识产权价值评估

公共图书馆文创开发涉及的知识产权主要是著作权和商标权。首先，在评估内容构成上，图书馆知识产权在文创开发中的价值受到知识产权自身的内容丰富度、市场化程度及图书馆自身的品牌知名度等方面的影响，内容价值、创意价值、市场价值和品牌价值四个指标在不同开发模式下，评估侧重点也有所不同。

图书馆文创产品价值=IP能力值+文创产品开发力+销售力。其中IP能力值包括IP的内容价值和品牌价值，内容价值是指图书馆藏品的文化价值、科学价值和社会价值，品牌价值是指图书馆自身的知名度和影响力。文创产品开发力对应基础模型中的创意价值，即IP是否适合进行创意转化，能在多大程度上转化为受市场欢迎的文创产品。销售力对应基础模型中的市场价值，即图书馆与授权企业文创产品的宣传渠道、宣传力度和宣传推广综合实力。对于图书馆文创产品来说，图书馆自身的品牌价值被关注不多，社会大众及被授权方更关注IP本身的内容价值。如对古籍资源的价值评估，更多考虑文图是否值得欣赏，内涵或主题是否丰富，现代民众是否仍喜爱阅读，是否属于罕见的珍稀古籍，能否彰显特定族群或特定历史时期的历史风貌等。例如，台北"故宫博物院"以古籍文图开发文创产品时，主要考量因素如下：能够展现中华文化书画之特色；兼具典雅与精致之质感；色彩温雅丰满、精笔手绘之逸趣脱俗；唤醒民众的历史思维与多元文化的时空记忆；具古雅特色，能与本中心形象相符；构图便于制作商品；具特殊意义。❶其次是文创产品开发力,与博物馆文创相比,图书馆文化 IP 的创意转化难度更高,尤其是古籍资源,由于阅读习惯和表达习惯的差异,将艰涩难懂的古籍文化转化为通俗易懂的现代文创产品,创意人才的文创转化力是其中的关键。

图书馆社会教育价值 =IP 能力值 + 教育价值附加力 + 推广力。其中 IP 能力值是指图书馆 IP 的内容价值,包括图书馆馆藏资源丰富度和藏品资源内涵丰富度,在各图书馆资源高度同质化的时代,图书馆的特色馆藏成为图书馆的重要 IP 资源,如上海图书馆的家谱特藏、广州图书馆的纪录片特藏等。教育价值附加力是指图书馆 IP 能够在多大程度上转化为现代教育产品,如开发成科普性强、适合普通旅游者的信息素养小课程、小视频,提供短小精悍的课程教学等,这些一方面需要被授权方的课程开发能力,更重要的是图书馆 IP 本身是否具备适合现代社会的文化属性。推广力是指图书馆及被授权方在图书馆研学旅游课程、公益讲座及各种文化活动中的宣传推广能力。图书馆社会教育价值的核心是文化内容生产,需要通过课程研发将传统文化资源与现代社会民众接受方式连接起来,找到文化保存、文化传承、文化服务与当代教育的结合点,需要图书馆系统与教育系统的深度磨合和长期探索,既懂图书馆资源文化内涵又懂现代教育规律的跨界人才是其中的关键。

图书馆文化旅游价值 =IP 能力值 + 文化旅游转化力 + 商业化力。IP 能力值是指内容价值和文化价值,表现为图书馆选出的藏品是否符合旅游人群的阅读品位,能否激发旅游者的阅读兴趣和旅游兴趣,成为吸引游客的积极元素。文化旅游转化力是指图书馆所选的藏书及文化服务活动是否能够转化为文化旅游资源,能够与所在景区、社区、商场等空间有机结合,形成"1+1>2"的综合效应,在提升合作景区文化品位的同时,扩大图书馆在普通大众中的知名度和影响力,帮助人们形成阅读习惯。商业化力是文化旅游景区或文化综合空间的经营模式、经营能力和活动组织策划能力。图书馆文化旅游价值需要与图书馆所在地的地域文化特色相结合,如民族地区的生活方式、风俗习惯、地方特产、人文地理文献、地方志、历史人物及传说故事等,都可以成为图书馆文化旅游的资源附加值,因此,文化旅游转化力是图书馆文化旅游的最核心价值。

图书馆娱乐休闲价值 =IP 能力值 + 娱乐休闲转化力 + 策划能力。IP 能力值对应"内容价值"和"品牌价值",包括 IP 知名度、内涵调性及可拓展性。IP 知名度体现在 IP 的粉丝基础上,很多经典名著如《红楼梦》《西游记》等具有很好的粉丝基础,在开发影视及综艺娱乐节目方面具有天然优势;内涵调性则是由 IP 的风格及内容决定的,如《山海经》,其中的神话精怪形象很适合开发成游戏;可拓展性是指 IP 在内涵方面的适

---

❶ 曾淑贤. 解开古籍文献与历史图像神秘面纱:谈古籍资源创意教育推广及文创加值[J]. 新世纪图书馆,2016(11):34-42.

合开发程度，有些 IP 可能只适合开发成游戏，有些 IP 则包容性更强，可以同时开发成电视剧、综艺节目、游戏动漫、周边衍生品等多种产品形态。娱乐休闲转化力则是指 IP 在转化为现代综艺节目、影视剧等方面的适合程度，有些古籍虽然有很强的历史价值和考古价值，但在娱乐休闲转化方面的局限性太强，不适合进行文创开发。策划能力对应文创娱乐休闲项目开发者的商业化创新、节目宣发力和版权分发力，包括节目组是否有能力请来明星加入节目，是否能找到合适的平台进行节目宣传和播放等。图书馆娱乐休闲没有固定的产品，需要被授权者不断进行摸索和尝试创新，市场不确定性较强，市场风险较大，因此在 IP 授权的价值评估中也应该将这些风险因素考虑进去。

在评估方法的选择上，市场法、成本法和收益法是三种最常用的方法。在评估过程中，图书馆文创著作权评估可以从市场法、成本法和收益法考虑；相关商标权可以用收益法进行评估；专利权可以用市场法和成本法进行评估。收益法是最为科学合理且可操作性强的方法。在运用市场法进行评估时，由于很多古籍资源在市场上没有可参考的文创开发相关案例，其他行业领域的文创又不具备可参考性，可操作性不强。成本法需要对文创开发中的有形和无形损耗进行计算，但文化创意活动的成本，尤其是智力成本很难量化，因此也不适合在此运用。因此利用收益法对图书馆文创知识产权进行价值评估，也就是采用灵活的权利金方式，采用"固定授权金＋提成"或"固定授权金＋阶梯式提成"的方式，是图书馆文创产业发展初期最具操作性的价值评估方式。

二、公共图书馆文创授权模式

公共图书馆文创开发中面临着起步晚、规模小、资源分散、品牌效应不强等问题，在文创开发初期，一些图书馆采用自主开发模式，成立自己的附属企业，37 家试点单位中有 7 家拥有自己的下属企业。❶ 随着文创工作的持续推进，授权开发将逐渐取代自主开发，成为图书馆文创开发的主流模式。本书仅就授权开发模式进行探讨。

（一）直接授权模式

公共图书馆将自己所拥有的馆藏、品牌等知识产权以合同形式授予被授权者使用，被授权者按合同规定进行文创产品开发，自主承担开发成本及销售风险，并根据文创产品销售量向公共图书馆支付相应的授权金。对于公共图书馆馆藏而言，存在两种情况：著作权保护期内的作品授权、过了著作权保护期的公版作品授权及图书馆拥有的自主知

---

❶ 鲁巍伟.我国公共图书馆文化创意产品开发模式研究［D］.大连：辽宁师范大学,2018.根据文中调研，截至 2017 年 37 家试点单位中成立下属开发企业的 7 家图书馆是：国家图书馆（国家典籍博物馆）、金陵图书馆、河南省图书馆、上海图书馆、重庆图书馆、陕西省图书馆、安徽省图书馆。

识产权授权。

著作权保护期内的作品，授权需经过著作权人的许可，从实践来看，可以将其归纳为三种情形：合意许可模式、法定许可模式和著作权集体管理模式。合意许可模式包括两种情形：一是通过"一对一洽谈版权"的方式，著作权人将其权利许可他人使用，一般是著作权人和被授权人直接签约，这种方式获得的授权是最安全直接的，缺点在于授权交易成本太高，效率低下；二是通过"授权要约"方式，著作权人在发表的作品中标明著作权的使用条件，凡接受条件的人视为自动签约，并向代理机构支付相应授权金，这种方式简单可行，减少了授权的流程和谈判环节，但不足之处在于著作权人的声明未必能够覆盖被授权人的所有使用意图，且报酬支付无法保障。法定许可模式适合图书馆数字资源，使用者可以事先不经过作者许可，事后向作者支付报酬，这种方式如果在使用后报酬支付能够得以保障，也许会受到广大作者或著作权人的支持，但目前法律对其保障支撑还不足。著作权集体管理模式是国外比较流行的授权模式，由著作权集体管理组织对授权人的作品和法定权利进行保护，如"中国音乐著作权协会"，在图书馆领域如"超星""万方""中国知网"，这种模式由著作权集体管理组织事先与作者签订授权许可协议，使用者再与集体管理组织签订协议即可，有利于权利人更好地实现自己的利益，而且便于公众更好地、更方便地使用他人的作品。

图书馆公版作品及拥有自主知识产权的授权，则需要图书馆作为授权方，对自己所拥有的知识产权进行整理，对尚未获得法律承认的知识产权申请认证，明确其法律归属，消除隐患。然后，图书馆主动寻找资质匹配的被授权方，可以采用招标的方式，对投标方进行严格审查，明确其商业信誉、业务资质和资产状况，寻找与授权资源调性匹配的文创企业。授权时，要签订明确的授权合同，就授权对象的使用范围、使用期限、权利金收取、文创收益分配等细则进行明确规定，降低法律风险和经济纠纷。授权后，图书馆应对被授权方的文创设计方案进行审核和监督，避免恶意的文化扭曲，确保馆藏资源的文化安全和品牌安全不被破坏。

（二）委托授权模式

公共图书馆将授权业务委托给第三方授权机构，由第三方机构进行授权。第三方机构可以是专门的文创授权机构，也可以是图书馆文创联盟。第三方授权机构如阿里鱼授权业务平台，以阿里巴巴大数据为基础，为IP方、品牌方提供在线授权、营销、销售的全链条服务，采用IP2B2C模式，在IP2B环节，图书馆可以将IP提供给阿里鱼平台，由阿里鱼根据大数据进行IP指数评估、IP商家匹配、品类开发规划等系列数据服务，帮助图书馆寻找到合适的被授权方；在B2C环节，阿里鱼把衍生品作为阿里文娱和集团生态联动的共振介质，通过衍生品在淘宝、天猫、新浪、优酷等阿里巴巴生态体系的销售，既增加 IP 的生命周期又能通过商品反向促进 IP 的宣传和曝光，同时还为电商吸引目标客群，助力图书馆文创行业和品牌的升级。在 2019 年，阿里鱼升级 C2M（Customer-to-Manufacturer）模式，即用户直连制造，通过众筹或预售方式，为用户提供定制化、个性化的文创产品，打造 IP 和品牌双向敞开的大门，降低双方合作的门槛，为更多的授权合作提供工具和机会。

文创联盟是解决图书馆文创规模小、资金少、资源分散的有效方式。2017 年 9 月由国家图书馆牵头成立"全国图书馆文化创意产品开发联盟"，首批 37 家文创开发试点图书馆加盟，2019 年将联盟成员扩展至 116 家图书馆。联盟借助一体化平台，一方面吸收各成员馆将馆藏优秀资源聚合到平台上，委托平台开展设计或在线授权活动；平台联合一批优秀院校、设计企业，以契合市场商业化应用的标准对资源进行二次开发，分主题建立高品质图库；在产品设计、生产等环节，可以实现设计资源与流通渠道的共享，降低生产、设计、研发等成本；平台研发的创意产品汇入产品库，成员既可以通过访问产品库选取适合在本馆实体店销售的优质文创产品，也可借助线上交易平台进行在线销售。除此之外，联盟还建立图书馆品牌孵化中心，帮助图书馆进行品牌孵化、培训文创人才等，开通全国图书馆文创联盟天猫旗舰店，培育线上线下立体营销体系，推动资源聚合，逐步形成图书馆行业开发合力。在文创联盟授权机制下，规模再小的图书馆都可以通过联盟对自身资源进行开发并将产品销往全国各地，大大节省了人力物力和财力，提高了文创开发效率。

（三）合作开发模式

合作开发分为产品项目合作和企业入股合作两种类型。产品项目合作是基于某项产品或项目，图书馆提供馆藏资源和开发方向，通过招标寻找设计企业、制造企业等方式开展合作，相关合作方式、收益分成等通过合同进行规定。如国家图书馆与阿里巴巴集团人工智能实验室合作开发"翰墨书香"便携式书法文具盒，就属于产品项目合作。

企业入股合作是图书馆与社会力量合作成立文创公司，以产权入股的方式进行长期合作。在合作企业建设中，图书馆应确保自己在公司中的主体地位，确保在文创开发方向、公司发展定位、公司决策机制、文化安全维护等方面起主导作用。这就要求图书馆一方面做好知识产权价值评估，避免因知识产权的经济价值被低估而造成国有文化资产流失的情况，在作价入股中占有更高比例；另一方面确保公共图书馆的控股比例在 34%以上，因为根据《中华人民共和国公司法》规定，如果某股东股份大于 67% 时，对重大事件拥有完全表决权。除了知识产权入股，公共图书馆还可以采用现金入股、专业人员凭专业技能入股等方式，力争使自身的控股比例在 50% 以上。合作企业还可以建立特殊表决机制，如公共图书馆虽然所占股份不多，但在意识形态、文化内容生产、文化安全方面享有特殊表决权。

2018年湖南图书馆与招商银行长沙分行、湖南文化创意有限公司、湖南天娱广告有限公司、湖南善禧文化股份有限公司、娄底博通数码彩印有限公司签署文创开发的战略合作协议。❶ 在这个合作协议中，招商银行长沙分行负责图书馆电子账户体系的建设，湖南文化创意有限公司和湖南善禧文化股份有限公司主要负责文创产品的设计；娄底博通数码彩印有限公司负责文创产品生产，湖南天娱广告有限公司负责文创产品营销，他们与湖南图书馆共同打造文创产品完整的产业链。❷ 同年，南京图书馆与南京大丰堂文化传媒有限公司合作成立南图文创中心，南京图书馆提供文化品牌和文化指导，南京大丰堂负责具体的项目策划、空间布局、文创设计、文化活动开展等商业运营，共同打造新型文化空间。以上两种做法都是图书馆文创合作开发模式的实践典型。

（四）众创众筹模式

众筹概念起源于美国，最早应用于商业贷款领域，后来发展为"团购+预购"的网络融资模式。❸ 众筹利用互联网和SNS传播的特性，让组织或个人向公众展示他们的创意，争取大家的关注和支持，进而获得所需要的资金或资源的支持。❹ 众筹模式在图书馆文创领域尚处于摸索阶段，2018年国家图书馆设计的"敦煌莲花包"文创项目是一个尝试。公共图书馆文创众筹项目可以分为众筹项目设计、众筹平台选择、众筹活动发起三个环节，首先由公共图书馆选定待开发的资源，自主研发或向社会公开征集文创开发方案，自主研发是图书馆提供明确的众筹产品或服务项目，向社会公开征集是图书馆不确定具体开发的产品，由公众自由设计文创方案并交图书馆选定，如图书馆可以向全社会发起文创产品设计大赛征集创意。第二步是选择众筹平台，国内众筹平台中，专注于产品众筹的平台有"摩点""京东众筹""淘宝众筹"等，专注于股权众筹的平台是"开始吧"，专注于公益众筹的有"轻松筹""水滴筹"等，其中"摩点"是国内最大的文化创意众筹平台社区，图书馆也可以通过全国图书馆文化创意产品开发联盟的平台进行众筹，大型图书馆也可以建设自己的众筹平台。第三步是与众筹平台签订合约，就双方的责任和义务、权利金支付方式、时间期限等进行约定。

众筹模式可以增加公共图书馆的社会知名度，公众可以通过众筹平台了解图书馆的

---

❶ 湖南图书馆举行文创开发战略合作签约仪式［EB/OL］.（2018-01-18）［2021-12-20］. https://www.sohu.com/a/217495383_99985683.

❷ 湖南图书馆举行文创开发战略合作签约仪式［EB/OL］.（2018-01-18）［2021-12-20］. https://www.sohu.com/a/217495383_99985683.

❸ 韦瑛.基于众筹理念的图书馆社会化服务探讨［J］.图书馆情报工作，2017（4）：53-57.

❹ 李军.基于众筹模式的公共图书馆文创产品开发研究［J］.图书馆情报导刊，2018（7）：16-21.

特色资源和文化内涵，为文创爱好者及社会力量参与公共图书馆项目建设提供低门槛渠道，无形中增加公众对图书馆的好感度。例如，2021 年国家图书馆通过摩点众筹《食物本草图谱》珍藏手账，将国家图书馆中关于生活节气知识、物候诗文欣赏、古法养生窍门和全彩古籍绘画等元素结合，对 120 种本草古画进行解读，告诉人们什么时候该吃什么，应该怎么吃，还有海报、种子、书签、礼盒等隐藏礼品，让人们在众筹购买的同时，了解国家图书馆馆藏古籍中的养生知识。

三、公共图书馆授权收益分配

以上四种授权模式中，公共图书馆所承担的责任、投入的费用、承担的风险和获得的收益都是不同的。

在直接授权模式中，相关利益主体包括著作权所有者、公共图书馆和被授权者。公共图书馆承担筛选合适的授权 IP、与著作权所有者签订授权合约、寻找被授权商作为合作伙伴、监督文创生产制造流程等项工作，还要建立相应的营销渠道，包括线上渠道和线下渠道等，工作较为系统和复杂，因此有必要成立专门的文创部门负责授权工作并收取文创授权金。授权金根据 IP 自身的价值评估进行收取，并考虑文创开发的用途，对于图像授权、出版品授权和专利授权采用不同的授权策略，以收益法估算文创授权可能产生的收益，采用一次性收取授权金或"底金+文创收益提成"的方式收取，并做好权利金在共同图书馆和著作权人之间的分配工作。

在委托授权模式中，相关利益主体包括公共图书馆、授权中介、被授权方。公共图书馆将自身知识产权整理后交给授权中介，由授权中介负责寻找被授权商、授权监督和管理事宜，相对来说公共图书馆付出的成本较少，产生的授权收益需要在三者之间进行分配。授权中介收取被授权方的权利金后，将一部分权利金返回给公共图书馆，三者之间的分配比例则由合同事先进行约定。也可以采用更灵活的方式，如在授权中介比较成熟且掌握的资源比较多的情况下，可以在分配中占有较大份额，而当授权中介自身处于初创阶段或资源不够的情况下，可以采用免费或少收中介费吸引更多图书馆和文创企业入驻。同样，当图书馆提供的资源较为稀缺或价值较高时，在分配中可以要求多收取授权金。

在合作开发模式中，相关利益主体包括图书馆与合作企业。图书馆以知识产权或专利技术等无形资产入股，双方或多方合作主体根据各自的股权比例进行收益分配。在合作开发中，公共图书馆应履行好文创开发主体责任，加强对知识产权的保护，派专员进驻合作企业履行国有资产监管权，原封不动的复制品产权归公共图书馆所有，新的文创产品的产权应根据协议在公司和图书馆之间合理分配，还可邀请第三方对相关资产进行

评估。❶

在众创众筹模式中，公共图书馆众筹项目的回报方式主要有实物回报和非实物回报两种。❷ 实物回报可以是实物购买的方式，众筹够一定数目的资金可以购买某款文创产品或服务，并可以获得众筹项目发起人赠送的，具有收藏价值和纪念意义的小礼品或纪念品。非实物回报是获得平台颁发的证书奖杯、荣誉称号等，或成为图书馆的 VIP 会员，在图书借阅、参与活动等方面享有优先权。若众筹项目没有能够成功发起，则众筹人的资金被原渠道退回，确保不会受到任何损失，以维护众筹平台和项目发起人的市场信誉。

整体上，公共图书馆文创收益分配还应注意平衡公益与文创的关系。公共图书馆文创开发的重点是教育性而非商业性，进行文创开发的目的在于创造图书馆的延伸体验，体现图书馆藏品的附加价值。❸ 美国图书馆的文创产品商店网站首页明确表明"所有收益均用于支持图书馆发展公益项目和创新服务"❹；英国国家图书馆文创产品商店也在醒目位置标示"您的购买行为支持了英国国家图书馆的发展"❺。这些图书馆的文创收益资金流向明确，多用于支持本馆发展。图书馆应用这种开发原则，符合公益性的特征，能够较好地回应社会对于图书馆参与经营活动的质疑，为图书馆的发展提供资金支持和新的思路，实现文创增收和公益服务的平衡。

---

❶ 中国经济网.各级文化单位研发设计人员如何打开文创产品"脑洞"[EB/OL].（2017-09-21）[2021-12-25].http://www.sohu.com/a/193544948_120702.

❷ 黄国彬，邱弘阳.图书馆应用众筹的特点及策略[J].图书馆情报工作，2016（20）：59-69.

❸ 莫晓霞.图书馆文化创意产品开发探讨[J].图书馆工作与研究，2016（10）：98-101.

❹ 王毅，柯平.美国公共图书馆文化创意产品开发实践研究[J].图书馆建设，2017（9）：69-77.

❺ 莫晓霞.图书馆文化创意产品开发探讨[J].图书馆工作与研究，2016（10）：98-101.

第四节　公共图书馆文创授权策略

与博物馆相比，公共图书馆文创产业整体尚处于起步阶段，在授权开发方面更是缺乏足够的实践来支撑本书的研究，本书在借鉴国内外相关文创实践的基础上，针对不同类型的公共图书馆，前瞻性地提出相应的授权策略。

一、省级图书馆文创开发策略

省级公共图书馆是由省级人民政府投资兴办的面向社会公众免费开放的图书馆，具有文献信息资源收集、整理、存储、传播、研究和服务等功能的公共文化设施。[1] 省级图书馆区别于国家图书馆和市级图书馆、县级图书馆，我国共有省级公共图书馆39个，2019年全国省级公共图书馆藏量前10分别是：广东、江苏、浙江、上海、山东、辽宁、福建、湖北、四川、湖南，总藏量为6.51亿册。[2] 与国家图书馆相比，省级图书馆存在文创开发体制机制不灵活、专业人才不足、品牌效应不明显、销售渠道有限等问题。

省级图书馆应以自身的馆藏特色作为文创开发的原始资源。省级图书馆集合了各市县优质特色资源，集中保存了当地民众社会风俗、生产生活相关的历史资料，但各省图书馆在藏品上又会有重合交叉的部分，因此在文创开发中要剔除重合部分，凸显本地文化特色。①地方特色文献。省级图书馆可系统梳理所辖范围内的地方文献资料，包括地方志、舆图、家谱、名人字画、历史人物传记，以及各种反映本地居民生活情况的老照片、年画、小报、音像制品等。②自建专题数据库。专题数据库既可以对馆藏资源进行再次开发利用，又能快速提供其他项目管理所需的信息，如湖南省图书馆的"湖南家谱""潇湘人物""湖南古村落古民居"等数据库；黑龙江图书馆的"北大荒专题""寒地黑土农业技术开发利用""第二次世界大战的终结地"等特色数据库。③古籍特藏文

---

[1] 文化和旅游部.中华人民共和国文化行业标准：公共图书馆业务规范［EB/OL］.（2021-11-01）［2023-01-15］. https://std.samr.gov.cn/gb/search/gbDetailed?id=CFCAC1D8D69EC4DBE05397BE0A0AE6E8.

[2] 国家统计局社会科技和文化产业统计司.中国社会统计年鉴2020［M］.北京：中国统计出版社，2020.

献。具有一定历史文物价值、学术价值、艺术价值的善本古籍、普通古籍、新线装、新善本、名家手稿、金石拓片、外文善本等，如陕西省图书馆藏清雍正活字印本《古今图书集成》、河南省图书馆藏明刊《李卓吾先生批评西游记》、江西省图书馆藏南宋周必大吉州刻本《欧阳文忠公集》（存三十卷）等，都是国内珍本，应予以充分开发利用，使特色馆藏资源更具竞争力。

在文创开发业态上，省级图书馆可选择文创产品、研学旅游、空间运营、影视开发等。在文创开发初级阶段，省级图书馆可借助国家图书馆文创平台，提供馆藏特色文创元素和地方特色元素，开发馆藏文创系列、城市礼物系列文创产品。例如，甘肃省图书馆围绕馆藏精品书画，开发名人书画衍生笔记本，从图书馆珍藏的160余件名人字画中甄选出20余幅作为开发素材，将其作为内页穿插在笔记本中，打造"字在其中"系列书法文创产品、"悠然自得"系列书画文创产品、"蝶恋花"系列文创产品等。研学旅游也是图书馆文创的重要方向，省级图书馆可以将研学旅行作为文创开发的突破点，与本地高校、中小学联合组建研学旅游基地，开发研学旅游课程，将图书馆中的专业知识、地方文化等通过动漫设计、绘本阅读、馆藏体验、典故讲解、趣味问答等形式的课程讲解出来。空间运营也是省级图书馆文创开发的思路，图书馆不再仅是借书和阅读的空间，还可以开发其他文化功能，如美国斯考基公共图书馆"Digital Media Lab"创客空间提供数字媒体制作服务，纽约布鲁克林公共图书馆Greenpoint分馆手工技艺工作室面向手工艺领域创客提供手工技艺制作服务等。影视文创目前在省级图书馆还没有得到普及，但未来有很大发展空间，图书馆可以将典籍中的素材继续整理，作为影视节目素材创作出小说、综艺节目、电影、电视剧等，更好地宣传推广图书馆的文化。如2017年福建省图书馆做过尝试，结合馆藏资源和本土特色制作了阐述闽南特色文化的纪录片，并依据纪录片的内容和相关题材开发了颇具特色的旅游文创产品。

要注重打造特色明星IP，形成品牌效应。省级图书馆地方特色馆藏资源的消费群体较少，难以产生更高的经济效益，因此大多数省级图书馆不能依靠品牌带动文创，而要走文创带动品牌的道路。很多图书馆自创IP，扩大自身品牌影响力。如湖南图书馆申请注册"难得湖图"文创商标，并向全社会征集IP创意，开发出馆藏古旧字画高仿品系列、竹编等儿时玩具系列、生活装饰用品系列、彩陶首饰系列文创产品。福建图书馆依据馆藏茶学专著《宣和北苑贡茶录》，打造北苑贡茶系列文创IP，开发"宣和余韵""行吟八闽""闽南意趣"系列文创套装，体现福建的"茶文化"。

在文创授权方面，省级图书馆首选委托授权模式。为解决资源分散、品牌效应差的普遍问题，可以借助于"全国图书馆文化创意联盟"一体化平台，创建共建共享的文创开发机制。图书馆文创不同于博物馆文创对器物的创意开发，更强调馆藏资料的内涵挖掘，需要以市场化的眼光明确哪些馆藏值得开发，哪些馆藏已被其他图书馆开发过，即要做到知己知彼、突出特色。有些图书馆文献资源的深度开发需要依托前瞻性的科学技术，以专业性的学术眼光对文献进行鉴赏，目前省级图书馆此项能力不足，需要借助国家图书馆的文创平台协助开发，以弥补文创开发经验的不足，从而有效合理地使用馆藏资源。有些馆藏资源在各省级图书馆都有收藏，在文创开发中需要剔除交叉重合的部分，保留符合现代公众需求的经典作品。文创开发联盟可以帮助省级图书馆之间进行资源整合，促进各图书馆实现差异化、特色化发展。另外，在文创销售推广中，文创联盟平台也可以帮助各省级图书馆突破地域限制，搭建共享平台，畅通文创产品的流通渠道，更好地发挥文创产品的经济价值和社会价值。

与地方品牌的联动发展也是省级图书馆文创的有效授权方式。省级图书馆要充分发挥地方特色文化资源的优势，与地方特色品牌、老字号进行合作，联合开发文创产品，丰富图书馆文创的业态。如北京老字号马聚源、内联升、瑞蚨祥、全聚德、便宜坊、同仁堂等，都可以成为北京图书馆文创的合作对象，通过老字号的知名度提升图书馆文创在大众市场的影响力。河南省图书馆也可以和双汇、思念、三全、白象、杜康、红旗渠、宛西制药等地方品牌合作，扩大图书馆文创在本地的推广力度。

二、高校图书馆文创开发策略

高校图书馆是为高等学校教学和科学研究服务的图书馆，是培养人才和开展科学研究的重要基地之一。高校图书馆的主要任务是采集各种类型的文献资料，为学校的教学和科学研究提供文献资源保障，开展阅览和读者辅导工作，开展读者教育，培养师生的情报意识和利用文献情报的技能，开展学术研究和交流活动等。我国《普通高等学校基本办学条件指标（试行）》（2004）、《普通高等学校图书馆规程》（2015）中要求普通高等学校（本科、高职）都应有图书馆或资料室，根据教育部《2019年教育统计数据》显示，我国有2688所普通高等学校，所以至少有2688座高校图书馆。丰富的高校图书馆资源成为图书馆文创不可忽视的组成部分。发展高校图书馆文创有助于深度开发高校图书馆文化资源，形成高校文化特色和文化品牌，更好地满足师生及高校所在地居民的文化需求。

高校图书馆可供开发的文化资源要素包括校徽、校训、历史元素、校园景色、特色建筑。每个学校都有自己独特的校园历史、校园文化及地域特色。例如，清华大学图书馆将其特色资源整理为三种：一是标志性符号，包括馆名、馆徽、馆标、馆歌、馆训、印章、地理位置信息等；二是校园景观及馆内陈设，包括建筑外形、阅览室、走廊、楼梯、书架、台灯、绿植、室内装饰等，如"人文日新"清华图书馆立体便签是清华大学图书馆根据其建筑外形，采用激光雕刻技术设计开发的，消费者只有使用完137张便签后,才能看到真实还原的清华大学图书馆全貌;三是馆藏资源,包括馆藏纸质资源、电子资源、展览作品及活动素材等,如清华大学图书馆联合清华大学艺术博物馆,依托馆藏特色资源举办了"尺素情怀——清华学人手札展",并根据展览作品推出了尺素情怀系列文创产品。

高校图书馆文创的产业形态:一是文创产品,目前很多高校图书馆都推出了以自身特色资源为基础的文具、生活用品、服装配饰、图书制品、潮流玩具、数字产品等;二是各类文化活动,高校图书馆可依托自身的特色馆藏资源和高校师资等优势,举办系列专题讲座、学术沙龙、读书会、新书发布会等活动,创立自己的文化品牌,并推出系列文创周边产品;三是与文化旅游融合,推出新型特色文化空间,如高校书屋、咖啡馆、主题餐厅、手作室等,并对高校以外社会群体开放,将高校打造成文化旅游目的地,扩大高校的文化影响力和品牌影响力。目前,高校图书馆文创还停留在文创纪念品开发阶段。

在文创授权方式上可采用委托授权的校企合作模式。高校图书馆以高校名义寻求校内外优秀的文创团队,并与文化企业联合进行文创开发。高校图书馆提供馆藏资源和文化解读、高校文化特色和文化底蕴元素,并组建合适的团队进行文创开发;文创企业对文化元素进行市场化解读,生成文化创意设计方案,并通过委托生产企业转化为创意产品。例如,清华大学图书馆联合清华大学艺术博物馆、清华大学文化创意发展研究院、清华校友总会文创专业委员会、清华大学学生文化创意协会、清华大学五道口金融学院文创金融研究中心等校内部门,依托 iCenter 清华大学创客空间、清华 x-lab 创意创新创业教育平台、清华大学创客教育实验室,借助北京水木联创投资管理有限公司、北京青橙创客教育科技有限公司等,构建了集场馆、学院、实验室、协会、公司于一体的文创工作体系。

其次是众创众筹模式。与其他类型图书馆相比,高校图书馆最大的优势在于高校师生的人才优势。高校是传承优秀传统文化和创新思想的重要发源地,也是文化交流主阵地,作为高校主体的当代大学生是思想敏锐、创意迭出的群体,也是高校文创产品的开发主体和消费主体。充分利用高校历史文化、艺术设计、市场营销等各专业的学科优势,通过举办校内文创大赛、创新创业大赛、大学生"挑战杯"等赛事活动,通过成立文创实验室、创意孵化室等形式,鼓励高校教师带领学生形成创意团队,产生优秀的文创方案,并通过与校外企业的合作,将创意方案转化为文创产品或服务,是高校图书馆文创独具特色的途径。

三、实体书店文创开发策略

随着公共图书馆服务方式的转型，在各地市设置图书馆分馆、城市书房、文化驿站、文创书店、农家书屋等，成为公共图书馆的重要组织形式，实体书店文创开发成为社会关注的热点。加上近年来不断涌现出的诚品书店、言几又、方所、钟书阁、先锋书店等"网红书店"备受年轻人的追捧，实体书店文创也成为公共图书馆文创的重要组成部分。

城市书房是公共图书馆实体书店文创的主要载体，由各地政府与社会力量合办，依托各级中心图书馆资源，实现资源共享一体化服务。城市书房最早出现在2015年的温州，之后全国各地开始学习效仿，2020年"全国城市书房合作共享机制"成立，到2021年共有全国110个城市加入，涵盖1583家城市书房。城市书房主要借助各地公共图书馆的馆藏资源，以书本阅读为核心业务，拓展到咖啡、文创、食品、画廊等其他业务，逐渐成为地方综合文创品牌。

多元经营是实体书店文创的重要特征。首先是突出自身的主题和品牌，目前很多城市的城市书房有统一的logo和品牌，采用多元化的主题风格。如温州瑞安市的寓言城市书房，以寓言、童话等定位精准的藏书争先，通过《小马过河》《海国公主》等各类寓言故事的内嵌式设计，打造集创作、培训、演出、娱乐为一体的寓言童话基地；永嘉瓯北新桥城市书房，以"时尚鞋服"为主题，突出展示中华鞋服专题文化；洞头瓯江口城市书房以"洞头海洋文化"为主题，采用桥的设计理念，用桥沟通"书"纽，营造蓝色的海洋氛围。在主题鲜明的前提下，打造自身的文创品牌，如钟书阁在2019年推出文创品牌"阁物研究社"，研发钟书阁特色文创产品，如以钟书阁书店摄影作品为素材的明信片、"纪念泰戈尔诗集款""经典名言款"帆布袋、以钟书阁元素为底色的原创水彩手绘明信片等。实体书店也可以深挖本土文化、图书馆文化、非遗文化资源，开展文创产品定制工作。

空间合作运营是实体书店授权方式之一。目前很多实体书店的多元经营以自营为主，但也有不少书店选择了联营，如上海书城福州路店、重庆九龙坡书城、吉林磐石市新华书店等，除了将场地以联营方式交给供应商，不少书店还选择与供应商在营销节点开展合作，如设置展台折扣促销，推出老客拉新优惠券、文具礼包等，并与图书捆绑销售。很多实体书店探索与书吧联营，在书店空间提供咖啡、甜点、西餐、饮料、手作等服务，丰富书店业态。新型书店"方所"将店区分成阅读空间和创意生活区，在创意生活区有服饰、文创、猫咖、理发店等生活方式品牌，并不定期举办文化沙龙和艺术展览。日本实体书店还探索出与便利店联营的方式，如明屋书店对位于城市郊区的部分连锁店进行改装，腾出一般空间租给"7-11"便利店，图书销售额也有所提升。秋田县将本地出产的优质大米和蔬菜在书店销售，突出本地特色文化。

跨界联合运营也是实体书店的授权方式。实体书店可以探索与城市商圈、重点景区、餐饮住宿等合作运营，创新打造一批数字阅读、文化沙龙、简餐饮食、非遗展示等内容于一体的城市书房。如日本一家名为"东京书与床"的书店，将书店与酒店结合起来，在书店中提供出床位、沙发、淋浴间、咖啡角、卫生间等设施，读者可以像在家一样随意翻阅图书，困了就在书店住下。银座的森冈书店则提出"只出售一本书"的概念，每周选出一本新书，根据书的内容和风格装修书店空间、选择书店装饰风格，营造书店主题氛围，同时邀请图书作者开展讲座，举办文化活动，读者可以参加新书体验活动并购买房间中包括图书在内的任何物品。随着知名度的提升，举办新书出版纪念会、发售纪念会、签售活动及相关展览等也成为书店的盈利手段。

与社区合作的社区型书店是未来实体书店的授权方向。随着电子图书的普及，人们的阅读方式逐渐转移到移动终端，实体书店作为阅读空间需要转变经营模式，与社区合作是未来可以尝试的方向。实体书店可以推出独立出版物，各类文化衍生品、衍生课程，与设计师合作开发联名产品。例如，2020年10月全国公映的叶嘉莹文学纪录片《掬水月在手》就是方所出品的，在此基础上还可以进一步开发衍生文创产品、衍生课程。社区书店还可以举办实验音乐、诗歌朗诵活动、亲子阅读活动、复古舞蹈party，或者文化沙龙和公教课程等，通过丰富的文化活动让社区书店成为社区的创意孵化器和文化体验馆，营造社区的文化氛围。未来，社区书店将承担演出现场、美术馆、图书馆，甚至学校的综合文化职能，但更加面向基层、面向大众。

第八章 文化旅游景区文创授权开发

据联合国世界旅游组织（UNWTO）发布的信息，全世界旅游活动中约有37%涉及文化要素，文化旅游者以每年15%的幅度增长。[1]随着经济社会的高速发展，旅游消费逐渐成为国民消费的常态，人们不再满足于走马观花式的旅游模式，更加注重在旅游中感受不同地区的历史文化底蕴，体验不同的文化风俗。为适应民众文化需求的增长，旅游景区提供服务的模式必须发生变化，从散落在典章制度、考古发掘、民俗风情、非物质文化遗产中寻找景区的文化基因，开发特色文化产品和文化服务，提升景区的文化内涵和文化品质。对旅游文创产品的理解不能局限在传统的旅游纪念品层面，而是将其理解为"大文创"，即能够展示和提升文化旅游景区价值和特色的一切创意方式，包括文创商品、影视产品、文商旅综合体、特色演艺、节庆会展等。

---

[1] WALLE A H. Habits of Thought and Cultural Tourism [J]. Annals of Tourism Reasearch, 1996（4）.

第一节　文化旅游景区知识产权图谱

《世界遗产公约》将文化遗产界定为文物、建筑群和遗址。其中，文物是指从历史、艺术或科学角度看具有突出的普遍价值的建筑物、碑雕和碑画、具有考古性质或结构的铭文、洞窟及联合体；建筑群是指从历史、艺术或科学角度看在建筑式样、分布均匀或与环境景色结合方面具有突出的普遍价值的单立或连接的建筑群；遗址是指从历史、审美、人种学或人类学角度看具有突出的普遍价值的人类工程或自然与人联合工程及考古遗址等地方。以文化遗产资源为基础开发的文化旅游景区，是本书的研究范围。考虑到文化遗产在未来是重要的文创IP资源，且在文化文物单位的管辖范围内，因此将其文创授权单独列为一个类型进行讨论分析。其他以自然资源为主的景区，不在本章讨论范围内。

一、文化旅游景区可供开发的文化资源

并不是所有的文化资源都适合进行旅游开发，在旅游开发前，必须对本地特色文化资源进行梳理和整合，摸清家底，建立完整的文化资源库，然后在资源库中寻找可供开发的文化资源，判断标准是资源是否具有旅游吸引力。一般而言，可供旅游开发的文化资源重点素材包括以下几种。

（一）地方特色遗址

包括古文化遗址、名人故居、特色建筑、特色空间等。文化遗址是指古代人类的建筑废墟及在对自然环境改造利用后遗留下来的痕迹，如民居、村落、都城、宫殿、官署、作坊等。随着时间的流逝，一些文化遗址留存了下来，如古城墙、古建筑、古长城、古栈道、古战场、古桥古镇、古村落、老胡同等；有一些文化遗址则由于自然和人为的因素埋藏在地下，只在地面上残存一些高台殿基或残垣断壁，或者通过考古挖掘才能发现，如古人类遗址、古代都城、古河道等。现代文化旅游景区都是以文化遗址为开发资源的，如三星堆、兵马俑、故宫、长城、殷墟、都江堰等。

名人故居是指名人居住过的地方，是后人了解名人生前环境的地方，承载着重要历史研究价值及文化传播使命，也是感受名人精神和时代审美的重要场所。由于古代名人居住地不容易留存，更多指向近现代名人的居住地，如孙中山故居、毛泽东故居、周恩来故居、鲁迅故居、蒋介石故居、宋庆龄故居等，现在都是非常有名的文化旅游目的地。

特色建筑是反映地方风土人情和区域特色的建筑，是最能够直接感受地方特色的显性文化特征，如北京的四合院、苗族的吊脚楼、云南傣族竹楼、陕西窑洞和地坑院、福建土楼、西关大屋、开平碉楼、蒙古包等，每一种建筑都代表着本地的生活方式和价值观念。除此之外，地方标志性建筑也属于特色建筑范畴，如广州小蛮腰、上海外滩、拉萨布达拉宫、南京夫子庙、台北101、巴黎铁塔、美国自由女神像等，也都成为重要的文化旅游资源。

特色空间是指反映地域历史及文化特色、能够见证时代发展的现代空间，如老厂房等工业遗产改造的文化产业园区、历史文化街区、文创市集、歌剧院、城市书房、博物馆、美术馆等。随着文化旅游融合发展，这些文化空间逐渐成为旅游资源，有些还成为"网红打卡地"，如西安的大唐芙蓉园、开封的清明上河园、北京的环球影城等。

（二）地方特色文化

包括地方曲艺、地方饮食、民俗节庆、历史渊源等。地方曲艺是地方"说唱艺术"的总称，包括山歌、地方剧目等，是由民间口头文学和歌唱艺术经过长期发展演变成的一种独特的艺术形式。据不完全统计，活跃在中国民间的各族曲艺曲种约有400个。地方曲艺自古以来都是非常受欢迎的娱乐方式，也是现代舞台艺术的前身。比较有名的地方曲艺有京剧、黄梅戏、昆剧、山东快书、东北二人转、苏州弹词、相声、评书等，一些小众剧目如花鼓戏、河洛大鼓、长沙弹词、广东木鱼歌也逐渐受到重视，成为非物质文化遗产的保护对象。

地方饮食是最能够体现地方特色，又最容易被大众接受的文化旅游资源，包括地方菜、茶、酒、水果及地方老字号等。每个地方都有自身的特色饮食，如重庆火锅、北京烤鸭、武汉热干面、天津狗不理包子、西安羊肉泡馍、洛阳水席等，这些特色美食在长期发展中又形成了各自的知名品牌和老字号，如全聚德、便宜坊、真不同、东顺来、吴裕泰、兴盛斋等。其他还包括各类地方特色的名酒、名茶，如碧螺春、大红袍、西湖龙井、君山银针、蒙顶黄芽、贵州茅台等，都构成地方特色的饮食文化。

民俗节庆。各地各族人民在长期生活过程中形成了丰富的民俗节庆活动，反映出地方的文化特色和风俗习惯。中华民族的传统文化节日形式多样、内涵丰富，如不同地区的春节习俗、端午习俗、中秋习俗、重阳习俗都不一样，到不同地区可以感受到不一样的传统节日氛围。近年来随着国家对传统文化的重视，一些已消失的传统节日如上元节、上巳节、花朝节、乞巧节等，也逐渐成为文化旅游资源。很多少数民族的特色民俗节庆，如蒙古族的那达慕大会、傣族的泼水节、彝族的火把节、藏族的酥油花灯节、苗族的花山节等，也属于这一范畴。

历史渊源。重大历史事件、名人事迹、故事传说等。历史上的一些重大事件及留存下来的遗迹、文物、故事传说、英雄事迹等，也都成为重要的文化旅游资源，如三皇五帝事迹、花木兰传说、梁祝传说、穆桂英事迹、岳飞事迹、封神传说、三国人物等，以及近代以来的重大战役、革命根据地、革命纪念馆等。

（三）地方特色产品

包括民间工艺、传统技艺、地方特产等。民间工艺是大众生活中所形成的民俗艺术，包括剪纸、泥塑、皮影、陶瓷、年画、布艺、刺绣、紫砂、蜡染、铜艺、木艺等，同一工艺在不同地区会表现出不同的风格，反映出地方丰富的文化内涵和审美爱好。传统技艺是民间流传下来的技艺，如打铁花、舞狮、少林功夫、太极拳、变脸、杂技等，每一门技艺都烙着民族的印记，保留着本地民众的文化传承和生活方式。地方特产是基于某地特殊的水产人文所形成的特殊物品，包含农林特产、矿物特产、纺织品、工艺品等，如土特产，一般指有特殊功效和品牌知名度的农业初级产品，如北京鸭梨、沙窝萝卜、东北人参、内蒙古马奶酒、山西小米、青稞酒、太湖莼菜等，往往代表地方名片。

（四）其他文化旅游资源

随着文化旅游融合的深度开展，以及各地开发的多样化旅游项目，一些新现象、新业态也会变成文旅资源，如各种虚拟IP、游戏场景、热门电视剧或综艺节目取景地、网红打卡地、剧本杀项目、电竞场所等。

二、文化旅游景区可供使用的知识产权

文化旅游景区可开发的文化资源门类众多，从知识产权角度对其进行界定，大致可归纳为著作权、商标权和专利权，以及由自身资源禀赋和运营管理所形成的文化旅游景区的品牌权。

著作权。文化旅游资源开发中的著作权是指旅游资源作品的著作权，可分为个人所有的著作权和集体所有的著作权两种。所谓旅游资源作品，是指利用旅游地区本身所特有的资源，如自然风貌、风土人情、经济文化等创作完成的作品，作品中蕴含着明显的

旅游环境特色、地情地貌和文化习俗，与旅游资源密切关联，具有明显的地域性特点。[1] 文化旅游资源作品著作权分为三种情况，一是集体著作权，自然风貌、气候特点等自然条件本身并不构成著作权，但村民在长期生活中所形成的建筑风格、民族歌舞、民间传说、节庆习俗、特色饮食、传统技艺、民间工艺等，则属于著作权的保护范围，但不属于个人著作权，而是本地居民共有的集体著作权。二是法人著作权，文化旅游经营主体在对文化旅游景区进行规划和管理过程中形成的规划方案、商业项目、景区景点等，构成文化旅游经营主体的著作权。三是个人著作权，个人在文化旅游资源基础上进行创作，所形成的书画、剧本、小说、影视节目、旅游设计方案、文创设计方案、网络游戏等，构成个人的著作权。

商标权。文化旅游景区的商标权是指具有代表性的景点名称注册生成的商标，以及当地特色旅游产品注册的地理标志、集体商标和证明商标。文化旅游景区的景点名称代表景区的品牌和标志，往往具有很大的商业价值，尤其是世界文化遗产地和著名文化旅游景区的地理名称、地貌特征作为商标、商号等的无形资产价值迅速提升，常常出现被抢注的情况，需要及时注册。如浙江省的两个千年古镇——西塘、南浔，其名称被杭州盖洛普企业管理咨询公司注册成旅游商标，这意味着在法律规定年限内，"西塘""南浔"的旅游类商标只能由盖洛普公司拥有。在非物质文化遗产领域，学界一般认为集体商标、证明商标及地理标志相关规定适合进行非议商标注册。[2] 集体商标是以团队、协会或其他组织名义注册的商标，所有权归该集体组织的成员，如"龙门农民画""罗山皮影""西塘剪纸"等；证明商标是由对某种商品或服务具有监督能力的组织所控制，而由该组织以外的单位或个人使用于其商品或者服务，用以证明该商品或者服务达到了某种标准的证明标志，如"绿色食品""龙井茶"等。另外还有老字号，文化旅游景区可以就本地相关的老字号进行挖掘整理，将一批具有使用价值的商业标识申请注册成商标。

专利权。在文化旅游开发中形成的发明专利、实用新型专利和外观专利。文化旅游景区在旅游开发中所修建的景观、建筑、雕像、文创产品等都可以就外观设计和包装申请外观专利；对旅游商品或游玩模式进行精心设计，申请产品专利或方法专利，保护旅游产品；对文化旅游景点的修复技术、利用 VR/AR 进行数字化还原的方式、数字化模型构建方式等可以申请发明专利。

商业秘密。商业秘密是指在特定领域和行业内不为公众所知悉，并为权利人采取合

---

[1] 胡卫萍, 刘婷婷. 旅游资源开发中著作权侵权及其对版权产业、旅游经济发展的影响[J]. 农业考古, 2008（6）：180-183.

[2] 刘佩. 论世界文化遗产的商标权保护[J]. 法制博览, 2015（9）：48-49.

理的措施保持秘密状态并能够为持有人带来商业价值的信息。❶包括文化旅游景区建设运营中形成的具有极强体验价值和消费价值的旅游线路、策划方案、经营信息等；非遗传承人具有商业价值的秘密配方，如云南白药、同仁堂中药等。

  文化旅游景区的知识产权保护体系还不完善，很多人尚不具备文化旅游景区知识产权保护的意识，所以才会出现山寨景点、同质化文创产品众多等问题，因此要完善文化旅游知识产权保护制度。文化旅游知识产权保护是一项系统工程，仅有知识产权专门法的规定是远远不够的。美国、日本、英国等发达国家在与旅游产业相关的综合性法律中，都对知识产权保护问题作了明确规定。在文化旅游知识产权保护方面，仅仅依靠一般性的知识产权法律规范远不能满足文化旅游法律规制需求，有必要制定适合旅游业实际情况的具有可操作性的旅游知识产权规范体系。❷

---

❶ 于滨滨.我国"非物质文化遗产"商标权保护模式研究［D］.苏州：苏州大学，2017.
❷ 鲁甜.文旅融合背景下旅游产业发展中的知识产权问题［N］.中国文化报，2019-05-14.

第二节 文化旅游景区文创开发模式

在文化旅游的融合发展和旅游升级的时代背景下,国家鼓励文化旅游景区走出"门票经济"的传统思维模式,以更灵活的方式进行业态升级。尤其是 2020 年以来,受新冠肺炎疫情的影响,很多文化旅游景区传统经营模式呈断崖式下跌,不得不思考创新商业模式,将文化创意作为景区发展的内驱力,提升景区的文化传播力和感染力,各种新业态和新模式不断被尝试,结合国内外相关实践,可以归纳为以下三种模式。

一、观光游览模式

观光游览是最传统的旅游产品,以游客的观赏和游览名胜古迹、人文景观为主要目的,向旅游者呈现场景(古迹、建筑、博物馆等),游客作为参观者,以视觉去观察事物,停留时间较短,属于走马观花式的旅游。文化旅游观光游览的突出特点是向旅游者展现人类不同历史时期创造的丰富多彩的宝贵遗产,起到增长知识、享受艺术创造、增强爱国爱人类意识的作用。观光游览涵盖旅游"吃、住、行、游、娱、购"六要素,以"游"和"购"为主。

旅游景区。依托不同的资源禀赋,可以将文化旅游景区分为依托名人的诞生地或居住地进行开发的故居类,如毛泽东故居、宋庆龄故居等;依托宗教建筑开发成综合性旅游区的宗教类,如拉萨布达拉宫、南京夫子庙等;以古镇古街古村保护为前提,将休闲旅游、文化体验、休闲商业融入古民居开发的文化旅游项目,如上海朱家角、乌镇;以史前遗址为基础开发的博物馆、考古公园等,如洛阳二里头夏都博物馆、安阳殷墟等;以古运河、古长城、城楼、军事防御设施等古代设施为基础开发的旅游项目,如长城、大运河等;将传统文化与现代游乐设施结合开发的文化主题公园,如迪士尼乐园、方特主题公园、北京环球影城等;以文化业态集聚和文化资源整合为前提开发的各具主题的文化产业园区,如北京 798 等;以重大历史事件发生地或历史人物所在地为基础建造的纪念园、烈士陵园等。近年来,以国家力量统筹修建的长城、长征、大运河、黄河四大国家文化公园,以及各种文化遗产线路和文化遗产廊道,如丝绸之路、万里茶道、藏羌彝文化遗产廊道等，都属于旅游景区开发模式。

博物馆。以文化遗址和可移动文物为基础修建的博物馆，在文化旅游融合发展的背景下，也成为文化旅游景区的重要组成部分，典型成功代表如故宫博物院、秦始皇陵兵马俑博物馆等。博物馆或者博物馆群落作为文化综合体，发展文博产业，可以带动整个区域文化旅游发展，如古根海姆博物馆集团在西班牙小城毕尔巴鄂设置的分馆，通过产业化运营、举办国际性的文化艺术活动、开发周边产品等方式，不仅吸引了当地艺术家和青年艺术人才，而且每年稳定吸引游客约100万人次，成功地将一个从未成为旅游目的地的衰败工业港口城市，一举打造成为享誉欧洲乃至世界的文化创意和现代商业之都，真正做到了"一座博物馆，振兴一座城"。

旅游文创产品。旅游文创是旅游业的重要组成部分，是延伸旅游产业链、扩大旅游消费、推动旅游业提质增效的有效途径。随着文化和旅游产业的持续深度融合，旅游文创作为文化旅游高质量发展和旅游景区文化内涵提升的有效抓手，逐渐摆脱了传统旅游纪念品的桎梏，开始向着多元化、创意化、科技化的方向发展，很多旅游景区开发文创产品意识有所增长，涌现出了一批旅游文创企业，开发出了系列旅游文创精品。如长沙的"茶颜悦色"是主打中国风的网红茶饮，属于长沙地方性品牌，以国风国潮味和"颜值经济"为主打风格，适合打卡拍照，并推出调香茶、茶杯、雨伞、挎包、衬衫、拼图、车线本等100多种文创产品，已经带动长沙成为网红打卡地。

二、娱乐消费模式

以娱乐消费项目为主打产品的文化旅游，主要依托城市和乡村人文历史资源和发达商业设施，将文旅与商业、产业和地区深度融合，打造文旅消费新场景、发展文旅消费新经济、拓展文旅消费新空间。

典型做法一是以业态聚集打造文旅消费特色街区。如上海徐汇区在衡复地区建成一批文化旅游消费街区，集聚文化创意、休闲体验、餐饮服饰、戏剧戏曲等多种文化旅游消费业态，以多样化的文化供给营造文旅消费氛围。或者以单业态集聚形式形成规模效应，放大业态集聚产生的影响力。如在伦敦西区不到1平方公里范围内聚集了49家剧院，加上周边几条街区的剧场，西区一带有大小剧院60多家，如今这里已经拥有特拉法加广场、皮卡迪利广场、唐人街、国家画廊等伦敦地标式建筑，俨然成为世界文化旅游胜地。国内也有地区目前在尝试形成演艺聚集地，如河南郑州的"只有河南·戏剧幻城"，拥有56个格子空间，21个大大小小的剧场、总时长近700分钟的剧目、近千名演员，成为目前中国规模最大、演出时间最长的戏剧聚落群。

二是以文旅资源推动城市更新，打造文商旅综合体。文商旅融合是近年来文旅项目开发、城市更新和产业调整的目标之一，很多城市都期望通过项目迭代升级、调整改造来建立城市新地标或新名片。无锡灵山小镇·拈花湾是典型代表，拈花湾定位为打造"世界级禅意旅居度假目的地"，与灵山大佛依山为邻，通过建设集旅游、观光、住宿、度假、体验于一体的旅游度假综合体，开创特色文化旅游新市场，打造禅意文化为主题的特色小镇。长沙的"超级文和友"以怀旧为主题，复原了老长沙街景，构筑了一个"复古沉浸式美食城"，汇集了市井美食、各派小吃，文和友自身孵化的餐饮店，形成以品牌 IP 为方向构建的大型综合餐饮文化集团。除此之外，重庆光环购物公园、苏州淮海街、杭州天目里、陶溪川文创街区、建业·华谊兄弟电影小镇等大批文商旅项目也在全国各地开展。

三是以政府主导，依托本地特色资源举办大型节庆会展。例如，洛阳牡丹文化节，由河南省人民政府主办，将 1600 多年历史的牡丹花会办成一个融赏花观灯、旅游观光、经贸合作为一体的大型综合性经济文化活动，带动洛阳成为国内知名的文化旅游城市。西塘通过举办"西塘汉服文化周"，将中国传统服饰文化与西塘优美的自然风光相结合，让人们在汉服嘉年华、"西塘杯"古诗词大赛、美少女雅集、水上 T 台秀、国学讲堂、每日主题穿搭等丰富多彩的文化活动中感受到中国传统服饰之美，近年来知名度已渐渐超过乌镇。

三、场景体验模式

复合型文化空间是文化旅游新趋势。融创文化在武汉设立全国首个阿狸主题艺术空间"阿狸·呓境"，是一个集"IP+人文+艺术+社交"为一体的复合型体验空间，有阿狸的书吧、水吧、画廊、零售空间、茶室、餐饮包间、阿狸空中花园多个业态，迎合喜欢阿狸的年轻群体的多元体验需求。除此之外，敦煌 IP 授权中心的国潮国漫潮玩馆、敦煌之恋主题乐园等也释放出信号：未来旅游文创将不再是单纯的文创产品售卖，而是打造复合型的文化场景，以沉浸式的方式让消费者在体验中感受文化内涵，购买文创产品。

文化场景营造也被很多城市重视。成都提出"场景营城"的概念，在文化旅游领域表现为通过文化场景的打造，让人们在具体场景中感受文化。例如，成都的交子大道，以交子为主题，打造全新的都市级消费商圈。交子之环不仅仅是一个人行天桥，市民还可以在这里慢跑锻炼、听音乐会、看画展。在 1.7 公里的交子大道上，分布着 20 多个消费空间，为市民提供各类餐饮、文化、娱乐场所。而在写字楼下方，分布着市井集市，精心布置了针对不同群体，涉及文化、艺术、消费等多种场景，充满了人情味和烟火气。

乡村旅居和康养旅游也是场景体验新模式。利用古村落、乡村打造田园生活场景，吸引游客来此旅居，而不是旅行，成为文化旅游新方式。例如，日本的白川乡合掌村，保留着当地山木建造的茅草屋，精心打造瀑布、水车、小溪、汀步、竹林、景石、花坛、座椅等场景，发展农副业生产项目，包括水稻、荞麦、蔬菜、水果、花卉、养蚕、养牛、养猪、养鸡、加工业等，这些生产项目在旅游区中也是观赏点，并从传统文化中寻找具有本地乡土特色的内容，充分挖掘以祈求神来保护村庄、道路安全为题材的传统节日——"浊酒节"，吸引世界各地的人前来体验原生态的日本乡村生活，修养身心，达到旅居和康养的目的。

第三节　文化旅游景区文创授权机制

相比较博物馆，文化旅游景区文创开发目前尚处于起步阶段，很多文化旅游景区尚未摆脱"门票经济"的传统模式，景区主要收入来源是周边配套的酒店、餐饮、演艺节目和小商品售卖，且多是旅游景区自主运营，授权开发和合作开发的机制尚未明确。

一、文化旅游景区授权管理体制

当前文化旅游景区授权管理的前置性障碍是授权主体不明确。无论是基于大遗址的文化旅游，还是各类文物保护单位的旅游开发，或是本土非物质文化遗产的文创开发，在文创授权方面最大瓶颈在于授权主体不明确，无法让社会资本有效进入并进行合法运营。因此文创授权的前置环节是明确文化旅游景区的授权主体，即谁有权进行文创授权。

我国目前的文化遗产管理采用"双轨制"管理体系，一条管理系统是业务上自上而下的文化文物部门［文化和旅游部及国家文物局—省（市）文化和旅游厅、省（市）文物局—区（县）文化旅游文化局、文化站—文管所］垂直管理，另一条管理系统是接受国务院—省（市）—市（县）各级政府部门的分级领导。因此，文化旅游景区的行政隶属关系归属于地方文化文物部门，接受其专业指导，同时也要接受文化旅游景区所在政府的统一领导，文化遗产管理的权限被分散在建设、林业、海洋、地质、环保、文化、文物和旅游等多个部门，造成文化遗产的多头管理，管理主体混乱。

更为严重的是，目前我国很多国有文化旅游景区并未完成所有权和经营权的分离改革，文化旅游景区由政府投资经营，造成政企不分、资金利用效率低下、市场化程度不高、景区缺乏活力等问题。政府作为投资主体还面临资金短缺的问题，尤其是在取消门票收入后，景区的维护运营完全由国家财政承担不太现实，我国历史悠久，地域辽阔，国家需要保护的文物范围非常广，但能够承担文物资源保护的资金是有限的。这也是我国将国家重点文物景区定位为事业单位，却又要其努力创收的原因。另外有大量的未定级文化遗产和文物，根本得不到国家财政资金的保护。针对这种情况，美国、英国、法国、意大利等国采取税收支出、发行特种彩票及成立基金会等方式，吸引社会资本进行文化遗产保护，为我们提供了宝贵的借鉴经验。

实现文化旅游景区所有权和经营权分离，培育建立具有现代企业制度的景区经营主体，是近年来国家在文化遗产保护领域努力的方向。从文化遗产资源属性来看，文化资源国家所有并不代表不能探讨产权组合的新方式和公有制新的实现方式。目前我国正处于文化旅游深层次改革的关键时期，一些新的经营模式正在各地探索、酝酿和创新，形成了文化遗产资源整体租赁经营、股份制企业经营、上市公司经营等多种模式。2019年山西省全面启动景区景点体制机制改革创新，参与改革的149家景区景点、94个文物保护单位完成了所有权和经营权"两权分离"改革。敦煌市2017年8月起，先后将鸣沙山·月牙泉景区、玉门关景区及夜市景区经营权移交至敦煌文旅集团，由敦煌文旅集团在保证国有资产保值增值的基础上扩展产业链，实现灵活经营。因此，建立文化旅游景区综合管理机构，并实现所有权和经营权分离，由综合管理机构向社会力量进行授权，让社会力量成为文化旅游景区文创开发主体，是文化旅游景区文创授权的前置条件。

非物质文化遗产的知识产权管理比较复杂，因为非物质文化遗产大多属于集体智慧，是公共资源，属于公法的保护范畴。而现有的知识产权法是以保护私法为基础的。已故著名知识产权法专家郑成思曾说："现有知识产权制度对生物技术等高科技成果的专利、商业秘密的保护，促进了发明创造；对计算机软件、文学作品的版权保护，促进了工业与文化领域的智力创作。但它在保护各种智力创作与创造之'流'时，在相当长时间里忽视了对'源'的知识产权保护。这不能不说是一个缺陷。而传统知识，尤其是民间文学的表达成果，正是这个'源'的重要组成部分。"[1] 长期以来我们把非物质文化遗产当作公共资源随意加以使用，在其背后，我们忽略了作为非物质文化遗产主人的当地社区或少数民族的文化利益。对非物质文化遗产的产权进行法律保护，就是对各种文化旅游作品"源头"的保护，因为很多演艺作品、音乐作品、摄影作品、美术作品、影视作品的源头都在非物质文化遗产。[2] 因此，要积极推进新型TRIPS-plus规则构建，将可知识产权化的非物质文化遗产纳入知识产权保护客体范围，实现非物质文化遗产行政公法保护和知识产权私法保护的合力并行。

二、文化旅游景区知识产权评估机制

对于文化旅游景区的知识产权评估，一般是将文化旅游景区作为一个整体，对其品牌价值进行评估，作为授权开发的价值依据。联合国教科文组织制定的《保护世界

---

[1] 郑成思.知识产权文丛（第8卷）[M].北京：中国方正出版社，2002：3.
[2] 田艳.传统文化产权制度研究[M].北京：中央民族大学出版社，2011：53-54.

文化与自然遗产公约》是最具普遍性的国际文化遗产保护工具。《实施世界遗产公约的操作指南》（2015 版）（以下简称《操作指南》）中将"突出的普遍价值"（Outstanding Universal Value，OUV）作为世界文化遗产最基本和最重要的条件，具体标准有 6 条：

（1）能代表一种独特的艺术成就，一种人类的创造性天才杰作；

（2）在一段时间内或世界某一文化区域内，对建筑技术、纪念物艺术、城镇规划及景观设计的发展产生重大影响；

（3）能为延续至今或业已消逝的文明或文化传统提供独特的或至少是特殊的见证；

（4）可作为一种建筑或建筑群或景观的杰出范例，展现人类历史上一个（或几个）重要阶段；

（5）可作为传统人类居住地、使用地或海洋开发的杰出范例，代表一种（或几种）文化或人类与环境的相互作用，特别是当它面临不可逆变化的影响而变得脆弱；

（6）与具有突出的普遍意义的事件、现行传统、思想、信仰、艺术或文学作品有直接或实质的联系。（委员会认为本标准最好与其他标准一起使用）

按照联合国教科文组织《世界遗产操作指南》的有关规定，在判断世界文化遗产突出的普遍价值（OUV）时，必须满足以上 6 条评价标准中的一项或多项。文化遗产作为旅游资源进行开发时，其价值可参考 OUV 标准，并按照其符合程度分为以下三个级别，作为授权评价的依据（见表 8-1）。

表 8-1　中国文化遗产价值评估的等级阶层结构

等级	价值级别	遗产价值	备注
三级（A 级）	世界级文化遗产价值	创造性遗产价值	世界文化遗产突出的普遍价值（OUV）
		稀缺性遗产价值	
		丰富性遗产价值	
二级（B 级）	国家级文化遗产价值	保护性遗产价值	潜在的世界文化遗产价值
		历史性遗产价值	
一级（C 级）	地区级文化遗产价值	可持续性遗产价值	文化遗产价值

从以上中国文化遗产价值标准和符合联合国教科文世界文化遗产价值评价标准（OUV）的条件来分析，我国文化旅游景区评价指标的选取可以从有形文化遗产和无形文化遗产两方面进行考虑。对于有形文化遗产的评估，国际上普遍采用的标准是原真度和完整性。关于原真度，《操作指南》提出依据文化遗产类别及其文化背景，如果遗产的文化价值的下列特征真实可信，则被认为具有真实性：外形与设计；材料和实质；用途和功能；传统、技术和管理体系；位置和环境；语言和其他形式的非物质文化遗产；精神和感觉；其他内外因素。考古遗址或历史建筑及街区的重建，只有依据完整且详细

的记载，不存在任何想象而进行的重建，才可以被接受为具有原真性。

完整性用来衡量文化遗产及其特征的整体性和无缺憾性，必须具备下列特征：包括所有表现其突出的普遍价值的必要因素；面积足够大，确保能完整地代表体现遗产价值的特色和过程；受到发展的负面影响或缺乏维护程度较轻。因此，文化遗产、历史村镇或其他活态遗产中体现其显著特征的种种关系和动态功能需要保存，其生态可持续性需要保持。

除了原真性和完整性，人与自然和谐度也是衡量文化遗产可持续性使用和发展的重要指标。包括人与自然的和谐程度、文化遗产与周边环境的和谐程度、文化遗产与周围景观的和谐程度。

对于文化旅游景区来说，除了有形文化遗产自身的价值，遗产所在地的非物质文化遗产也是重要的开发资源，对其价值可以从价值传承、文化传承和传统生活，即非物质文化遗产在传承传统价值观念、传承传统文化知识，以及非物质文化遗产在当代生活中的活化程度三个维度进行评价。需要注意的是，在文化旅游项目开发中，无论是有形文化遗产还是无形文化遗产，最终以能否产生经济效益、带动本地经济和社会发展作为衡量指标。

在评价指标确定的基础上，采用定性和定量相结合的方法，构建中国文化旅游景区价值评价的指标体系，能够较为科学全面地评价文化旅游景区的整体价值。本书通过对世界文化遗产价值评估的研究，以原真度、完整度、和谐度、传承度、活态度五个二级指标为评估原则，构建了中国文化旅游景区评价的三级20个价值评估体系（见表8-2），在此基础上将文化旅游景区分为A、B、C三个等级，以此作为授权开发的价值依据。

表8-2 中国文化旅游景区价值评估体系

价值目标	一级指标（A）	二级指标（B）	三级指标（C）	指标分值（百分制）	
中国文化旅游景区价值评估体系	有形文化遗产（A1）	文化景观原真度（B1）	风格的原真度（C1）	5	20
			结构的原真度（C2）	5	
			文化的原真度（C3）	5	
			材料的原真度（C4）	5	
		文化景观完整度（B2）	风貌的完整度（C5）	5	20
			布局的完整度（C6）	5	
			建筑的完整度（C7）	5	
			环境的完整度（C8）	5	

续表

价值目标	一级指标（A）	二级指标（B）	三级指标（C）	指标分值（百分制）	
中国文化旅游景区价值评估体系	有形文化遗产（A1）	人和自然和谐度（B3）	人与自然的和谐程度（C9）	5	15
			环境的和谐程度（C10）	5	
			景观的和谐程度（C11）	5	
	无形文化遗产（A2）	价值传承（B4）	手工技艺传承度（C12）	5	20
			历史价值传承度（C13）	5	
			遗产价值传承度（C14）	5	
			传承人与规模程度（C15）	5	
		文化传承（B5）	科学文化的传承度（C16）	5	15
			生态文化的传承度（C17）	5	
			民族文化的传承度（C18）	5	
		传统生活（B6）	生活的活态化程度（C19）	5	10
			生产的活态化程度（C20）	5	
合计				100	

三、文化旅游景区授权交易模式

"交易"在现代汉语中的意思是买卖商品。经济学中交易常常是指人类经济活动的基本单位，并用来界定人与人之间的权利交换关系。❶ 法律层面的交易是"指任何由双方为解决有疑问或者有争议的权利要求而达成的协议"❷。文化旅游景区知识产权交易是将文化旅游景区相关知识产权作为一种特殊的商品通过许可、转让、质押等方式与他人所发生的贸易行为。其授权交易模式是相关主体从事文化旅游景区知识产权交易时常采用的行为方式。

文化旅游景区授权基本常识。首先需要明确授权主体，根据上文分析，文化旅游景区同时归属国家文物系统和行政系统双重领导，造成授权主体不明，建议成立文化旅游景区综合管理机构，可以将机构设置在各地市文化旅游厅局，并由文化旅游厅局统筹协调地方政府和文物系统工作人员，成立专门的综合管理机构，作为明确的授权主体。目前很多世界文化遗产的管理采用此模式，如故宫博物院、洛阳龙门石窟管委会等，都是有行政级别的事业单位。其他文化旅游景区可依据其归属部门的级别，归入各级综合管理机构中进行对口管理。其次是解除对授权客体的误区，传统观点将文化旅游景区授权理解为经营权，本书将授权客体总结为文化旅游景区著作权、商标权、专利权和商业秘

---

❶ 黄少安. 产权经济学导论[M]. 济南：山东人民出版社，1995：158.

❷ 牛津法律大辞典[M]. 北京：光明日报出版社，1988：891.

密等知识产权。授权方式也并不全是独占许可，更多是一般许可，即多个经营主体都可以成为被授权对象。

文化旅游景区的授权模式。可以将文化旅游景区的授权模式总结为直接授权、委托授权、代理授权和集体管理四种。

直接授权模式是文化旅游景区综合管理机构代表国家，直接将相关知识产权授予资源开发方。例如，西安市成立文化旅游景区综合管理局，下辖西安市钟楼、鼓楼、城墙、大雁塔等景点和文化旅游景区（有独立管理机构的世界遗产景区除外），可以就各景区文化旅游资源的知识产权直接进行授权，由社会力量对其进行开发利用，包括制作影视节目、拍摄综艺节目、开发文创衍生品等。在授权方式上可以采取一般授权的形式，允许多家经营主体同时就某一文化旅游景区的资源进行开发使用。这种模式需要注意的是，不能侵犯现有特许经营权的开发主体的权益，如未经景区经营方许可，不能以景区名义开发各种体验项目、研学项目、产品项目等。

委托授权模式是文化旅游景区综合管理机构将相关知识产权委托给景区现有经营方，由其进行授权开发。如西安文化旅游景区综合管理局可以将文化旅游景区华清池的授权管理委托给其经营主体——陕西华清宫文化旅游有限公司（华清宫公司），由其进行授权管理。华清宫公司可以将华清宫文创项目授权给一家或多家文创企业，由其进行文创产业开发。颐和园将其文创开发委托给北京中创文旅文化发展有限公司（中创文旅），再由中创文旅与中信银行、芭莎珠宝、美图、得力等多个品牌进行授权合作，开发文创产品，取得了不错的成绩。这种模式对于有固定明确运营主体的文化旅游景区而言是最常见的方式。但对于尚未从传统管理体制脱离出来的文化旅游景区，如少林寺所在的嵩山景区及很多没有经营主体的文物保护单位，则存在授权主体缺失的问题，还是需要借助综合管理局的力量进行授权。

代理授权模式是由专门代理机构接受文化旅游景区综合管理机构或文化旅游景区经营主体的委托，向社会进行公开授权。代理授权机构可以是企业，目前做得较好如Artkey艺奇文创，是全球中华文化艺术授权机构，主要从事国内外博物馆、知名艺术家及艺术作品的授权开发，可以就文化旅游景区相关产权与这样的代理授权机构进行合作；授权代理机构也可以是互联网平台，如腾讯新文创以"文化+科技"的方式，与各大博物馆、旅游景区、文创城市开展深度合作，创作了包括数字创意、网络视听、数字出版、数字文娱、线上演播在内的海量文创产品。阿里巴巴集团的阿里鱼平台，中国国家博物馆的"国博文创"等都可以成为专门的代理授权机构。但总体上专业授权机构在中国还很不成熟。

集体管理模式是著作权领域国外比较流行的授权模式。依照这种模式，国家成立统一的文化旅游知识产权管理平台，各地文化旅游景区待开发的资源项目都可以在平台上进行公示，让世界各地的社会力量有机会接触这些资源并产生合作意向，在平台上完成授权。这种模式可以克服传统"一对一"授权模式的交易成本高、授权管理不规范、受地域限制等问题，也为很多不太知名的中小文化旅游景区或者地处偏远的文化旅游景区创造了文创开发的机会，节省了文创开发的成本，更方便集中全球优势资源进行文化旅游资源的创意开发。集体管理模式在中国已经有了成熟的实践，如"中国音乐著作权协会""中国音像著作权协会""中国摄影著作权协会""中国电影著作权协会"，国家也颁布了《著作权集体管理条例》，可以为文化旅游领域著作权集体管理提供参考借鉴。

四、文化旅游景区授权收益分配

在文化旅游景区的知识产权文创授权过程中，相关利益主体包括文化旅游景区管理机构、经营机构和被授权文创机构，所谓收益分配机制是指三者在文创开发中授权金收取机制和收益回馈机制。本节讨论的前提条件是文化旅游景区管理权与经营权分离，且文创开发被授予经营主体之外的社会力量，景区自营的文创开发行为不在讨论范围。

文化旅游景区管理机构属于国家机构范畴，由于现实中很多文化旅游景区存在多头管理的问题，在本书中被假定为文化旅游综合管理部门，代表全体人民拥有文化旅游景区公共资源所有权。经营机构是指受管理机构委托，从事文化旅游景区具体运营的机构，一般以公司形式承接文化旅游景区一定年限的特许经营权，接受管理机构的监督和约束。文创机构是以授权形式从经营机构获取文创知识产权使用权的机构，可以是企业法人，也可以是社会组织或个人，文创机构在支付给经营机构权利金后，取得文化旅游景区知识产权使用权，其在文创开发中的合理收益受到法律保护，但由于公共文化资源的特殊属性，也要考虑到如何回馈社会，建立文化传播的正外部效应。三者之间的关系如图8-1所示。

图 8-1 文化旅游景区授权收益机制图

首先，是授权过程中的利益分配。涉及运营机构和文创机构，运营机构通过何种方式收取权利金，如何实现二者利益均衡的问题。文化旅游景区在不同的发展阶段，可以采取不同的授权方式，以调动文创机构的参与积极性。可以依据品牌生命周期理论、结合文化旅游景区自身的成熟度和知名度等，将文化旅游景区分为品牌初创期、品牌成长期和品牌成熟期三个阶段,采取三种不同的授权方式。

在品牌初创期,文化旅游景区自身或刚刚成立,影响力和知名度有限,景区客流量也有限,或者一些地市级不太知名的文化旅游景区,可以将文创授权作为扩大景区知名度的手段,降低授权金或免收授权金,甚至可以通过政策优惠方式,鼓励更多文创企业与自身合作,开发文创产品和服务,以促进品牌价值的提升,逐渐在市场上确立品牌地位。比如,"熊本熊"是日本一个地方政府为拉动地区经济、推广本地产品而开发的偏公益性质的IP,那么它的授权条件和使用方式就会比较简单,门槛虽然不高,但收益十分显著。2020年,熊本县公布了民间企业、团体使用"熊本熊"形象商品的总销售额,达到了1698亿日元,创历史新高。

在品牌成长期,文化旅游景区具有一定的规模和影响力,或者说自身资源禀赋在区域范围内有一定市场,在授权对象上有一定的选择权,可以考虑采用灵活性的授权策略。一是和知名品牌合作,以扩大自身知名度为主要目的,采用少收或免收授权金的方式开展合作,如杜甫草堂与肯德基的合作就是这种模式,最终目的是实现双方共赢;二是与普通商家合作,采用保底授权金+固定分成或保底授权金+阶梯式分成的方式,以营利为主要目的,鼓励文创企业通过创意将文化旅游资源的经济效益发挥到最大。在授权过程中实现文旅景区品牌与合作企业的共赢共生。

在品牌成熟期,文化旅游景区拥有较为成熟的品牌,在全国乃至全球范围内拥有广泛的市场知名度和影响力,在文创授权中处于主动地位,会在大量的文创企业中筛选出合适的企业进行授权。这一时期文化旅游景区的授权以维护品牌形象为主,对被授权方有较为严格甚至苛刻的要求,对品牌授权后的使用去向也有明确的规定。知名品牌一般会收取较高的授权金,而且为提高品牌使用门槛,会要求企业具备一定的资质并一次性缴纳授权金。授权方对文创产品在产品类型、图像使用方式、设计原则上有明确的要求,甚至对文创产品本身也有明确的想法,被授权商没有太大发挥的余地,必须依照授权方的要求使用IP。比如,日本《蜡笔小新》版权方有很多"奇葩"的要求,如小新和小葵不能面对面笑;小新是个7岁的孩子,不能受到很残忍的伤害等。

其次,文创开发形成的收益分配。利用文化旅游资源开发所产生的市场收益与一般商品不同,其所利用的资源是文化遗产,属于公有资源的范畴,因此其收益除授权金外,也要考虑如何回馈社会。可以借鉴国外文化遗产基金会制度,在保证文化旅游类文创企业合理收益的前提下,鼓励这类企业将收益适当返还给公众,如成立国家及地方文化遗产基金会[1],主要工作范围如下:一是吸纳会员,文创企业可以成为基金会会员并缴纳会费,享有免费进入文化旅游景区、博物馆、美术馆、文物保护单位、大遗址,还能

---

[1] 朱琰,吴文卓.国外文化遗产基金制度及其借鉴[J].东南文化,2016(4):17-21.

以半价优惠参观一些收费的博物馆特展并无偿享受系列导览服务，基金会收入可用于保护文化艺术与文化遗产，进而为公众提供更多文化公益活动。二是通过产业化运营产生更多收益，投资收益做得比较成功的是美国世界建筑文物保护基金会（World Monument Fund，USA），是一所致力于保护世界各地文化历史建筑遗址的国际化私立非营利组织，成立于1865年，总部设在纽约，在世界各地有直接管理的关联企业开发和管理具体项目，还与当地的合作伙伴保持密切联系以吸引地区支持和资金，2014年基金会投资收益高达335万余元。三是进行项目管理，如英国艺术基金根据制定的目标，定期为英国的博物馆、美术馆购买艺术品；美国国家艺术基金通过赞助多种多样的活动与项目使更多的人有机会接触艺术；加拿大皇家安大略博物馆基金会积极征集博物馆的日常建设、藏品修复等项目吸引公众参与；瑞士贝耶勒基金会通过美术博物馆的项目运营使普通民众可以参观、接触这些藏品和艺术品；英国艺术基金会通过设立"新收藏奖"培育新一代策展人，这些项目运营都可以被中国借鉴。总体上，通过文创收益的回馈设立文化遗产基金会，可以缓解国家财政在文化遗产投入上的压力，有利于社会力量参与到文化遗产保护事业中，有利于文化遗产的可持续发展。

第四节 文化旅游景区文创授权策略

根据《中国旅游景区发展报告（2019—2020）》，截至2020年，我国旅游景区共有12402家，其中历史文化类旅游景区共4123家，占比达33.2%，包括古村古镇592家、文化遗迹1332家、文博院馆966家、红色旅游760家、宗教文化473家。从游客接待量来看，古村古镇接待3.75亿人次，平均接待量68.56万人次；文化遗迹接待量12.08亿人次，平均接待量98.21万人次；文博院馆总接待量4.26亿人次，平均接待量47.76万人次；红色旅游总接待量4.44亿人次，平均接待量63.25万人次；宗教文化总接待量1.99亿人次，平均接待量45.54万人次。从旅游收入来看，2019—2020年，古村古镇总收入431.43亿元，平均收入7887.20万元；文化遗迹总收入545.81亿元，平均收入4437.48万元；文博院馆总收入152.94亿元，平均收入1714.57万元；红色旅游总收入291.97亿元，平均收入4159.12万元；宗教文化总收入192.81亿元，平均收入4412.13万元。从旅游投资来看，古村古镇总投资295.58亿元，文化遗迹总投资375.95亿元，文博院馆总投资170.61亿元，红色旅游总投资96.94亿元，宗教文化总投资96.91亿元。[1]以上分类中，文博院馆在第6章已作专题讨论，本章讨论另外4种类型的文创授权策略。

一、古村古镇文创开发授权策略

古镇一般是指有着百年以上历史、供集体居住的建筑群。古村落一般是指民国以前建村，保留了较多历史沿革，即建筑环境、建筑风貌、村落选址未有大的变动，具有独特民俗民风，虽经历久远年代，但至今仍为人民服务的村落。中国历史悠久、地缘广阔，不同区域、不同民族、不同时期形成了很多古镇古村落，成为中华民族文化基因和生活方式的集中展示地，也是文化旅游重要目的地。自2003年起原建设部与国家文物局联合组织评选中国历史文化名镇名村，截至2020年共公布了7批649个中国历史文

---

[1] 文化和旅游部资源开发司.中国旅游景区发展报告（2019—2020）[EB/OL].（2020-12-13）[2023-01-15].http：//www.pinchain.com/article/235247.

化名镇名村,这些村镇分布在全国25个省份,包括太湖流域的水乡古镇群、皖南古村落群、川黔渝交界古村镇群、晋中南古村镇群、粤中古村镇群等,集中反映了中国不同地域历史文化村镇的传统风貌。

古村古镇可开发的文化旅游资源包括有形资源和无形资源。有形资源包括地形地貌、自然景观、古桥古镇、宗庙祠堂、街道规划、建筑园林、民居府第等古村古镇所在地的自然和人文景观,无形资源包括本土居民的饮食起居、生活习惯、语言风格、邻里关系、族群纽带等,以及当地的节庆、民俗活动,还包括本地的传统节日、典故传说、历史名人、特色美食、传统技艺、民间文艺等非物质文化遗产。涉及的知识产权较为复杂,以当地居民的集体知识产权为主,因此在文化旅游开发中授权主体一般是当地政府。

古村古镇文化旅游大致经历了三个发展阶段。第一阶段是旅游观光模式阶段,以人文地理风貌和文物建筑景观作为核心资源,强调古村古镇风貌的呈现,不注重消费属性的开发。建筑景观、名人故居、文化场馆是其主要产品,以周庄、同里、乌镇、南浔及黄山西递宏村等为代表。如乌镇东栅依托江南水乡古镇风貌和江南民俗文化,以茅盾故居、民俗风情博物馆等构成景区核心产品,是典型的古镇型旅游观光景区。第二阶段是休闲度假模式阶段,将文化与商业主动结合,在古镇古村中引入餐饮、住宿、娱乐等商业消费业态,营造独特的文化休闲消费氛围,满足游客物质消费需求,以乌镇西栅、丽江大研古镇、贵州西江千户苗寨、黄龙溪古镇等为代表。如丽江大研古镇每年接待全国各地上千万游客,游客单次停留时间在3~7天,是休闲度假型发展模式的典范。第三阶段是生活体验模式阶段,注重保留古村古镇原始风貌和生活习惯,强调人与自然的和谐共生和文化生态的构建,以优美景观和生活方式吸引外来人群参与本地生活,体验本地文化风情,并共同参与古村古镇的保护发展。以匈牙利霍洛克民俗村、奥地利哈尔斯塔特小镇、日本越后妻镇、印度尼西亚巴厘岛乌布等为代表。比如,印度尼西亚巴厘岛乌布是世界闻名的艺术村落,随处可见工艺作坊、博物馆及过半数原住民艺术工作者,见证着传统文化的传承发展,成为数十年来西方艺术家的艺术灵感摇篮。

古村古镇文化旅游资源开发的授权方式包括直接授权开发和委托授权开发模式。由于古村古镇在文化旅游开发中所涉及的知识产权大多是本地居民集体智慧成果,将知识产权由所在地政府集中管理并进行统一授权是最适合的做法。直接授权的流程是古村古镇所在地政府将本地文化旅游资源开发权直接授权给企业或个人,企业或个人与本地政府签订授权开发合同,由政府进行监督管理并收取权利金。袁家村模式是典型代表,袁家村位于陕西省礼泉县烟霞镇,打造"关中印象体验地",产品以传统民间小吃和手工作坊为主,袁家村以村集体为经营主体,村干部牵头成立合作社,村集体投资近2000

万元在原村落基础上进行关中民居建筑的复古改造,建成了小吃一条街。鼓励本地居民不离开乡村景区,仍旧保留本地居民的生活姿态和生活习惯,农民自己经营老字号、农家乐,农民生活与生产活动本身成为游客体验的内容。村委会下设管理公司,公司下设协会,农家乐归农家乐协会监管,小吃街归小吃街协会监管,酒吧街归酒吧街协会监管,这些协会的成员都是商户民主推选出来的,由此形成乡村自治语境下的经营户自治。这种模式相当于村委会作为授权主体,将文化旅游开发的权利授予本地居民,并由本地居民进行自主经营和自我监管。在利益分配上也实现了村集体与商户、农户之间的协调一致,袁家村在关键领域的招商运营模式上,采用免租金、统一经营和管理、统一供货的模式,将商户的利益与村集体的利益捆绑在一起,让文化旅游资源所有者与经营者的利益形成长期恒久的强关联。直接授权模式对于古村古镇的本地居民来说,是最简单可行的授权模式,但对授权主体——当地政府在组织、监管和运营指导上的要求较高,不利于大型文化旅游项目的开展。

委托授权模式是古村古镇所在地政府将文化旅游开发权以项目形式承包给社会企业,由社会企业进行运营管理和对外合作授权。清华同衡规划院针对文化遗产地保护利用提出的"DIBO方案"[1]就是一种尝试,即文化遗产所在地政府部门将文化遗产的开发经营授权给某企业,由企业进行设计(Design)、投资(Investment)、建造(Building)、运营管理(Operation)一体化管理。2017年景德镇市委市政府与清华同衡规划院进行授权合作,将景德镇河东老城工业遗产保护利用项目委托给清华同衡,探索景德镇当代陶瓷工业遗产保护与城市复兴的新途径。清华同衡对景德镇河东旧城整体特色进行分析,制定出遗产资源开发的整体规划及投资建设方案,并根据规划设计合适的项目业态,在此基础上进行招商、运营管理和项目日常维护。即政府委托企业进行综合运营管理,并由企业选取合适的文创企业进行授权合作(见图8-2)。

---

[1] 张杰,刘岩,魏炜佳.遗产地保护利用全流程实施的"DIBO方案":以景德镇河东老城工业遗产保护利用系列项目为例[J].城乡规划,2021(1):9-18.

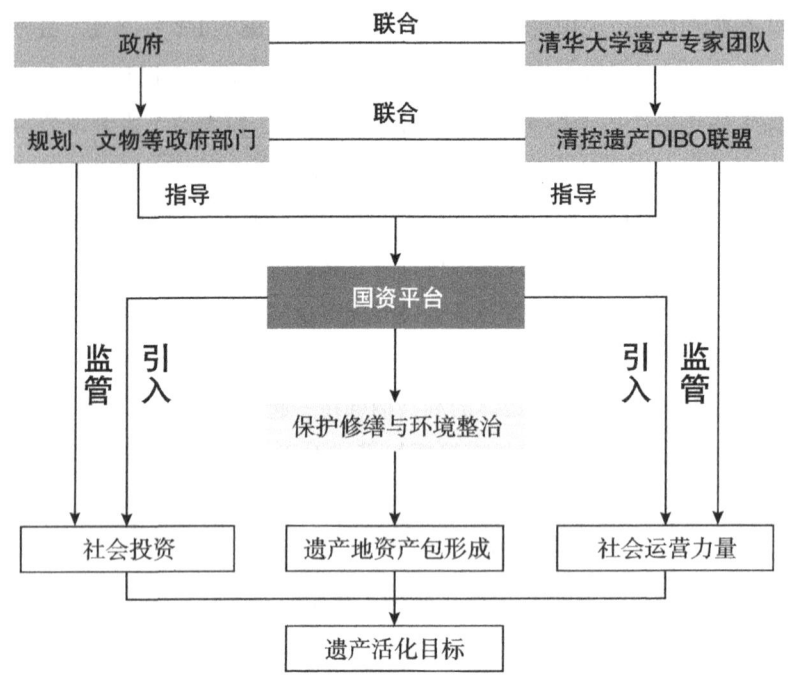

图 8-2　景德镇"DIBO 方案"工作模式

二、文化遗址文创开发授权策略

"大遗址"主要包括"反映中国古代历史各个发展阶段涉及政治、宗教、军事、科技、工业、农业、建筑、交通、水利等方面历史文化信息，规模宏大、价值重大、影响深远的大型聚落、城址、宫室、陵寝、墓葬等遗址、遗址群"[1]。大遗址是文化遗产的集中展示地，一般规模宏大、价值重大，具有较强的不可移动性。除此之外，文化遗址还包括很多分散的各级文物保护单位和未定级的不可移动文化遗产。文化遗址本身不一定适合被直接打造成旅游目的地，但可以将其功能定位加以拓展，开发文化创意和文化传播功能，如表演艺术、考古模拟、陶艺制作、文创设计等，让文化遗址更深入地走向公众。

国际文化遗产保护和利用大致分为三种做法：欧洲模式、美国模式和日本模式。欧洲模式以保护遗址的原真性和完整性为主导，经常组织科普活动，主要做法是建立公园、博物馆或微缩景观。如德国柏林断头教堂第二次世界大战时期被毁，政府没有修复，在损毁的旧建筑上加建了一个教堂和六角形塔楼，在教堂旁边的矮墙上镶上当年教堂被炸碎的玻璃。又如明斯特城墙原物被毁，为了纪念和标识，同时兼顾休闲，改建成

---

[1] 参见国家文物局、财政部《关于印发"十一五"期间大遗址保护总体规划的通知》。

环城带状花园。除了文物古迹，德国对工业遗址也十分重视，旧厂房变身学校、住宅、博物馆或市政厅，实现了文物保护又避免了拆除重建的双重投资。美国模式以国家公园建设为主，1916年成立国家公园管理局，隶属于国家内政部，主要负责美国境内的国家公园、国家历史遗迹、历史公园等自然和历史保护遗产，至2017年下辖的保护单位共有400多个，古籍和遗址近七万处。日本模式注重遗产对人的服务作用，20世纪七八十年代，日本大力建设史迹公园，突出可观赏性和公众参与性，以大遗址带动当地旅游业发展。如奈良县的飞鸟历史公园，以飞鸟地区考古发掘为基础，通过设置特别料理"万叶飞鸟盛御膳"、梦市茶屋、明日香民俗资料馆和犬养万叶纪念馆等，使公众参与公园内各项活动，满足公众的求知欲，通过了解历史促进文化遗址的保护。

国内对文化遗址保护采用"限制性保护"，即静态的、以防止遗址受到损害为主要目的的保护方式，对其保护和利用的方式包括整体和局部保护和利用，局部保护利用的方式主要是建设遗址展示区或遗址博物馆，整体保护利用的方式主要有：遗址保护与现代农业园区结合，建成遗址历史农业园区；将遗址区与风景区结合，建成旅游景区；建成森林公园；建成遗址公园等。具体做法可以梳理成三种模式：一是主题场馆开发模式，主要特点是依托文化遗址和建筑建造展示和陈列性质的博物馆或建筑群，如无锡鸿山遗址博物馆依托院落式建筑单体展示吴地文化，成都金沙博物馆依托建筑群进行文物展示、文化表演、休闲餐饮等。二是园区参观型开发模式，依托留存的古建筑遗迹开发观光园区，集休闲娱乐、地产开发等构建文化产业链，实现单一型文物观光向复合型文化旅游的转变，如广汉三星堆文化遗产园，以博物馆为依托，具有旅游观光、娱乐休闲、商务会议、教育培训、旅游地产等多项功能；三是公共休憩空间开发模式，对无实物承载的遗址以建设城市绿地公园的方式进行文化意义的挖掘，融合观光、休闲、娱乐等主题化产品，全方位演绎遗产文化。如北京元大都城垣遗址公园、西安曲江池遗址公园等。

在文创授权模式选择上，以直接授权模式和合作开发模式为主。文化遗址作为重要的文化资源是由国家统一管理的，尤其是世界文化遗产，当地政府多会成立专门的管理机构，如洛阳龙门成立的龙门石窟管理委员会。在文创授权上，就可以直接由文化遗产所在地人民政府或专门委员会进行授权。如位于南昌的海昏侯国遗址是迄今为止保存最好、面积最大的汉代侯国遗址，为了进行文化旅游资源开发，江西省于2016年6月设立海昏侯国遗址管理局负责旅游的招商引资、商贸旅游、人才引进等工作，同时市财政出资组建江西省海昏文化旅游发展有限公司，以其为母公司下设海昏开发建设有限公司、海昏文创产业发展有限公司、海昏遗址景区经营管理有限公司、海昏水陆运输有限公司等。各子公司采用混合所有制形式，吸纳社会资本参股。这种以政府出资成立文化旅游开发公司，并与社会力量进行合作的方式，就属于直接授权模式在文化遗址开发中的直接体现。

合作开发的 PPP 模式也是近年来运用较多的模式。文化旅游景区的 PPP 模式是指"旅游政府部门以特色文化旅游资源为标的，按照市场化原则，通过转让部分收益权利的方式，吸引社会资本参与开发运营、实现多赢，最终实现文化旅游资源的可持续发展"[1]。文化旅游项目可拆分为非营利性、准营利性和营利性项目，对于准营利性和营利性项目可能带来的未来收益，如门票、住宿、餐饮、文创等，可以吸引社会力量参与开发运营，由政府进行授权和监督。如西安的大明宫遗址项目开发，由于建设资金需求巨大、周边环境改造等前期投入非常高，采用了 PPP 模式（见图 8-3），由国资企业西安曲江大明宫投资有限公司前期投入 400 亿元用于改造周边生态环境、遗址维护等非经营性项目的开发和建设，与恒大地产集团签订合作协议，由其承担 100 亿元的棚户区改造费用，与中国建筑股份有限公司合作，由其承担 200 亿元的设计建设费用，与中海外发展有限公司合作，由其承担 200 亿元的环境提升基础配套商务中心建设费用，共同对大明宫遗址项目进行开发运营。

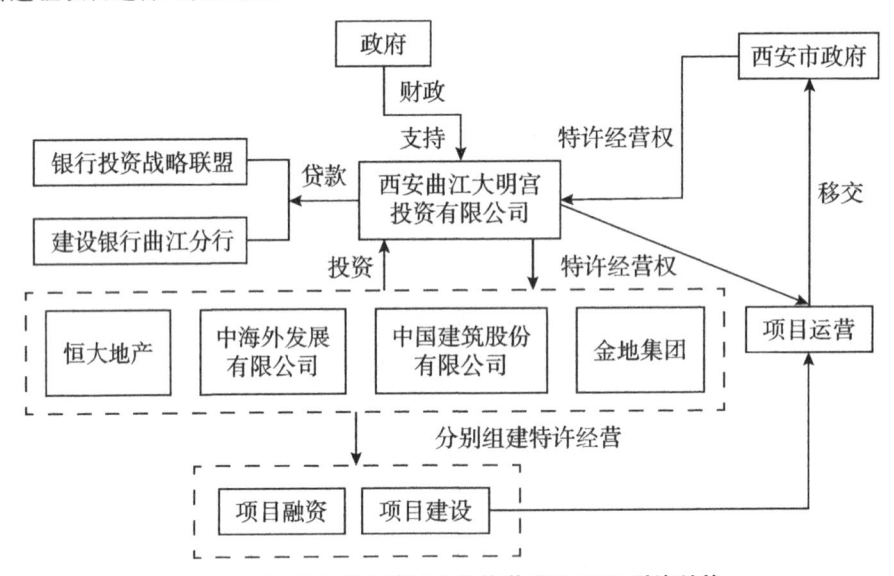

图 8-3　西安大明宫遗址文化旅游项目 PPP 融资结构

文物认养模式是文化遗址领域新的授权模式，适合低等级文化遗址和未定级文物保护单位，目前正处于探索阶段。如 2017 年山西省启动文物认养方案，针对那些与所处环境融为一体、难以搬运的文物遗址，包括具有历史、艺术、科学价值的古遗址、古墓葬、石窟寺和石刻等，或地处偏远，或在荒郊野外，或在深山沟壑中，终日风吹日晒，面临着文物破坏者和自然老化的潜在威胁。面对这种情况，山西省鼓励社会力量"认

---

[1] 魏鹏举，孔少华. 中国文旅 PPP 模式的发展 [M] // 中国财经大学政信研究院. 中国 PPP 行业发展报告（2017—2018）. 北京：社会科学文献出版社，2018：135-150.

养"文物，多家单位签订认养协议，认养了三王村三嵕庙、奥治全神庙等多处文物建筑，政府允许认养者在文物建筑周边可利用的发展用地范围内，依法合规开展相应的建设或运营活动，同时，山西省文保部门联合财税部门规定：认养文物建筑的支出，符合公益性捐赠条件的，企业在年度利润总额 12% 以内的部分可在计算应纳所得额时扣除。明确认养人可以享有不超过 20 年的使用权，打消认养者的使用顾虑。

三、红色旅游文创开发授权策略

红色旅游是以中国共产党在革命和战争时期的伟大经历所形成的根据地、革命老区、战役纪念地、重大历史事件所在地等为载体，以其所传承的革命精神、革命价值观为内涵所开展的旅游活动。通过红色旅游可以激发人们的革命斗志，牢记共产党人的光荣革命传统和初心使命，弘扬爱国主义精神，形成正确的历史观和价值观。2019 年，全国红色旅游经典景区有 300 个，中国延安、井冈山、贵州遵义等地的红色旅游已经形成品牌效应。

红色文化旅游资源是中国共产党在创建初期、大革命时期、抗日战争时期、解放战争时期、新中国建设时期等历史时期重要的革命纪念地、纪念物及其承载的革命精神。有形红色文化资源包括革命战争时期的重要会议会址、中国共产党各级重要机构所在地旧址、革命名人及烈士的故居纪念馆、革命烈士陵园、革命战争或重大事件发生地等，如中国共产党一大会址、八一南昌起义总指挥部旧址、毛泽东故居、井冈山革命纪念地、南京雨花台烈士陵园、重庆歌乐山革命烈士陵园等；以及中华人民共和国成立后形成的南京长江大桥、林县红旗渠、铁人王进喜纪念馆、孔繁森纪念馆、焦裕禄纪念馆等。无形红色文化资源包括中国共产党在革命和建设时期形成的革命精神，如嘉兴南湖精神、二七精神、古田会议精神、红岩精神、红船精神、大庆精神、雷锋精神、焦裕禄精神、红旗渠精神、长征精神、延安精神等。红色文化旅游资源属于公共文化资源，著作权、商标权等知识产权归国家所有。

传统的红色旅游以参观游览和革命精神教育为主，与现实缺少交集，体验感较差，作为游客常常会有距离感。近年来在国家政策的大力支持下，红色旅游资源逐渐被激活，形成了四个主流模式：①原址观光模式，依托革命旧址的历史文化及丰富的革命遗迹，建设成为以观光为主的旅游目的地，常见于历史价值较高，不适宜过多开发的文物或红色文化遗址，以遵义地区为代表。遵义结合游客需求，推进多地联动，联合发展，打造红色旅游景点环游线路，让游客更深入系统地了解红色革命。②红绿结合模式，将红色文化精神与生态旅游结合起来，依托本地自然风光、生态环境开发旅游，如河南信阳大别山地区，将鄂豫皖根据地、将军县与大别山优美的自然风光结合起来，用红色旅游引领绿色生活、生态农业的发展。③红古结合模式，充分挖掘红色景区伴生的地方民俗文化、民族文化，以度假区、民宿等为主要呈现方式，开发集休闲、会议、学习、娱乐为一体的红色旅游景区，如江西瑞金红色旅游景区。④红色主题公园模式，通过建造红色主题场所，以真实还原某个时期某场战役的形式，提升游客尤其是年轻人对红色文化的体验和认知，实现实物情感化、体验互动化，如山西长治的八路军文化园。⑤综合开发模式，以红色文化为主题，结合自然资源和民俗文化资源，配套开发文化体验、生态休闲等体验项目，增加景区的吸引力，如红色研学旅游、革命景点作品演艺、VR场景还原、重走长征路、红色旅游文化节、红色文创大赛、红色动漫制作等活动。

红色旅游的授权开发以集体授权为宜。红色旅游景区一般较为分散，很多纪念馆、名人故居以点状形式分布在全国各地，很多革命老区更是分布在交通不大方便的山区，由各个景点进行文创开发，一方面缺乏专项资金和专业研发团队，另一方面也很难找到合适的合作伙伴。运用集体授权的模式可以克服单点文创开发的困难，有利于资源的集聚和品牌效应的形成。集体授权可以分为三种方式，一是地方政府设立红色旅游文创中心，设立地方文创品牌，对本地红色旅游资源进行集中管理；二是成立全国或区域性的红色旅游文创联盟，集中进行联盟成员的文创研发和授权管理，如2017年江西省联合京、沪、赣、湘等全国24个省（自治区、直辖市）旅游主管部门成立"中国红色旅游推广联盟"，联合发布100条红色旅游精品线路，打造红色文旅品牌，探索区域旅游合作新模式；三是借助互联网平台，如腾讯、阿里巴巴等文创频道，联合以线路为基础、串联全国红色旅游资源的红色精品文创，探索红色旅游文创新业态。例如，2019年腾讯在延安设立众创空间，是腾讯首家以"互联网+红色主题教育""红色文创旅游产品孵化"为主题的众创空间，依托腾讯开放平台的资源优势，挖掘和开发延安红色旅游项目，发展和培育特色文创IP，构建红色文创旅游产业链。

四、宗教文化文创开发授权策略

宗教作为一种社会文化现象，在人类历史发展中长期存在着，影响十分广泛深远。宗教文化与旅游有着很深的渊源，从历史上宗教圣徒前往宗教圣地的朝圣活动，到今天普通旅游者到宗教名山感受宗教氛围、体验宗教文化的旅游活动，宗教文化旅游一直是旅游中非常重要的组成部分。在中国特有的文化氛围中，形成了道教圣地武当山、青城山等，以及佛教四大名山五台山、九华山、峨眉山、普陀山等，以及敦煌莫高窟、大同云冈石窟、洛阳龙门石窟等宗教活动遗迹，都是文化旅游重要目的地。

宗教文化旅游资源是指能够激发旅游者旅游动机，具有一定旅游价值和旅游功能的宗教资源，种类和内容非常丰富，包括有形资源和无形资源，有形资源如宗教圣地，宗

第八章　文化旅游景区文创授权开发

教名山，宗教神迹，宗教建筑（寺庙、宫观、教堂等），石窟寺，雕刻壁画等，无形资源包括宗教礼仪，宗教文化艺术，宗教活动（佛事、法会、节庆），宗教名人，宗教仪式，宗教神话传说故事等。很多宗教名山自古以来就是民众的朝圣之地和游览胜地，许多寺庙在历史上既是宗教场所，又是百姓娱乐活动的游艺场所，担负着地方文化娱乐活动中心的功能。如旧时寺庙是人们祈祷拜神、观光游玩、观灯赏月、聚餐饮酒、观戏买物（庙会）、品茶闲话、纳凉避暑的重要场所，很多宗教活动如庙会已经成为地方节庆民俗活动，有上千年历史。这些都是重要的文化旅游资源。

传统的宗教文化旅游项目单一，寺庙园林游普遍停留在宗教观光、烧香拜佛等基础层面，相当多景区满足于建庙塑像，设置香炉和功德箱，在文化深层次挖掘和体验式项目、参与式项目等方面开发力度不够，游客在游览时无法得到更深层次的文化熏陶。近年来，随着文化旅游的深度融合，一些比较成功的案例也在全国各地出现。如河南嵩山少林景区的《禅宗少林·音乐大典》，是一部以中岳嵩山为背景的大型山地实景演出，以少林禅宗文化为内涵，以音乐、舞蹈、武术为载体，生动描述了山涧风景、雪夜古刹、月照塔林、颂禅法会、溪山坐禅、少林拳棍、女童暮归等情景，为游客提供了一片洗涤心灵的净土，让游客切实感受到禅宗文化，是宗教文化与旅游演艺结合的典范。位于无锡的禅意小镇·拈花湾是国内以禅意文化为主题的特色小镇，追求身、心、灵独特体验的人文观海，让人们在品茗、行走、抄经、打坐中体验禅意生活，人们可以在这里观看《禅行》等实景演艺节目、体验东方美学的禅意住宿、制作禅意手作、品味灵山禅食、感悟茶道花道，是宗教文化与旅游地产相结合的典范。2021年河南卫视"七夕奇妙游"中的《龙门金刚》取景河南洛阳的龙门石窟，用AR、三维建模、电脑着色等现代科技手段表现"伎乐天"婀娜柔美的舞姿和"金刚护法"的铿锵有力，让观众感受到绚丽多彩的龙门石窟文化，让宗教文化摆脱在地束缚走向屏幕，是宗教文化与综艺娱乐相结合的典范。

宗教文化资源在授权开发中存在两大困境：一是如何理顺管理体制中各主体之间的关系。作为文化旅游景区的宗教活动场所一般具有宗教活动场所、旅游景点、文物保护单位"三重身份"，多个管理主体。正确处理好多个管理主体之间的关系，就是要处理好宗教活动场所的所有权、管理权、经营权和收益权等权属之间的关系，这是开展授权工作的前提。在处理这些关系中，要把握以下三点：作为宗教活动场所，满足信教群众宗教生活需要的基本功能不能改变；作为旅游景点，应该按照景区的统一规划和游客的需要，安排适合的服务体验和产品；作为文物保护单位，要严格按照文物保护的规定做事。理顺管理体制，就是要打破民族宗教部门、旅游部门、文物部门之间条块分割、各自为政、资源分散管理的局面，建立起统一的景区授权管理主体。

二是如何处理好授权开发中文化和旅游的关系。宗教文化旅游开发，一方面需要切实保护当地的宗教环境，在旅游开发中充分考虑到宗教组织、宗教信徒的宗教情感；另一方面还要对宗教旅游资源开发活动进行规范管理，尤其是授权开发中，管理部门需要通过科学管理来保证正确的开发方向，严厉清除借助宗教之名出现的愚昧的、反科学的、不正当的旅游项目，确保宗教文化在旅游开发中做到积极地扬弃、批判地继承，充分发挥宗教文化对经济社会发展和对外开放服务的积极作用。

在宗教文化资源开发中，可以采用直接授权、委托授权和平台授权的方式。直接授权方式是由统一的景区管理委员会进行授权。例如，作为世界文化遗产的龙门石窟专门成立了龙门石窟世界文化遗产园区管理委员会，作为一级政府机构对龙门石窟进行综合管理，下辖龙门风景名胜区管理处、龙门石窟研究院和龙门旅游集团。管委会可以直接将文创开发相关权利委托给某文创企业，如授权中创文旅对其进行文创开发。2021年9月，龙门石窟与中国联通合作，谋划实施涵盖5G无人智游车、数字化文创平台、龙门金刚动漫、5G+AR/VR体验4个子项目的龙门"5G+文创"项目，就是这种授权模式的运用。直接授权需要文化旅游景区有明确统一的管理机构，还需要管理机构有所有权和经营权分离的意识，允许社会力量参与景区文创开发；更需要景区管理机构制定明确的授权规则，合理规范文创主体的开发行为。

委托授权方式是由景区所在管理委员会委托经营开发公司进行授权。例如，在上述龙门石窟案例中，龙门石窟世界文化遗产园区管理委员会可以委托下辖的龙门旅游集团或者龙门石窟研究院，由他们选择合适的文创开发机构并进行授权合作。假如龙门石窟没有设立管理委员会，由其所在地的洛阳市人民政府委托洛阳文化旅游集团，由洛阳文旅集团对龙门石窟的文创开发权进行统一授权管理，就属于委托授权模式。

在数字时代，互联网平台成为宗教文化的有效授权对象。2018年敦煌研究院与腾讯公益联合发起敦煌"数字供养人"互联网公益活动，以线上创意互动的形式，吸引大众参与，观看"数字供养人"创意视频，了解敦煌的"供养人"文化，只需付费0.9元就可以成为敦煌"数字供养人"，并随机获得"智慧锦囊"。锦囊用敦煌壁画故事内容，结合现代人熟悉的生活场景和喜闻乐见的语言形式，形成一系列智慧妙语，用户不仅可以了解到敦煌壁画的历史和艺术之美，还可以感受到敦煌文化智慧的启发，引发对现代生活的思考。腾讯文创、王者荣耀等年轻人熟悉的游戏及文化创意与敦煌研究院的合作，让敦煌文化成为年轻人喜闻乐见的国潮新文化，可以为其他宗教文化景区的文创授权提供借鉴。

第九章　结论、趋势及政策建议

　　基于授权开发在传统文化资源传承利用中的重要性及研究中的薄弱环节，本书聚焦文化文物单位的研究视角，分析文化文物单位作为传统文化资源集中管理者，如何通过授权机制的完善，让更多社会力量参与馆藏资源的文创开发。本书分为理论研究和实践研究两个层面，首先从理论上梳理文化文物单位作为文创授权主体的合法性与正当性及享有的知识产权，如何对相关知识产权进行价值评估，进而分析文化文物单位在文创开发中的授权模式和授权机制，在此基础上选取国有博物馆、公共图书馆、文化旅游景区作为文化文物单位的典型代表，针对性地分析其在文创开发中的资源基础、文创实践、授权模式和授权策略。

第一节　本书研究结论

本书的研究结论是，文化文物单位作为事业单位的性质决定了授权开发是激活传统文化资源的主流方式，有必要通过授权机制的完善，让更多社会力量参与文化文物单位馆藏资源的文创开发实践，让传统文化通过创意转化为现代日常生活的一部分，实现中华民族文化根脉的传承与延续。具体结论如下。

（1）初始产权分配是文化文物单位文创授权的前提。初始产权分配是从法律层面对基于文化文物单位资源进行文创开发相关的权利归属进行界定，目前这部分法律尚属空白。本书从产权经济学角度进行分析，提出在文创权初始分配方面有两种解决方案：一是将文创初始产权赋予国家，由国有文化文物单位代表国家行使文创权，其他人要利用馆藏资源进行文创开发，需要经过文化文物单位的授权许可；二是将文创初始产权赋予市场，文化遗产资源作为公有资源，所有人都有权对其进行开发使用，不需要经过遗产所在文化场馆的授权许可，通过效率、公平指标的分析，发现馆藏资源文创开发的初始产权归市场，由全体民众共同享有，才能更大程度地激发传统文化活力。在这个逻辑起点下，文化文物单位文创开发的授权范围界定为文化文物单位自身享有的著作权、商标权和专利权，馆藏资源的数字版权不在授权范围内。因此需要从《博物馆法》《著作权法》《文物保护法》等相关法律层面进行调整，规定文化文物单位有义务将其藏品的数字版权免费向全社会开放。

（2）文化文物单位作为知识产权主体，授权的范围包括馆藏资源著作权、商标权、专利权及其他知识产权。著作权是文化文物单位形成的职务作品、研究资料、创意策划等自主知识产权，其中，馆藏资源复制品和仿制品不具有独立知识产权、国家财政出资对馆藏资源进行数字化而产生的数字版权不具备授权条件。商标权是文化文物单位用名称全称、简称及其标志图形，馆藏资源的名称及其他具有商标构成要素的元素，通过商标申请注册而获得的专有使用权利。专利权是文化文物单位对以往技术进行新改进或形成新发现，需要利用成果对其进行保护而形成的权利，包括专利发明、实用新型专利和外观设计专利。文化文物单位文创授权本质上是基于自主著作权、商标权、专利权结合所形成的品牌授权。

（3）对文化文物单位知识产权的科学评估，是文创授权的价值依据。通过比较国际上关于知识产权评估最常用的成本法、市场法和收益法在美国、韩国和中国台湾地区文化领域的运用，本书认为应该建立权威公正且透明的评估原则，构建注重定性定量结合的新型评估机制，提升文化文物领域市场信息透明度，同时将文化文物单位知识产权价值评估工作交给第三方评估机构。从文创角度出发，文化文物领域的知识产权评估应该构建起基础价值评估指标体系，作为具体行业门类价值评估的参考依据。本书构建了包括4个一级指标、16个二级指标和68个三级指标的价值评估指标体系，为每个评价指标提供评分依据，借助专用评估软件开发自动化评估平台。评价结果为A、B、C三级评价等级，A级知识产权是优质文创开发资源，B级知识产权适宜进行文创开发，C级知识产权不具备文创开发的资质。以此结果为文化文物单位是否将该资源用于文创开发、收取多少权利金的判断依据。

（4）文化文物单位文创授权模式主要有直接授权、委托授权、合作开发和开放版权四种。直接授权模式是文化文物单位直接将自主知识产权作为授权标的物授给文化企业等被授权方，被授权方按照合同约定对文化资源进行开发利用，生产出文化创意产品并在市场上销售以获取经济效益，同时按约定比例支付给文化文物单位授权金及其他相关报酬。委托授权模式是文化文物单位委托第三方代表自己与被授权方谈判并签订合同，被授权方按照合同约定使用授权标的物并向授权经纪支付授权金，然后由授权经纪按照与文化文物单位的约定，将授权金反馈给文化文物单位。合作开发模式是文化文物单位以文化资源版权或品牌为基础，通过项目合作或以知识产权入股组建公司的方式与第三方开展合作，共同开发文创产品。开放版权则是国际社会目前较为流行的授权方式，主要针对数字图像授权，即文化文物单位放弃图像数字版权并免费向全社会开放，让更多人有机会使用文化资源以创造更大的社会价值。本书对四种授权模式的工作机制、价值链形态和国内外文创实践中的典型案例进行了分析，同时还对目前在其他领域中使用、未来有可能运用到文化文物单位文创授权领域的授权模式，如著作权集体管理、版权补偿金制度等进行了分析，为后续实践研究提供理论参考。

（5）文化文物单位文创授权最大的障碍是体制机制障碍。体制障碍集中体现在两个问题上，一是文化文物单位能否设立公司，二是文创开发收益如何管理。机制障碍表现在如何构建激励机制调动文化文物单位文创开发的积极性和知识产权评估机制的构建上。对于以上问题2021年《关于进一步推动文化文物单位文化创意产品开发的若干措施》提出了相应的解决方案，关于文化文物单位能否成立公司，提出体制松绑，允许试点单位通过知识产权作价入股等方式投资成立从事文化创意产品开发的企业，并将企业纳入党政机关、事业单位经营性国有资本体系统一监管。对于文创收益归属，提出将文创收入纳入单位预算统一管理，并鼓励单位将其运用于加强公益文化服务、藏品征集、继续投入文化创意产品开发等。对于绩效激励,提出将绩效工资总量核定与文化创意产品开发业绩挂钩,赋予文化文物单位自身更大自主权。对于知识产权评估,提出成立第三方专业资产评估机构进行专业评估。但更深层次的问题,如文化文物单位属性的转变、市场风险控制、公益与商业的平衡等问题,仍然有继续探索研究的空间。

(6)不能忽视文化文物单位文创授权管理制度的建设。文化文物单位在文创授权实践中普遍存在授权管理问题,如为追求利益而忽视法律或打法律擦边球的恶意侵权,因分头管理或沟通不畅造成的交叉授权、重复授权,因文化文物单位不清楚自己授权范围或授权规则造成的授权不当或无效授权等,这些问题应当引起业界相关主体和文化主管部门的关注。同时,文创授权中还应该注意对文化文物单位品牌安全、形象安全、股权安全、财务安全的保障,以免对文化文物单位自身和国家公信力造成损害。

第二节 文化文物单位文创授权未来趋势

随着文化创意产业的深入发展,行业内部分工将更加细化,专业化和纵深化发展是行业发展总体规律,文化文物单位的文创开发工作也将从自主经营模式为主转变为授权开发为主,越来越多的专业机构介入文化文物单位的文创开发。在文创授权成为主流发展模式的前提下,本书对文化文物单位文创授权工作未来发展趋势做出如下判断。

趋势一:文化文物单位自主知识产权时代的到来。在 IP 引领时代发展的前提下,IP 已不再是文本意义上的知识产权,IP 文创也不再是简单的创意产品,而是用创意方式将文化资源优势转化为发展优势的大战略。在 IP 理念引领下,很多城市都在打造自己的文化 IP,如美国奥兰多将迪士尼作为城市文化超级 IP,爱丁堡将《哈利·波特》作为城市主题文化 IP,北京将故宫作为主题文化超级 IP,以 IP 创意经济带动城市整体增长。很多景区、购物中心、书店、商圈甚至酒店、餐厅纷纷打造自主 IP,并以此作为粉丝经济时代的价值创造新模式。文化文物单位作为文化资源集中保管地,在文化内容挖掘和 IP 打造上具有天然优势,许多文化文物单位逐渐改变传统的事业单位思维模式,开始意识到著作权、商标权和专利权是自身宝贵的无形资产,建立在故事和内容基础上的 IP 是激发传统文化资源活力、讲好文化故事的有效途径,也是转变文化文物单位服务模式的关键。无论是大型综合性文化文物单位,还是地方中小型文化文物单位,未来都会意识到自主知识产权的重要性,注重对自身知识产权的开发、保护和利用。

趋势二:区块链技术促使文创授权出现"去中心化"趋势。随着文化文物单位数字化进程的普及,藏品数字版权和数字文创逐渐成为行业发展大趋势,诸多文化文物单位推出的数字藏品(NFT)成为市场热点,如 2021 年淘宝推出的数字藏品《敦煌飞天》《九色鹿》主题付款码皮肤,网易开发的数字藏品盲盒,河南博物馆推出的 3D 版数字文创"妇好鸮尊"等,都很快售罄。数字藏品及其数字版权的走红让区块链技术在文化文物单位文创授权领域有巨大的发展潜力。首先,基于区块链技术的时间戳可以实现文化版权的精准确认,文化文物单位只要在区块链平台进行注册并上传原创作品后,就可以加盖时间戳形成数字签名,对数字版权确权具有开拓性意义。其次,区块链技术主导的版权流通环节的透明性特性让版权交易的流程清晰可溯源,避免因信息不对称造成的违约、侵权等纠纷，以强制的技术方式进行信任背书，从而保证文化版权内容流通过程中的可信任性。最后，区块链可以通过智能合约来保障文化市场承诺的履行，智能合约以数字方式拟定承诺，以计算机程序的形式存在于共享区块链账本上，用户可以将分散的知识组合为新的文创产品，并记录各自的版权和贡献比例，采用智能合约的预设算法自动完成版权交易，保障各方的合理利益分配。随着区块链技术在文创领域的应用推广，文化文物单位文创授权的渠道和方式将进一步拓宽，直接授权可能会成为数字时代文创授权主流模式。

趋势三：资源开放共享是文创授权的主方向。文化文物单位数字文化资源开放可以让不同地域、不同民族、不同年龄、不同社会阶层的人共享中华优秀传统文化资源。根据伯尼尔公约规定，著作权、财产权的保护期限是作者终身及死后50年，按照这一规定，文化文物单位的绝大多数馆藏文物都属于超过著作权、财产权保护期，进入公有领域的作品，应该向社会公开数字资源，支持公众将其应用于文化传播、文化交流、文化创意等。近年来为了使文学艺术作品能够更广泛地传播和共享，知识共享组织发起了倡导版权人不再保留针对作品财产权的"CC0协议"，欧美国家很多"先锋"型博物馆如纽约大都会艺术博物馆、华盛顿美国国家美术馆、纽约现代艺术博物馆、洛杉矶盖蒂博物馆等都相继加入"CC0"协议，即放弃对藏品或作品的著作权、财产权，公众可以下载任意一幅艺术作品，做成自己喜欢的文化创意产品，不用支付版权费。在数字时代，共享思维也将成为中国文化文物单位传播文化的普遍思维，将会有越来越多单位意识到放弃版权不仅不会对自身造成损害，还有利于间接提升本单位的文化影响力和品牌效应。开放资源意味着文化文物单位放弃图像授权，在文创开发中更侧重于自主知识产权及品牌授权，文化文物单位需要更加重视自身研究能力和品牌效应等"软实力"的提升，改变过去过多依靠藏品级别、地理位置等客观"硬实力"的束缚。

趋势四：合作开发和品牌联名将向更纵深方向延展。2021年"5·18国际博物馆日"的主题是"博物馆的未来：恢复与重塑"，意味着在消费结构快速变革的今天，传统的博物馆要打破边界，将触角伸向不同领域，在此过程中要不断跨界融合，产生新业态、新产品。这就意味着，文化文物单位未来授权的形式将越来越多样化，授权渠道也越来越广泛。未来文创授权中，一对一的授权合作模式将被一对多的公开招标模式、多对一的平台授权模式、品牌联名的相互授权模式、知识产权入股的合作开发模式、点对点的众筹开发模式等多种模式取代。随着文化文物单位文创产业的发展，专业的授权机构和授权平台等授权经纪、专业领域的知识产权担保机构和金融机构、文创领域的品牌机构文创产业链条将越来越完善，文创授权规则将更为明确，专业化程度越来越高。在此基础上，文化文物单位将考虑深度布局，即如何通过文创赋能，提升传统业态的文化品位，让传统文化根脉在现代社会得到更好的延续和发展。

第三节 文化文物单位文创授权政策建议

为更好地发挥文化文物单位中文化资源的社会效益和经济效益,促进中华优秀传统文化的传承发展,结合本书对文化文物单位文创授权理论与实践研究,本书对文化文物单位及相关管理部门文创授权政策制定提出如下建议。

(1)赋予文化文物单位更多经营自主权。进一步厘清政府与文化文物单位的关系,通过深化"放管服"改革,探索管办分离,尤其在业务方面赋予文化文物单位更大的自主权。不再"一刀切"地将文化文物单位划分为公益一类事业单位,允许具备文创开发条件的文化文物单位申请转型为可经营的公益二类事业单位。文化文物单位开展展览陈列策划、教育项目设计、文创产品研发取得的收入,允许文化文物单位自行支配,不再按照事业单位经营收入进行审计,经营状况作为独立板块,参照国有企业相关管理规定进行管理。对参与经营活动的文化文物单位在税收方面给予减免税收优惠。

(2)建立原创知识产权保护体系。建设线上线下结合的知识产权保护体系,线上基于区块链技术的版权生态交易运营平台,探索"数字文创产业知识产权大数据中心"和"数字化纠纷数字化审理中心",线下探索在各地建立知识产权快速维权中心和知识产权法庭,降低知识产权维权成本,提升维权便捷性,提升全社会知识产权保护意识。鼓励文化文物单位摸清家底,创建知识产权台账,明确自身的知识产权类型、授权主体、授权客体及授权范围,对自主知识产权及时进行著作权、商标权的注册登记,及时申请外观设计专利,对与他人合作或委托他人开发的新产品和新专利,要提前对专利人和发明人的权属问题做出约定,避免专利纠纷和利益受损。文化文物单位应设立专门的知识产权管理部门,并吸收专业人才队伍进行管理,或者委托专业知识产权法律顾问对其知识产权进行统一管理,及时发现自身存在的问题,避免知识产权纠纷。在风险防控方面,文化文物单位可以聘请专业律师团队从知识产权申请、合作方选定及谈判、法律文书起草、侵权纠纷处理等方面提供专业法律支持,减少知识产权授权过程中的法律风险。

(3)构建文化文物单位文创开发的多元主体协同机制。培育能够参与文化文物领域文创开发的社会企业、非政府组织、研究机构和个人,培育文化文物单位知识产权第三方评估机构,提升社会力量参与文化文物单位文创开发的整体工作能力。构建我国文化文物相关社会力量类型图谱，界定各类型社会力量功能范围，探索形成相应的培育机制。在全社会促进社会力量保护文化遗产的责任教育和通识教育，鼓励和支持有条件的高校、科研机构开设文化遗产相关课程，深化遗产保护利用学科体系建设，培育充实文化文物单位文创开发专业化人才队伍。细化社会力量参与文化文物单位资源开发的行动方案与操作细则，特别是社会组织参与的准入范围与内容领域、授权主体资质审核与能力评估、组织架构与规则要求、能力托底保障及风险监督管控、责任追踪与效益评价等方面，建立从试点到推广、分类分级分批逐步拓展的实施细则，形成社会力量参与文创开发的科学、安全、可持续机制。制订文化遗产保护社会组织培育和发展的规划方案，形成专项指导性、规范性意见，确保社会力量参与文化文物单位文创开发有法可依、有据可依，合法有序发展壮大。

（4）提供社会力量参与文创开发的法律政策保障。调整文化遗产保护利用相关法律政策，从法律上明确文化文物单位的经营资质、授权范围和授权规则，协调不同部门如城乡规划部门、工商管理部门、人力资源部门、财政金融部门、交通管理部门等不同部门在文化遗产保护利用方面的法律制度"冲突"，多部门联合制定文化遗产保护利用中的社会力量参与法律制度。明确社会力量作为文化文物单位资源开发主体的合法性地位，调整现有政策和制度中对社会力量参与文化资源开发利用的限制性内容，或对尚未明确的政策模糊地带予以明细确认。探索国有文化遗产所有权与使用权"两权分置"改革，在确保所有权归国家不变的前提下，分离出文化文物单位资源的使用权，使社会资本能够在权限范围内对国有文化遗产进行自主运营、管理和维护。通过授权机制的设立，使社会资本在公正和开放的环境中，通过公平竞争取得国有文化资源的使用权。建立社会力量参与文化文物单位文创授权开发的合理退出机制，建立和完善财务风险管控机制和经营预警机制，对经营不善或无效经营的社会力量提出债务整顿方式、商议对相关企业的接管事项、排除不适当的被授权主体等协助退出措施。

（5）搭建全国统一的文化遗产资源开发平台。整合文化文物单位文创开发资源，建立集不可移动文物、可移动文物、文化旅游景区、古籍善本、经典图书、艺术名作、非物质文化遗产等知识产权于一体的全国性文化遗产资源开发平台，对待开发知识产权进行分类管理，并及时在平台发布相关项目。文化文物单位和社会力量可以在平台建立双选机制，通过主动寻求或大数据推荐等方式寻找合适的合作伙伴并进行授权交易。采用"一个平台、多业共享"的管理模式，整合全国文创产业上下游企业，通过建设共享工厂、行业标准化提升和金融服务提升，建设文旅演艺、影视开发、文创产品、研学旅游、游戏动漫等文创各垂直行业的供应链服务平台，打造"集中生产、分散使用、统一配送"的线上线下一体化文创供应链管理服务体系，创新文创发展模式，为文化文物单位，尤其是资源相对匮乏的中小型文化文物单位提供文创授权发展的总体思路。

主要参考文献

[1] 理查德·波斯纳.法律理论的前沿[M].武欣,凌斌,译.北京:中国政法大学出版社,2003.

[2] 曹世华.论数字时代的版权补偿金制度及其导入[J].西北师范学院学报,2006(6):143-151.

[3] 陈少峰,张立波.文化产业商业模式[M].北京:北京大学出版社,2011.

[4] 陈淑卿.国家一级博物馆商标注册情况初步分析[J].博物院,2018(1):55-65.

[5] 陈魏玮.试点图书馆文创产品开发的研究与探索[J].图书馆理论与实践,2019(1):21-27.

[6] 费安玲.非物质文化遗产法律保护的基本思考[J].江西社会科学,2006(5):12-16.

[7] 高书生.让文化资源"活起来"[N].光明日报,2014-05-29(014).

[8] 龚良.正确理解博物馆文化创意产品开发[N].中国文物报,2017-09-26(005).

[9] 韩缨.信息时代博物馆的知识产权保护和利用[J].江苏社会科学,2007(1):67-68.

[10] 何红军.敦煌研究院商标品牌建设的现状、问题与思考[J].中国博物馆,2021(1):94-100.

[11] 贺寿昌.创意产业增值研究[D].上海:上海交通大学,2006.

[12] 胡卫萍.罗马法视角的文化资源的产权归属[J].重庆大学学报(社会科学版),2015(6):145-152.

[13] 胡卫萍,刘靓夏,赵志刚.博物馆文化资源开发的产权确认与授权思考[J].重庆大学学报(社会科学版),2017(4):103-110.

[14] 胡卫萍,刘婷婷.旅游资源开发中著作权侵权及其对版权产业、旅游经济发展的影响[J].农业考古,2008(6):180-183.

[15] 胡绪雯.博物馆IP授权的理论与实践:以上海博物馆为例[J].中国博物馆,2019(8):72-74.

［16］胡钰.文创理念与文创产业［N］.中国文化报，2016-10-26（006）.

［17］湖南省文化厅重大课题课题组.文化文物单位文创产品开发中的知识产权保护论纲［J］.邵阳学院学报（社会科学版），2017（6）：1-7.

［18］黄国彬，邱弘阳.图书馆应用众筹的特点及策略［J］.图书馆情报工作，2016（20）：59-69.

［19］黄少安.产权经济学导论［M］.济南：山东人民出版社，1995.

［20］黄怡.数字环境下版权授权模式比较研究与完善分析［J］.法制博览，2015（3）：81-82.

［21］金英熙，金申珉.为文化内容价值评估模型开发的研究［J］，韩国税务会计学杂志，2001（28）：192-197.

［22］黎致君.数位典藏授权价值产业之发展现状与趋势分析［D］.台北：台湾大学，2008.

［23］李乘.博物馆艺术授权模式剖析：以台北"故宫博物院"为例［J］.美术研究，2014（4）：85-91.

［24］李军.基于众筹模式的公共图书馆文创产品开发研究［J］.图书馆情报导刊，2018（7）：16-21.

［25］李喆，潘淼.图书馆文化创意产品商标权的保护与思考［J］.图书馆研究，2021（6）：80-87.

［26］理查德·凯夫斯.创意产业经济学：艺术的商品性［M］.康蓉，张兆慧，等译.北京：商务印书馆，2017.

［27］理查德·佛罗里达.创意阶层的崛起［M］.司徒爱勒，译.北京：中信出版社，2010.

［28］莉娜·埃尔斯特·潘陀洛尼.博物馆知识产权管理指南［M］.栾文静，陈绍玲，译.北京：中国政法大学出版社，2019.

［29］林明华，杨永忠.创意产品开发模式：以文化创意助推中国创造［M］，北京：经济管理出版社，2014.

［30］刘栋.博物馆文创产品开发经营体制机制问题研究［J］.中国博物馆，2020（3）：57-63.

［31］刘佩.论世界文化遗产的商标权保护［J］.法制博览，2015（9）：48-49.

［32］刘容.抱团、跨界与融合：博物馆文创联盟的当下与未来［J］.东南文化，2021（6）：157-163.

［33］刘书正.中国博物馆藏品规模与结构研究［J］.中国博物馆，2021（2）：69-76.

［34］刘晓东.基于价值增长机制的文化创意产品价值共创研究［D］.上海：东华大学，

2017.

[35] 刘晓东，徐琪．文化创意产品价值共创［M］．上海：上海人民出版社，2018．

[36] 刘岩，崔为．图书馆开展中华优秀传统文化服务的创新模式研究：以"图书馆＋书院"模式为例［J］．国家图书馆学刊，2017（10）：68-74．

[37] 龙瑛．博物馆创新经营研究：以故宫与Alessi异业结盟为例［D］．台北：台湾师范大学，2007．

[38] 鲁甜．文旅融合背景下旅游产业发展中的知识产权问题［N］．中国文化报，2019-05-14．

[39] 鲁巍伟．我国公共图书馆文化创意产品开发模式研究［D］．大连：辽宁师范大学，2018．

[40] 毛中根，谢迟，叶胥．新时代中国新消费：理论内涵、发展特点与政策取向［J］．经济学家，2020（9）：64-75．

[41] 苗长虹，王兵．文化转向：经济地理学研究的一个新方向［J］．经济地理，2003（9）：577-581．

[42] 莫晓霞．图书馆文化创意产品开发探讨［J］．图书馆工作与研究，2016（10）：98-101．

[43] 欧广远．博物馆文化创意产品开发产业创新联盟研究［J］．中共郑州市委党校学报，2018（5）：102-105．

[44] 祁述裕，赵一萌，杨传张．文化文物单位发掘文化资源、开发文化创意产品的理念与思路［J］．浙江工业大学学报（社会科学版），2016（6）：128-135．

[45] 荣跃明．博物馆文化创意产品开发研究［D］．上海：上海大学，2018．

[46] 三浦原．第四消费时代［M］．马奈，译．北京：东方出版社，2014．

[47] 斯蒂文·米德玛．科斯经济学：法与经济学和新制度经济学［M］．罗君丽，等译．上海：格致出版社，2018．

[48] 宋朝丽．博物馆文化创意产业的溯源、机理及现实思考［J］．服装设计师，2021（8）：79-86．

[49] 宋朝丽．博物馆资源开发：初始产权管理［M］．北京：知识产权出版社，2021．

[50] 宋朝丽．新文创时代城市文化发展新模式［J］．出版广角，2019（12）：14-18．

[51] 宋伟，孙文成，王金金．数字出版时代混合授权模式的构建［J］．电子知识产权，2016（3）：62-69．

[52] 孙昊亮．博物馆知识产权法律问题探析［J］．科技与法律，2014（6）：934-952．

[53] 田艳．传统文化产权制度研究［M］．北京：中央民族大学出版社，2011．

[54] 王欣桦．我国省级公共图书馆文创产品工作现状调查与分析［D］．合肥：安徽大学，

2020.

[55] 王秀伟.试论博物馆艺术授权的结构模式与价值链[J].东南文化,2018(2):105-112.

[56] 王秀伟.文化创意产业视域下的博物馆文化授权研究[D].合肥:中国科学技术大学,2016.

[57] 王毅,柯平.美国公共图书馆文化创意产品开发实践研究[J].图书馆建设,2017(9):69-77.

[58] 韦瑛.基于众筹理念的图书馆社会化服务探讨[J].图书馆情报工作,2017(4):53-57.

[59] 魏鹏举.文化创意产品的属性与特征[J].文化月刊,2010(8):51-53.

[60] 文婷钰,荣芝幸.档案馆与博物馆、图书馆的数字文创开发比较研究[J].兰台世界,2021(12):55-59.

[61] 向勇.文化产业无形资产价值评估[M].北京:北京大学出版社,2016.

[62] 杨瑾.博物馆研究入门[M].北京:科学出版社,2019.

[63] 杨晓琳.博物馆、文化产业与博物馆文化产业刍议:理论框架及发展建议[J].中国博物馆,2020(4):61-67.

[64] 杨毅,谌骁,张琳.博物馆文化授权:理论内涵、生成逻辑与实施路径[J].东南文化,2018(2):112-119.

[65] 叶浪.旅游资源经营权论[D].成都:四川大学,2008.

[66] 尹宏.现代城市创意经济发展研究[M].北京:中国经济出版社,2009.

[67] 尹玉.高校图书馆文创产品开发研究:以台师大为例[D].哈尔滨:黑龙江大学,2020.

[68] 于滨滨.我国"非物质文化遗产"商标权保护模式研究[D].苏州:苏州大学,2017.

[69] 文化部文化产业司.文化文物单位文化创意产品开发案例集[M].北京:文化艺术出版社,2018.

[70] 约翰·霍金斯.创意经济[M].洪庆福,孙薇薇,刘茂玲,译.上海:上海三联书店,2006.

[71] 昝胜峰,郭春森.创意产业:文化、技术和商业模式[M].福州:福建人民出版社,2013.

[72] 张杰,刘岩,魏炜佳.遗产地保护利用全流程实施的"DIBO方案":以景德镇河东老城工业遗产保护利用系列项目为例[J].城乡规划,2021(1):9-18.

[73] 张萌哲.博物馆资源著作权保护相关问题研究[D].西安:西北大学,2019.

[74] 张舜玺.从保护到经营：文化遗产法律制度的西欧经验[J].河南财经政法大学学报，2015（1）：154-162.

[75] 张腾腾.民间文学艺术作品的产权安排研究[D].武汉：中南民族大学，2016.

[76] 张玉敏.知识产权法学[M].北京：法律出版社，2017.

[77] 赵月.艺术授权在博物馆之应用[D].长沙：中南大学，2012.

[78] 郑成思.知识产权文丛（第8卷）[M].北京：中国方正出版社，2002.

[79] 钟梅.对博物馆文创授权的几点认识与思考[J].中国博物馆文化产业研究，2015（12）：148-155.

[80] 朱晓云.从卢浮宫看法国博物馆衍生品市场的演变[N].中国文化报，2017-02-17.

[81] 朱欣悦，李士梅，张倩.文化产业价值链的构成与拓展[J].经济纵横，2013（7）：74-77.

[82] 朱琰，吴文卓.国外文化遗产基金制度及其借鉴[J].东南文化，2016（4）：17-21.

附　录　部分文化文物单位访谈记录

附录1　故宫博物院访谈记录

访谈日期： 2021年5月17日
访谈对象： 故宫博物院市场营销部李玉洁
访　谈　人： 宋朝丽　齐骥

1. 故宫博物院文创开发的模式有哪些？

故宫博物院大部分文创产品都属于自行研发，因为故宫博物院是公益二类事业单位，具有从事商业化运营的资质，因此故宫现在拥有六家文创公司：故宫出版、故宫博物院文创旗舰店、故宫博物院文创馆、故宫淘宝、故宫文创旗舰店，除了开发实物文创产品，数字化文创产品也是故宫博物院的亮点，如故宫壁纸、故宫皮肤、故宫动漫、故宫游戏等，都非常受年轻人的欢迎。在授权开发方面，一般都是一些高科技的产品，如耳机、音响等，在博物馆自身的技术水平达不到的情况下，寻求与相关企业合作。

在授权方面，故宫博物院的授权模式主要有两种：一是品牌授权，二是故宫监制。品牌授权是故宫授权各类企业，使用故宫博物院名称、注册商标等无形资产或知识产权，从事文创产品研发、销售，影视产品开发制作，开展各类文化活动，开设特许经营商店，举办雅集、培训等文化教育活动等。故宫监制是厂家有意向生产仿制馆藏文物，如明清家具，由产品项目开发方提出申请，由故宫博物院派专家进行技术指导，从文化和技术层面进行把关，产品可使用"故宫博物院监制"或"监制方：故宫"字样并对外发布。

2. 故宫目前的品牌授权是如何管理的？

故宫博物院品牌授权遵照"一事一议"的原则，由主办部门审核后，履行报批程序，批准后立项。故宫博物院职能部门、院属企业经院批准后，均可开展故宫博物院品牌授权。被授权方应为行业内知名大中型企业，主团队相关领域从业时间不少于10年或企业注册时间不少于5年，具有独立的设计和运营团队，具有传统文化项目策划或执行的成功经验。涉及产品研发的被授权方，应具有自营的或拥有长期稳定合作的优秀生产加工厂。科技企业应提供专利证书、获奖证明等能够证明企业技术能力的相关文件。

在授权内容方面，品牌授权包括故宫博物院品牌标识和专有名称使用权（故宫博物院品牌授权统一使用"宫"字标作为品牌标识）、场地使用权，特许经营权等。授权时限一般不超过3年。授权收费标准采用不同商品不同定价的方式，原则上不对食品、药品、烟、酒、武器类别的项目进行授权。授权费用采取按年支付的方式。院职能部门主办的品牌授权项目，授权费用直接缴纳至院财务处。院属企业主办的品牌授权项目，应将总授权费用的50%缴纳至院财务处。

在知识产权归属方面，故宫博物院品牌授权项目所产生的知识产权应视具体情况，由故宫博物院独有或与被授权方共有。如品牌授权产品的设计方案由博物院专家独立完成，或院工作人员承担了主要工作，著作权归故宫博物院所有。由院监制专家提供了修改意见的设计方案，著作权由双方共有。对于具有创新性、实用性的，符合外观设计专利登记条件的，可视情况由故宫博物院申请外观设计专利或与被授权方共同申请外观设计专利。著作权、外观设计专利等知识产权申请登记时，不得将故宫博物院注册商标或其他标志列入申请范围。

被授权方不享受优先续约权。如需续约，应由主办部门报博物院审批并获得批准后，另行签署品牌授权合同。

3. 故宫品牌监制项目的流程是怎样的？

合作方需向院方提交监制项目合作申请书面材料，要求"一事一议"，即一个监制项目内只有一种产品类型，不得以系列产品或多个类型进行申报。经营管理处对合作方提供的上述材料进行初步审核，初审通过后，双方经友好协商，达到基本共识，合作方出具监制项目合作申请书、企业相关资质并加盖公章后，经营管理处办理院内报批程序。经院批准，报监制合同审定后，签署监制合同。特殊产品（如金、银等贵金属制品）按照销售总额的1%~5%收取监制费用，普通商品（如书画、陶瓷器等非特殊产品）按照销售总额的10%~15%收取监制费用；履约保证金按监制费用的10%收取。

合同签订后10日内一次性将监制费用、履约保证金一并交故宫博物院计划财务处。根据不同监制项目的需要，故宫可提供影像资料，也可派专家对监制产品进行技术指导，专家费用由合作方承担。故宫博物院制作监制证书，合作方可在监制证书上加盖"故宫博物院监制"钢印、红章，合作方在进行产品宣传时，涉及文字、图像、视频等内容，需要书面报请故宫博物院（院办、法律处、外事处）进行审核，经故宫博物院审核同意后方可对外发布。

附录2　河南省博物院访谈记录

访谈日期：2021年3月22日
访谈对象：河南省博物院文创中心主任宋华
访 谈 人：宋朝丽　毛高杰

1. 河南省博物院文创开发的模式有哪些？

河南省博物院的授权并不主要用于文创产品开发，而是品牌授权，如我们和万科合作，将《四神云气图》的元素运用到万科的装修风格上，和中信银行合作，建设博物馆主题银行，这些授权并不产生文创产品，也不存在对外销售的问题。

在文创产品开发上，目前河南省博物院的文创开发采取两种模式：单品牌授权和双品牌授权。单品牌授权是目前采用最多的方式，由河南省博物院文创中心提供文化元素，对文化元素进行解读和分析，由文创中心和企业共同商定创意和产品设计方案，由企业生产出文创产品在博物馆内销售，产品收益生产企业按销售比例分成。在这个过程中，博物馆文创中心负责对文创产品进行文化和品质把控，防止企业因不懂资源的文化内涵而对产品进行随意开发。例如，我们的镇馆之宝鹅颈瓶，在开发成文创产品时，按照我们的规定，是不允许在上面添加花纹的。

双品牌授权是我们和其他品牌联合开发产品，如贾湖酒的酒瓶造型，就是利用我们贾湖骨笛的文化元素开发的，我们在授权的时候提供的并不仅仅是图片，而是包括对图片的文化符号解读、历史背景、河南省博物院的文化推介等在内的系列服务，所以这种授权是综合的品牌授权。

在与企业合作方面，我们与企业签订合作协议，其间不支持企业注册商标，合作到期后我们会重新选择乙方，但一般情况下优先考虑现合作方。博物馆采用"0成本"投入方式，提供文化资源、创意，对产品的文化内涵进行把控，确保文物文化安全。

2. 开发过程中有没有遇到侵权问题，如何处理？

开发中的侵权问题不断，如我们的"爆款"——考古盲盒，目前侵权已有上百起，侵权方式有对外观外形的模仿，也有直接打着河南省博物院的名义进行销售，还有将"河南博物院"改成"河南博物馆"进行销售的。目前我们的做法是由文创中心的法务和舆情专员进行处理，一旦发现就勒令他们停止侵权，但并没有追究法律责任。下一步我们打算将侵权处理业务委托给专门的第三方法务团队进行处理，我们不收取费用，所产生的侵权赔偿收益由第三方平台收取并支配，以调动第三方平台打击盗版的积极性。

3. 目前河南博物院文创开发的体制机制情况如何？

作为文创开发试点单位，河南博物院成立了自己的文创公司，公司目前有近20人，有编制的人占少数，大部分员工没有编制。我们去年文创收入 800 万元，不需要上交国家财政，也不用于绩效发放，一部分收益用于博物院日常运营，如水电费用等，一部分用于公司运营维护和开发成本。其他不是试点的单位不能成立公司，就存在需要将运营收入上缴的问题，大多数中小博物馆都面临这一问题。

尽管国家出台支持文创开发的相关政策，但各部门政策出现不一致的情况，很难执行。例如，财政和工商的矛盾，博物馆作为公益类事业单位，所得收入应该上缴财政还是给工商部门纳税，目前还没有明确的说法。尤其是受新冠肺炎疫情的影响，国家对博物馆采用紧缩开支的政策，并规定博物馆只能有一个账户，文创公司作为运营性企业，有经营资质但没有自己的账户，在跟企业合作时也只能用博物院的账户，所有经费只能进不能出，给经营带来很大的麻烦。

4. 您认为河南博物院文创开发的特色是什么？未来前景如何规划？

与故宫、国博等单位相比，河南博物院最大的特色就是追本溯源、守正创新，我们开发文创并不是简单将图片授权给企业，让企业去研发，而是从创意到产品对企业进行全程指导，确保博物馆的文化不变质。经济效益和文化效益相比，我们更看重文化效益，如我们的爆款"盲盒"，其实就是为了宣传考古文化，改变人们对"洛阳铲就是用来盗墓"的误解，让人们意识到洛阳铲是非常有价值的考古神器，同时并不是所有的盲盒都能挖出好东西，有些盲盒辛苦挖开后，可能什么都没有，这是告诉大家考古本来就是一件很辛苦的、没有功利心的工作，让大家体会到考古工作的价值和不易。这才是我们文创开发的真正用意。

"潮玩出圈"在未来社会发挥的价值越来越大，以前在授权展上都是国外的"蜘蛛侠""超人"等 IP 授权比较多，现在博物馆授权也受到越来越多的关注，相信通过授权，我们的优秀传统文化可以让全世界更多的人知道。当下最重要的是厘清博物馆的授权机制，让博物馆有更灵活的机制、更大的积极性投入文创开发中，尤其是对中小型博物馆而言，如果还没有进入文创市场，市场就已经变成红海了，恐怕就永远错过机会了。

附录3 湖北省博物馆访谈记录

访谈时间：2021年4月24日
访谈对象：湖北省博物馆数字化部杨立胜、市场部刘鹤儿
访 谈 人：宋朝丽　谭雅静

1. 湖北省博物馆文创产品开发的基本情况

湖北省博物馆成立于1953年，现有馆藏文物26万余件，其中一级文物945件（套），国宝级文物16件（套）。馆藏以出土文物为主，器类主要有陶、瓷器、青铜器、漆木器、简牍、兵器、古乐器、金玉器等，覆盖了各个历史时期，建构了一个时间跨度长达百万年的荆楚文化序列。文创产品以楚文化、曾文化为主要开发对象，曾侯乙编钟是最典型的代表文物，目前开发的文创产品有首饰盒、编钟挂件、书签等。

目前博物馆主要创收由文创销售收入、展览门票和馆外文保项目收入三部分组成。文创收入方面，自2017年新馆开馆至2021年4月30日，博物馆文博文创公司文创收入总额（不含税）2520.65万元，纳税总额约242.50万元，其中：缴纳增值税约196.27万元，其中附加税费约24.23万元，企业所得税约22万元，综合税负率为9.62%。馆内其他经营单位销售产值总额约724.24万元，其中，新华书店阅读花园销售额220.54万元，主题邮局销售额214.02万元，艺外咖啡销售额289.68万元。新馆开馆时推出文化创意产品共520款，截至2020年12月31日文化创意产品种类累计达959款，2021年预计推出文化创意产品200款。

2. 湖北省博物馆文创开发组织机构

构建合作运营新模式，创立特色资源品牌和地位。湖北省博物馆文创产品多是自主研发，找企业加工生产。目前与企业合作的模式有两种，第一种是博物馆提供可供开发的文化资源，提供高清图片及相关信息，由企业根据市场需求和自身产品开发需要，形成创意设计方案，博物馆从文化角度对创意设计方案进行把关并提供指导意见，由企业完成生产。生产的文创产品可以在博物馆商店销售，也可以经博物馆同意在馆外由生产企业销售，博物馆根据销售额进行适当比例的提成。第二种模式是博物馆文创部门筛选出适合开发的文化资源，并在此基础上形成文化创意，指导企业进行加工生产并进行验收，最终产品在博物馆商店售卖，博物馆支付给企业适当的加工费用。

品牌联名是目前湖北省博物馆尝试的主要授权方式，如2021年5月，湖北省博物馆与马应龙八宝联合推出妆奁礼盒——楚奁，以湖北省国宝级文物战国车马出行图圆奁为原型，结合楚国青铜器纹饰元素设计，内含马应龙八宝眼霜、精华、眼贴、眼影盘四款产品，官方售价889元。马应龙官网宣称，"楚人的艺术造诣和匠心精神，在此传承"。

3. 文创收入的分配方式

由于湖北省博物馆属于公益一类事业单位，不能成立独立的文创公司，因此文创产品的开发没有形成独立的产业链条，也没有在天猫、淘宝等电商平台开设线上旗舰店，观众购买文创产品多是到博物馆现场进行购买。文创产品的销售收入归国家所有，需上交国家财政后按适当比例返还，作为全馆的绩效收入，或者投入新一轮的文创产品研发。文创部门可以雇用员工，员工没有编制，不享受国家财政拨款，工资仅与文创产品的销售收入挂钩。这样的模式可以调动员工的积极性，对于有编制的文创部门正式员工而言，文创收入可以提高博物馆整体绩效，也并不因此影响文创开发的积极性。

目前存在的问题是，由于文创产品大多是自主研发，一旦销售情况不好，就会出现大量积压库存，而这些库存又是国有资产，博物馆无权对其进行降价销售或自行处理，前期投入的成本无法收回，造成这种局面的原因固然与博物馆市场化程度不高，文创开发人员对市场需求把握不精准有关，更大的原因在于体制机制的约束，使博物馆无法以灵活的市场化方式进行经营管理。

4. 博物馆藏品数字化工程及其开发利用

湖北省博物馆目前正在积极进行数字化工程，完成对国宝级重要文物的3D立体建模和数据采集，如对曾侯乙编钟的数据采集，需要拆下每个部件进行测量建模，过程中遇到了很多文物专家和考古学家的抵制，害怕对文物造成损坏。由于资金有限，数据采集工作开展缓慢，目前尚不能对所有馆藏文物进行数字化信息采集。

对于采集到的数字化藏品，数字化版权归博物馆所有，并不会对外开放。如果其他博物馆出于各种原因需要借展，博物馆视情况进行收费，有些博物馆会收取费用，有些博物馆不会，具体还是看馆藏资源的丰富情况，能不能与对方进行资源交流和互换。大型综合类博物馆的数字化藏品一般会收取费用，对社会企业也是如此。

附录 4　湖南省博物馆访谈记录

访谈日期：2021 年 5 月 27 日
访谈对象：湖南省博物馆副馆长金樊
访 谈 人：宋朝丽　谭雅静

1. 湖南省博物馆文创开发现状

湖南省博物馆是首批国家一级博物馆，中央、地方共建的八个国家级重点博物馆之一，现有馆藏文物 18 万余件，尤其以马王堆汉墓出土文物、商周青铜器、楚文物、历代陶瓷、书画和近现代文物等最具特色。

湖南省博物馆自 2008 年开始从事文化创意产业的研发，深入挖掘馆藏资源特色及内涵，将其转化为博物馆文创产品的特殊形式及载体。经过多年的培育，已形成 500 余种文创产品。在改扩建的契机下，湖南省博物馆积极结合外部资源，充分发挥自身的品牌资源、藏品资源、项目资源、场地资源和产业经营引导向上的优势，形成了新馆公共服务与文化创意策略及产品开发识别系统，并立足市场，系统分析受众数据，开展消费者与观众分析，制定了文创策略和开发理念，开展了品牌规划、知识产权保护等宏观层面的研究与探讨。自主研发和设计的博物馆文创产品先后获得各类旅游商品博览会、文化创意产品、科技进步等 10 余个奖项。截至 2020 年年底，湖南省博文创销售额每月达到 100 万元以上，旺季可达到 150 万元 / 月，加上 VR 体验展厅的收入，年营业收入能达到 2000 多万元。

马王堆系列文创产品是湖南省博物馆重点打造的项目。例如，湖南省博物馆收藏的《导引图》，现存 44 幅小型全身导引图，博物馆根据复原图，变形设计了导引图的卡通形象，并将其运用于醴陵瓷上，一改醴陵瓷保守、红色官窑的高大上形象，非常受年轻人欢迎。同时生产出导引图的曲别针、橡皮等文具，也很受欢迎。马王堆系列文创产品还包括香枕、香囊，及马王堆养生系列保健产品，枕头里填充辛夷、佩兰、花椒、桂皮等具有挥发性质的香料，能够缓解现代人因为精神紧张导致的头疼、失眠等，达到养生效果，图案则采用马王堆出土的长寿纹刺绣，深受年轻人喜爱。

2. 湖南省博物馆文创开发的组织方式

湖南省博物馆的文创开发主要采取委托开发的形式，由博物馆提供待开发的资源，企业根据市场需求，结合资源禀赋进行设计研发，生产出适合的文创产品，从委托到设计研发过程均由博物馆文创部门进行把关，确保文物的文化属性不被破坏。博物馆目前已成立自己的文创公司，并在网上开有文创商店，文创部门共有工作人员 8 名，大部分人是编外人员，工资由博物馆自筹经费发放。文创商品的收入抵扣下年度财政拨款，主要用于博物馆展陈及日常支出。

附录 5　北京民俗博物馆访谈记录

访谈日期：2021 年 5 月 18 日
访谈对象：北京民俗博物馆工作人员李萍
访 谈 人：宋朝丽　朱经朝

1. 北京民俗博物馆简介

北京民俗博物馆依托于北京东岳庙，坐落在朝阳门外大街 14 号，始建于元代延祐年间，供祀的是东岳大帝众神体系。全庙由中路正院和东、西道院三个部分组成，占地约 71 亩❶，殿宇堂庑 376 间，是道教正一派在华北地区最大的庙宇。整个庙宇气势宏大，建筑精良。素以神像多、楹联匾额多和石碑多而著称。庙宇的创始人是元代的玄教大宗师张留孙和他的弟子吴全节。历史上的东岳庙是国家祀典之所，民间祭祀活动则更为盛大，成为具有丰厚底蕴的民俗文化活动中心。

北京民俗博物馆设在东岳庙内，是北京唯一国办民俗类专题博物馆，国家三级博物馆。馆藏文物主要分为 5 类，分别是服饰文物、商业民俗文物、人生仪礼文物、岁时节日文物和传统游艺文物。馆内常年举办民俗展览，推出了《人生礼俗文物展》《老北京商业民俗文物展》等大型展览十余个。此外，逢端午、中秋、重阳等传统节日，都会举办丰富多彩的民俗游园活动。依托馆内东廊院建设的东岳书院为公众提供传统文化讲座服务。

2. 北京民俗博物馆的文化产品

北京民俗博物馆最受欢迎的文创产品是"戴福还家"祈愿牌。"福"文化是北京东岳庙的传统和核心，在众多的祈福活动中，请福牌是其中最受欢迎的活动之一。福牌共有八种类型，分别是"财源广进""人寿年丰""事业发达""金榜题名""出入平安""心想事成""年年有余""子孙成才"。凡请福牌的人，一般是一对福牌，一块悬于相关神殿前，另一块带回家，寓意"祈福迎祥，戴福还家"。民俗博物馆则承诺在庙里的福牌一年之内不因任何原因被清理，保留一年后在庙里焚香烧毁，供奉东岳大帝。

第二种比较受欢迎的文化产品是红腰带。本命年俗称属相年，传统民俗视本命年为"坎年"，故民间流传"扎红"习俗，代表吉祥、驱逐病疫或灾难，庇佑人们消灾解祸、化凶为吉。东岳庙红腰带为纯棉材质，而不是绸缎材质，一再避开"愁子、断子"谐音不利之嫌，不可水洗，不封边，寓意福寿无边。除夕夜零点前佩戴腰间，初一至初五白天佩戴，入夜休息时置于枕下。初五之后，将其放于衣橱即可。东岳庙的红腰带，目前主要出自一位信徒老太太，老太太手工很好，在东岳庙祭拜时，有感于东岳庙东岳大帝帷幔刺绣的精美做工，以此图案为原型，手工制作红腰带进行售卖，所得收入全部捐赠给东岳庙做香火钱。

---

❶　1 亩 ≈ 666.67 平方米。